분分, 략略, 신新, 산産, 조組, 상商, 재財, 행行, 창創

스타트업 노트

박세정 지음

BOOK STAR

글을 시작하며…

QR코드를 찍으면 저자
강의 동영상을 볼 수 있습니다

What do you mean 'startup'?

많은 국내외 스타트업 강연을 다니면서 받는 질문 중에 가장 원초적인 질문은 이것이다.

"스타트업이 뭔가요?"

먼저 범용적인 접근이 용이한 개념인 '사업', '회사', '기업'의 뜻을 동서고금의 문헌에서 찾아보자.

서양에서 표현하는 단어로는 'business사업', 'company회사' 혹은 'enterprise기업'에 해당한다.

사업이란 뜻의 'business'는 형용사 'busy'에 명사형 접미사가 붙어 '바쁘다'는 의미와 구舊 영어인 'bisignis'의 두려움과 걱정이란 뜻이 내포되어 있다. 'company'는 중세 라틴어 'compania'에서 비롯되었는데 '함께', '같이'라는 뜻의 'com'에 포루투갈어로 그들의 주식主食인 '빵'의 'pan'이 붙어 '빵을 같이 나누는 사람들'로, 우리의 식구食口, 밥을 같이 먹는 입처럼 생사고락을 같이하는 동료를 말한다. 'enterprise'는 '들어가다', '시작하다'란 뜻의 'enter'에 '쥐어 잡다', 상품, 상금의 '상賞'이란 뜻의 'priseprize'가 붙어 '무언가를 성취하기 위해 도전한다'는 기업가적 모험심을 의미한다.

동양 고전에서의 '사업事業'은 고대 중국의 '치수治水 사업'처럼 공익을 도모하는 일만을 일컬었다. '회사會社'란 공동의 영리를 목적으로 모인 조직을 말하고, 일반적으로 쓰는 '기업企業'은 지속가능한 영속적인 일을 하는 것으로, '기企'자는 사람 '인人'에 멈출 '지止'를 써서, 급할 때 멈추어 서서 멀리 내다봐야 오래간다는 뜻이다. 동음어로 사업의 기반이 되는 '기업基業', 그리고 사업을 일으키는 '기업起業, startup'이 있다.

중동에서는 드물게 석유가 나지 않는, 건국된 지 70년 된 나라. 우리나라 면적의 4분의 1에 못 미치는 좁은 영토에 서울보다 적은 인구를 가진 나라. 하지만 세계에서 인구 대비 스타트업이 가장 많고, 세계 경제대국 1위의 미국과 2위 중국에 이어 세 번째로 나스닥에 상장된 기업을 많이 가진 국가가 있다. 경제 대국 3위인 일본과 1인당 GDP 어깨를 나란히 하고 있는 이스라엘이다. 수도 텔아비브에서 돌을 던지면 열에 아홉은 창업자가 맞는다는 농담이 있을 정도로, 한때 우리나라에서 유행했던 'DID들이대'처럼 '후츠파chutzpah, 히브리어로 담대함'란 특유의 도전 정신으로 스타트업이 무장된 나라이다.

스타트업을 동서고금의 사업, 회사, 기업의 뜻과 스타트업 정신으로 짚어보면, 생사를 같이 할 동료들과 불확실한 공동의 목표를 성취하기 위해 담대히 도전하는 것으로 귀결된다.

스타트업 시대에 '벤처캐피탈VC, venture capital'이 '모험 자본'으로 직역되는 이유다.

'스타트업'이란 혁신과 아이디어로 신생 창업한 조직을 말한다. 기업가 정신Entrepreneur과 구성원들의 도전과 열정, 개인의 창의와 팀워크가 중시되고, 사업의 특성상 high risk고위험, high return고성과, high growth고도성장의 속성을 지닌다.

비슷하게 쓰이는 '벤처venture'는 일본벤처학회 고문 호세이法政대학 기요나리清成 총장이 처음 사용한 일본식 영어로, 우리나라에서는 법제적인 차이를 제외하고는 스타트업이란 용어와 동일하게 해석할 수 있다. 국가 행정조직인 '중소벤처기업부'의 영문이 'Ministry of SME Small and Medium-sized Enterprises and Startups'라고 표기되는 것은 이 때문이다.

스타트업은 규모의 논리가 아니다. 10억 달러약 1조 원 이상의 가치를 지닌 비상장 스타트업은 전설의 동물 '유니콘unicorn'이란 별칭으로 불리고, 100억 달러 이상의 '데카콘Decacorn'기업도 있다. 또한, 마이크로소프트, 애플, 구글, 아마존, 페이스북 등을 연상해 특정 테크놀리지에 국한시키는 것도 오산이다. 툴tool로써의 ICT Informaition & Comunications Technologies만으로 스타트업을 구분 짓는다면 우리나라 같은 IT 최강국에서 접목 안 된 분야가 어디 있겠는가?

농업대학 박사과정 학생들이 볕 안 드는 변두리 시장 상가 지하를 빌려 유전자 염기서열을 분석해 효모 균주를 육종하는 미래의 글로벌 바이오메디컬 그룹. 홍대입구역 팝업스토어에서 입장을 안내하던 지방 공대 출신 알바생이 부동산Property에 빅데이터, 가상현실VR, 인공지능 기술Technology을 결합시켜 팝업스토어 패러다임을 바꾼 프롭테크Prop+tech 스타트업. SCM공급사슬관리에 빅데이터를 접목해 간편 가정식HMR, Home Meal Replacement을 배송하는 모빌리티 업체. '그로스 해커스'라는 학회를 만든 경영학을 전공한 문과 출신으로 서울대 학위수여식 졸업생 대표 연설에서 '문송문과라서 죄송합니다'은 이제 그만을 외치며 유튜브에 올라오는 영상을 인공지능 알고리즘으로 분석해 광고주에게 최적합의 유튜버를 추천하는 CEO. 심지어 필자가 몸담은 '응급의료체계 구축 범정부 TF'도 '중첩overlay 분석', 지점 속성값을 예측한 '공간 추정', '지형 분석', '연결성 분석'으로 응급환자의 30분 이내 도달 병원을 시각화한 GIS실시간 지리정보시스템를 개발해 부처 내 혁신 스타트업으로 불린다.

이 외에도 무수한 스타트업이 존재한다. 화장품 전문 인플루언서를 발굴하고 지원해 국외로 진출시키는 엔터뷰티 기업, 밀리터리 프라모델을 중고나라에 파는 오타쿠에서 글로벌 커뮤니티 운영자가 된 SNS 1인 크리에이터, 청년 장애우들이 모여 두메산골 어르신들에게 치킨을 드론으로 제공하는 사회적 협동조합, 동네 세탁소집 아들이 지역 세탁소의 포인트 적립 시스템을 개발해 근처의 복지기관에 자동적으로 기부할 수 있는 플랫폼을 운영하는 NPONon Profit

Organization, 비영리조직, 순우리말 'LEESLE'이란 생활 한복 브랜드로 파리와 밀라노에서 찬사를 받으며 지구 반대편으로 한국의 복식 문화를 수출하고 있는 청년 디자이너, 퇴직 인력을 위해 저렴한 비용으로 1인 출판 서포트를 전문으로 하는 전자북 전용 편집 포맷 개발자….

무심코 지나간 집 근처 치킨집과 세탁소가 스타트업으로 변모하고 있다.

글로벌 기업 삼성, 현대, SK, 롯데가 사내벤처를 독려해 스타트업을 장려하고 있는 현시대에 스타트업의 영역은 CIC Company In Company, 사내독립기업, 사내벤처, 소사장제, TF, 1인 창업, 프랜차이즈를 탈차원적으로 포괄한다.

스타트업은 현대를 살아가는 경영자라면 간과할 수 없는 핵심개념인 것이다.

삼성그룹은 경상북도 대구에서 마른 오징어를 파는 건어물상으로 시작했고, "길이 없으면 만들어라!"는 현대그룹 고故 정주영 회장님은 경일상회란 쌀가게로, 롯데그룹은 화공학과를 출신 창업자가 거친 식용 고무를 설탕물에 묻혀 껌을 만들어 창업했다. 단일 아이템으로 치약 '럭키樂喜, 락희'를 만든 '럭키 금성Lucky Goldstar'은 앞 글자 'L'과 'G'를 따와 지금의 LG그룹으로, 직포織布, 천 조각를 짜던 선경鮮京, Sun－Kyoung도 앞 글자를 따서 SK그룹이 되었다.

세상을 제패한 모두의 시작의 그때는, 그냥 그런 스타트업이었다.

※ 일러두기: CIC, 사내벤처, 소사장제, TF, 1인 창업, 프랜차이즈 등 탈차원 영역을 스타트업 장르에 현실적으로 반영하기 위해, 이 책에서는 경영진과 실무급 팀장을 '리더'로 통칭하겠습니다.

살아남는 것이 핵심이다

'경영經營'의 한자, '경經'의 부수 '糸'는 '실타래'를 일컫는 '실 사'다. '실'은 동양철학에서 '수명壽命', '장수長壽'를 의미한다. 확연한 성공보다는 주야장창 꾸역꾸역 오래 존속해 가야 하기 때문이다. 경영학 용어 '지속가능', '영속성'이란 단어들로 대체할 수 있겠다.

위기의 기업이 법정 관리에 들어갈 때 산정되는, 지속적인 영업 활동을 하는 것을 전제로 평가하는 '계속기업가치존속가치, going concern value'가 '청산가치회사 처분 시 회수할 수 있는 자산 규모로 소멸가치라고도 한다'보다 항시적으로 우위에 있어야 하는 것과 일맥상통한다.

세상이란 척박한 광야에서 개인과 조직을 경영함에 있어, 목표를 달성하기 위해 라이벌을 쓰러뜨려야 하겠지만, '살아남는 것'에 우선될 수 없다. 경영의 지상과제가 '생존' 그 자체인 거다. 경영이 초등학생들 약속 겨루기처럼 금방 결판이 나는 것도 아니고, 시간을 두고 성공의 파고波高를 겪으며 존재하고 있다는 것 자체가 이기고 있는 것이다.

스타트업의 지상과제 또한 생존에서 벗어나지 않는다. 강한 자가 살아남는 것이 아니라, 아직 살아남아 있다는 자체가 강하다는 것을 증명하고 있다.

이를 위해서는 전문 지식과 신속 정확한 정보가 필요하다. 하지만 아무리 직간접적인 경험을 통한 내공과 무장된 체력이 갖춰져 있더라도 우리 주변의 크고 작은 예상치 못한 일들은 갑작스레 일어나기 마련이다. IMF 위기가 그랬고, 동일본 대지진, 서브프라임 모기지 사태로 빚어진 금융위기와 911테러가 그랬다.

실전형 기업가에 박사학위를 가진 경영의 구루guru라도 예측에는 한계가 있다. 혹여 예상이 적중한다 하더라도 피해를 최소화하기 위한 최선의 노력을 할 수는 있겠지만, 물리적으로 모든 것을 완벽하게 대비할 수 없는 노릇이다.

우리 자신의 삶에도, 내가 속한 가정과 직장, 지역, 국가, 국제 정세에도 예상치 못한 광폭의 강한 바람이 불어온다.

저 멀리서부터 강한 바람이 불어 닥치고 있다.
돌담을 쌓을 것인가, 풍차를 돌릴 것인가?

판단은 오롯이 당신의 몫이다.

암묵지를 형식지로, 'Startup-Knowledge Tech'

선선한 가을 초입初入. 초대를 받아 예술의 전당에서 바이올리니스트 한수진 씨가 로베르트 슈만Robert Alexander Schumann의 아내 클라라 슈만Clara Josephine Schumann을 테마로 한 공연을 들었다. 한수진 씨는 세계적인 바이올리니스트 정경화 씨의 제자로 전설의 명기 Antonio Stradivarius스트라디바리우스 1666년산을 평생 지원받고 있는 아티스트다.

17세기 이탈리아의 안토니오 스트라디바리가 가문비나무로 만든 바이올린 스트라디바리우스는 보통 30~40억 원에 달하지만, 사실 그 희소성에 부르는 게 값인 명품 악기다. 영국 일간지 인디펜던트지誌는 'the mystery of why Stradivarius violins are best' 기사에서 "스트라디바리우스가 300년을 훨씬 지나서도 여전히 아름다운 음색과 리듬을 내는 비밀은 바이올린의 몸체를 구성하는 나무판의 일정한 밀도consistent density에 있다"고 전했다.

스트라디바리우스가 제작된 때는 '작은 빙하기'라고 불렸을 정도로 추웠던 날씨가 장기간 지속되었던 시기로, 그 혹한을 견뎌낸 가문비나무의 끈질긴 생명력이 단단함을 유지해낸 밀도를 만들어 냈다. 인고의 시간이 테크놀로지의 원천이었던 거다.

링 위에 이종격투기 선수들이 상대의 민감한 움직임에 반응해 전략적인 그라운드 기술과 타격을 섞어가며 시합에 몰입돼 있다. 마지막 3라운드가 되면 다소 여유로워 보이던 전략, 전술은 온데간데 없고, 두 선수는 본능에 가까운 공격과 방어로 치열하게 격돌한다.

인고의 시간을 견디며 과학적이고 체계적인 트레이닝으로 다져진 역량이 한꺼번에 뿜어져 나오는 파이널 라운드, 선수들은 상황을 하나하나 인지하고서 반응하지 못한다. 단지 호흡과 근육에 저장된 반응 메커니즘이 절차적, 암묵적으로 습득된 지식암묵지, 暗默知, implicit knowledge으로 발현될 뿐이다.

필자의 '스타트업'은 20대 학창 시절 해외 스타트업 경진대회에서 당선된 O2O 플랫폼을 매각하면서 시작되었다. 졸업을 하고 사회에 나와 말단 직장인으로 조직을 겪고, 대학 동기들과 창업해 제품을 개발하고 자금을 조달하는 전형적인 스타트업 과정을 거쳤다.

철없는 스타트업 CEO로 30대를 정신없이 지나면서, 때론 뒷걸음질 치고 있는 건 아닌가 하는 걱정을 하며 뚜벅뚜벅 걷다 보니 어느새 전문경영인이 되어 있었다.

회사가 자리를 잡자 지상파 3사에서 연락이 왔다. KBS 다큐멘터리에 세계를 무대로 활약하는 CEO로 나오고, EBS에서 성공 특강을 진행하고, MBC 청년 CEO 특집 프로에 초대받아 출연했다. 당시 최고의 출판사의 요청으로 쓴 에세이는 베스트셀러가 되었다.

40대에 접어들어서는 자금을 조달받아야 하는 스타트업의 맞은편에 앉아 펀딩을 해 주는 입장으로 바뀐다. 스타트업에 투자 여부를 심사해 자금을 투입하는 중소기업청에 전문인력으로 등록된 대펀대표펀드매니저으로, 모태펀드를 운용하는 100억 원 자본금의 창업투자사 대표와 외자계 사모펀드 슈퍼바이저를 하게 된다. 펀딩을 받는fund-raising 입장에서는 내 분야에만 정통하면 됐었다. 그런데 기관투자자로 투심위투자심사위원회를 이끌면서 투자심사역들의 의견을 취합해 의사결정을 내리려면 불특정한 산업과 분야에 대해서도 폭넓고 심도 있는 통찰력을 지녀야 했다. 특히나 정부의 모태펀드 결성과 관련해 4차 산업의 최선단을 리드하는 IPintellectual property rights, 지식재산권 관계자나 개발자 출신 CEO들과의 특허와 표준화 원천기술에 관한 논의는 일상의 투자와는 또 다른 차원의 얘기였다. 한번은 손바닥 정맥 패턴을 바이오 정보로 암호화해 마이크로 크레딧에 활용하려는 스타트업과의 미팅에서 인지과학의 핵심을 파악하지 못해, KAIST의 동료 박사를 대전에서 택시로 갑작스레 모셔 온 경우도 있었다. 그때를 계기로 나는 초심으로 돌아간 만학도로 인간정보과학 영역을 파고들었다.

이 글을 쓰게 된 계기는 KAIST 미래전략연구센터의 교육위원과 편집위원으로 있으면서, 벤처 업계에서 내가 느끼고 경험한 사업의 추진, 펀딩과 엑시트exit 그리고 리더로서의 자질에 대한 암묵지를 지식공학적으로 플레임화해 형식지explicit knowledge로 바꾸어 스타트업 경영진과 실무진에게 솔루션을 제시하기 위해서였다. 그래서 책 제목을 '스타트업 노트' Startup Knowledge Tech : 스타트업 지식 기술라고 하고, 분分, 략略, 신新, 산産, 조組, 상商, 재財, 행行, 창創의 9개 파트로 나누어 기획, 개발 단계에서부터 펀딩, 시장 선점, 이익 실현, 사회 공헌과 리더의 멘탈 관리를 망라했다. 챕터로는 분석Analysis → 전략 설계Strategy & Design → 혁신 개발Innovation & Develop → 실행Implementation을 축으로, 필수 분야인 인사조직HR&OB과 협상Negotiation, 재정Accounting & Finance, 기업가 정신entrepreneurship을 덧붙였다.

어떻게 알음알음 알고 연락을 하는지 매일 70~80건의 투자 관련 이메일을 접하면서, 지금까지 스타트업 12개 사의 상근, 비상근 임원으로 국내외 상장IPO과 M&AMerger & Acquisition, 기업의 인수 및 합병, 해외 진출 최일선에서 일해 오고 있다. 대부분 잘 되었지만, 개중에는 조직적인 문제나 안이한 재무관리, CEO 리스크 등의 이유로 자금 조달 직전에 펀딩을 받지 못해 허탈해하고 허망해하는 스타트업 리더들도 있었다. 또한 훌륭한 아이템으로 초기 투자를 받고서도 시리즈 A, B, C 별 전략 부재와 지극히 고루하거나 너무나 급진적인 조직문화, 리더의 멘탈 이탈로 확연한 성장을 보이지 못하는 스타트업을 종종 목격하면서 전문투자자 입장에서 안타까웠던 일이 한두 번이 아니다.

스타트업과 VC 양 사이드의 최종 의사결정자였던 경험에 비추어 그 이유를 찬찬히 들여다보니, 일방의 앵글 때문에 스타트업에는 안 보이고 VC에게만 보이는 매직아이가 있었던 것이다.

스타트업은 생존과 성장의 듀얼트랙dual track을 시야에 두고 투자유치를 해야 하고 M&A를 통한 매각 등을 통해 엑시트를 하고 싶어 한다. 하지만 VC 시장은 비대칭 정보를 가진 특정 소수를 주축으로 기울어진 운동장에서 하는 그들만의 리그league다. 한국벤처캐피탈협회에 따르면 2018년 국내 VC의 투자심사역은 1,001명에 불과하다.

"마일스톤milestone, IR deck 어쩌구저쩌구, 비이클vehicle, 브릿지bridge, fund of fund, COGP일명, 코집, LP Limited Partner는 또 어떻고저떻고, IRR내부수익률, Internal rate of return, EBITDA, CB전환사채, BW신주인수권부사채…"

VC 업계는 외계어 같은 이런 전문 용어와 은어를 구사하는 경영, 경제, 회계, 금융공학을 전공한 전문가들의 영역이라 접근이 용이하지 않을 수밖에 없다.

딜deal의 엔딩ending에는 금융공학finance Science을 훌쩍 뛰어넘는, 아무에게도 알려주지 않는 '그들만의 Art'가 도사리고 있는 것이다.

각종 초청 강연에서 이런 상황을 고스란히 안고 있던 실질적인 솔루션이 갈급한 청중들의 요청이 노트북을 열게 했고, 평범한 회사원을 시작으로 스타트업 CEO, 기관투자사의 벤처캐피탈리스트이자 경영학자로서 현실적이고 실천적인 글을 쓰게 되었다.

이 책을 비단 스타트업의 현재와 미래 구성원뿐 아니라, 경영의 다채로움을 만끽해 나갈 핵심 인재와 경영자, 어깨에 막중한 무게를 짊어진 국가 정책 관계자분들이 꼭 읽어 주셨으면 하는 바람이다.

테헤란로 연구실에서

전쟁을 다스릴 준비가 되었는가?

강사가 피교육자들 앞에 서서 강단 칠판에 용어들을 적어 간다.

'전략, 전술, 조직, 타깃, 진입, 침투, 배치, 참모, 라인, 스텝, 물류, 마지노선….'

피교육자들이 양복을 입고 있으면 경영학 강의일 것이고, 군복을 입고 있으면 군사학 강의다. 나열된 단어만으로는 경영학과 군사학을 구분할 수 없기 때문이다.

경영학과 군사학 두 분야 모두 내內조직과 외外조직을 상시적으로 철저히 분석하고 모든 경우의 수를 정량定量, 정성定性적으로 예측해 종국에는 '시장market'과 '전장戰場'에서 살아남기 위해 타이밍과 밀도와의 전략적 핏fit을 토대로 조직을 영위하기 위한 학문이다.

'다르지만 같은 학문'

실제로 경영학자들이 MBA 과정이나 경영대학원에서 군에서 파견된 간부들을 지도하기도 한다.

콜럼버스의 신대륙 발견 이후 대내외적으로 수많은 전쟁을 치른 미국의 경영학 태동의 역사를 보더라도 실리와 실용을 중시하는 대표적인 응용사회과학인 경영학이 말랑말랑하지 않은 이유다.

자, 그럼 이제 전쟁을 다스릴 준비가 되었는가?

CONTENTS

CHAPTER

2 略, 다스릴 략 전략, 마케팅

CHAPTER

3 新, 새로울 신 혁신, 창의

CHAPTER

4 産, 낳을 산 생산/물류, Branding

CHAPTER

5 組, 짤 조 조직행동, 인사관리

CHAPTER

6 商, 장사 상 협상

CHAPTER

7 財, 재물 재 재정, 회계 & 재무

CHAPTER

8 行, 행할 행 실행, 리더십

CHAPTER

9 創, 만들어낼 창 창업, 기업가 정신

'컨트롤+S'를 누르며

◆ **에필로그**

PART 1

分, 분별할 분 (분석)

QR코드를 찍으면 저자
강의 동영상을 볼 수 있습니다

주제 파악self awareness과 분수 지키기keep one's place

전쟁을 준비하는 장군이 가슴에 새겨야 할 것이 있듯, 경영자가 경영을 하기 전에 반드시 짚고 넘어가야 할 리더의 'tone & manner' 2가지가 있다.

'주제 파악'과 '분수 지키기'

소크라테스가 말한 '네 자신을 알라'는 주제를 파악하라는 것이고, 영화 「친절한 금자씨」의 대사 '너나 잘 하세요!'는 분수를 지키란 말이다. 땅 짚고 헤엄치는 안전빵 사업과 달리 무한도전의 스타트업에 있어 '주제 파악'과 '분수 지키기'만큼 중요한 절대 명제가 없는데 의외로 이를 다룬 문헌도 없고, 알고 실천하는 젊은 리더들도 드물다.

스위스 출신으로 미국의 정신과 의사인 엘리자베스 퀴블러 로스Elisabeth Kübler－Ross의 '분노 5단계' 과정은 주제 파악 못 하고 호기롭게 사업을 진행하다가 어려움을 겪는 이들에게서 쉽게 볼 수 있는 패턴이다.

법인이나 사업팀의 리더로 실패, 속된 말로 깡그리 망하게 되면 책임과 이유를 남 탓으로 돌리고 온갖 허접한 이유로 부정을 위한 '부정Denial'을 한다. 그리고는 자신과 주위에 '분노Anger'를 표하면서 쓸데없는 집착과 강박에 휩싸인다. 그러다 어느 순간 자체적으로 쓰담쓰담하며 자기애自己愛와 '타협Bargaining' 모드에 들어서 돌연 '우울증Depression'이란 좌절과 절망의 거인 앞에 무릎을 꿇고 만다. 이러한 일련의 의미 없는 원맨쇼 과정을 겪고서야 결국 '수용Acceptance' 단계에 접어들고, 이내 스스로 참 힘들었겠다며 자기 위로에 딱 맞는 책을 찾아 읽어대기 일쑤다.

여기서 중요한 것은 리더가 직관적 자기인식인 주제 파악을 못 해 무의미하고 쓸모없는 소모적 감정 진화 과정을 겪음으로, 조직체가 연합해 난관을 극복했을지 모를 막대한 기회비용을 잃었다는 것이다.

분수 지키기란 '자신의 자리를 지키는 것keep one's place'이다.

아버지가 새의 깃털을 모아 밀랍으로 붙여 만들어준 날개를 단 그리스 신화에 등장하는 이카루스Ικαρος. 너무 높이 날면 강렬한 태양에 밀랍이 녹아 날개가 떨어지고, 너무 낮게 날면 바다의 습기로 날개가 무거워져 추락해 버린다는 충고를 잊어버리고 우쭐한 기분에 바다 위 하늘 높이 훨훨 날아오르던 이카루스는 태양 가까이에 다다르자 갑자기 밀랍이 녹아 흘러 날개가 떨어져 나가 바다에 빠져 죽는다. 자기 분수를 모르고 들떠 나대다가 욕망 추구의 관성을 제어하지 못한 것이다.

'분수를 지킨다'는 것은 중용中庸을 지켜 평정심을 가지는 것으로, '주제 파악'과 함께 리더의 중요한 덕목이다.

이론적으로 우리는 물 위를 충분히 걸을 수 있다. 간단하다. 물 위에 먼저 내딛은 발이 빠지기 전에 다른 발 내딛기를 빠르게 반복하며 물 위를 걸으면 된다.

이런 식의 몽상夢想 과학으로 현실에 자신만의 상상을 무리하게 대입하는 리더들이 의외로 많다. 현재의 자아와 꿈속 자아와의 차이, 현실과 근거 없는 영감insight의 간극 차이, 동상이몽이다. 리더는 이 갭gap을 최소화해 가며 조직 공동의 목표 달성을 위해 노력을 게을리해서는 안 된다. 그래야 현실과 이상이 협상이든 타협이든 한다. 리더가 자신과 조직의 주제 파악을 똑바로 안 하고 분수를 제대로 지키지 못하면, 자기 혼자만이 아니고 조직 자체가 돌아오지 못하는 다리를 건너게 된다.

사업 초창기, 생각보다 너무나 많은 방해 요소들이 도사린다.

믿어 주길 바라는 부모 형제도, 동료, 선배, 심지어 연인마저 주위의 잔파도에 휩쓸려 걱정과 조언이란 미명하에 정체불명의 불안을 조장해 사기를 꺾고, 처음 시작할 때의 사업화 양상과 정책, 산업의 흐름이 생각지도 못하게 급변하거나 희미해져 꺼져가듯 보이기도 한다. 그래서 리더는 자신의 아이디어나 기술에 초연히 집중해 어떤 바람에도 흔들리지 않는 끈질기고 집요한 근성, '집중력'이 필요하다.

꿈은 알차고 당찰수록 좋다. 하지만 '대규모 작은 음악회', '정통 중국식 퓨전 재패니즈 프랜치 레스토랑' 같이 모순되는 사고로의 매몰은 경계해야 한다.

'집중'과 '매몰'은 구분. 집중하되 자신이 만든 허황한 신념에 매몰되어서는 안 된다. 매몰이 시작되면 시야가 좁아지고 짧아져 어느덧 '신념'이 맹목적인 '자기 맹종'으로 에스컬레이트된다. 그러면 자신의 인생에서 성공적이라고 생각하는, 아주 짧은 찰나 같은 '지금'을 가지고 어설픈 셀프 판관이 되어 세상을 재단judgement해 버린다.

어떤 상황에서 이미 겪어 봤던 것 같은 기분을 기시감既視感이라 하고, 데자뷰dejavu라고 부른다. 프랑스어 'deja'는 'already이미'의 뜻이고, 뒤에 나오는 'vu'는 'view보다'로 처음 접한 사건을 이전에 경험한 것처럼 느끼는 현상이다. 천장의 벽지 무늬나 새벽 피어오르는 안개에서 귀신이나 사람의 얼굴 윤곽을 찾아냈다는, 무작위 근거에서 느낀 패턴을 진짜라고 믿는 망상적 심리현상인 '변상증pareidolia'과 유사하다. 이런 기시감으로 리더 자신이 만지는 것마다 황금으로 변할 거라는 '미다스의 손Midas touch'의 허황된 전설을 믿고 기고만장해져 자고自高에 빠지다 보면 패착을 두게 된다. '황금을 만드는 손'은 종국에 잘 되고 나서 주위에서 평가해 주는 것이다. 굳이 본인이 미리 생각도 말도 할 필요가 없다.

혼자 샤워를 하면서 노래를 부르다가 밀폐된 샤워실 메아리에 자신의 놀라운 가창력에 자뻑하는 미다스 신드롬에 걸린 사업가. 철없는 리더는 절벽 끝 아슬아슬하게 놓인 작두 위에서 언제 자신의 목을 벨지도 모를 칼춤을 추는 망나니에와 다름없다. 사업에 대한 개념 정리도 안 된, 허접하기 그지없는 이런 어설프고 생경한 창업자를 리더라 해야 하는지 자체도 미지수다. 데자뷰는 제발 꿈에서만 봤으면 한다. 얼토당토않은 허상으로 스타트업을 해서 남의 귀한 인생까지 망치지 마라.

연금술사史에 납, 구리와 주석을 합금해 농기구와 무기를 만들던 청동기 시대에 귀한 금속 '납lead, [led]'을 찾아 길고 긴 여행을 떠나는 무리의 지도자를 'leader[lede(r)]'라고 했다고 한다. 이 시절이나 지금이나 리더leader는 미지의 세계를 탐색하는 자, 탐험가다. 지도자 '레더leader'는 들짐승에게서 무리를 보호하기 위해 나무를 타고 높은 곳에 올라가 망을 보고, 주변 적들의 동태와 나아갈 길을 살폈다. '레더'를 따르는 사람들은 그가 쉴 때 지금의 사다리 같은 것을 만들어 높은 나무 위에 올라가 주위를 경계하는 임무를 대신하면서, 사다리를 당시 지도자를 부르는 '레더'라고 한 것이 사다리, 'ladder'가 되었다.

연금술사의 어원처럼 리더는 태생적으로 멀리 내다보기 위해 땅위를 딛고 선 사다리처럼, 적나라한 현실을 굳건히 디디고 서서 미래를 살피며 조직 공동의 목표를 가리키는 사람이다.

리더는 작은 성공의 도그마dogma, 맹신에 유의해야 한다. 하늘의 별을 바라보더라도 발을 땅현실에 딛고 서서 봐야 흔들리지 않게 보이지, 방방 뛰면서 하늘을 봐서야 어디 제대로 별이 보이겠는가?

성공Success은 '확신하는', '확실한'이란 뜻의 'Sure'에 access접근, process과정의 어미 ceed나아가다의 'cess'가 붙어, 확실한 신념을 향해 나아가고 있다는 현재진행형의 의미를 갖는다.

자기만의 신념으로 다가서는 성공의 진행형은 절대적으로 한정되기 마련이다. 거안사위居安思危, 편안에 거했을 때 현실에 닥칠 위태로움을 봐야한다. 미다스 손의 허황된 망상보다는 주제 파악과 분수를 지키기 위해 치열한 자기 검열과 통제, 냉철한 분석으로 조직이 설정한 목표치에 도달시킬 확률을 높이기 위해 전력을 쏟아부어야 한다.

"내가 아는 유일한 것이라고는 내가 모르고 있다는 사실이다."

- 플라톤 -

경영이란 뜻, ‘매니지먼트management’의 가장 중요한 음절은 ‘맨man’

-C. T. 매켄지-

‘주제 파악’과 ‘분수 지키기’를 리더의 기본 명제로 충분히 인식했다면, 이제 본격적인 생존 게임을 시작해 보자.

전쟁이나 국가적 재난 상황에 대응할 수 있는 능력으로, 군대는 작전 수행에 지대한 영향을 미치는 자산을 보유하고 있다. 이를테면 전투원Combatant, 공중 급유기, 항공모함, 잠수함, 폭격기다.

전쟁을 다스리기 위해 가장 먼저 살펴야 할 것, ‘전략 자산’이다.

시장이란 전장에서 치열한 전쟁을 치러야 하는 기업 또한 어떤 전략으로 어떻게전술 승리를 쟁취할까를 고민하기에 앞서 병참기지에 모아둔 전략 자산, 다시 말해 지금 가지고 있는 경영자원의 실체를 현실감 있게 직시해야 비로소 단계적인 전략과 전술이 선다.

‘장사 밑천’, 고상하게 표현해서 ‘경영자원’은 유무형의 수많은 요소가 있지만 핵심 중의 핵심인 사람, 제품과 서비스, 자금, 정보란 4가지를 들 수 있다.

첫째, ‘사람’이다.

한국형 스타트업에서 보이는 특징적인 인적 관계와 조직 구성 개념에 대한 이해가 필요하다.

스타트업의 본고장 미국의 경우에 원톱one top 창업이 아닌, 특정 분야에 탁월한 능력을 지닌 공동 창업자와 창고 같은 데서 시작하는 창업이 미디어에 방영된다. 빌 게이츠에게는 파트너 폴 앨런이, 스티브 잡스에게는 스티브 워즈니악이 있었다.

우리는 동양적인 유교 문화가 뿌리내려져 있고 군대식 정서와 습관이 사회생활에 만연해 있다. 그래서 한국형 스타트업 초기의 가장 큰 특징은 보편 다양한 경험과 능력을 지닌 친구나 형, 언니, 동생 관계로 적정의 위계질서를 가지고 '으쌰으쌰, 우쭈쭈'하며 시작한다. 의리가 중요할 수밖에 없고, 그 의리 때문에 대박이 나기도, 제대로 쪽박을 차기도 한다.

A는 회사 동료이자 학교 후배 B와 점심을 먹다가 우연히 다가오는 휴가 때 A네 가족이 가기로 한 리조트의 3만 원짜리 시즌 한정 쿠폰을 B가 신용카드를 새로 발급하면서 받았다는 것을 알게 된다. 선배 A는 시즌 동안 안 쓸 거면 쿠폰을 자신에게 달라고 하면서 대신 퇴근길에 술을 한잔 사겠다고 한다. 그날 저녁 후배 B에게 5만 원어치 치맥을 산 A는 집에 돌아가 부인에게 후배가 구해 줬다며 3만 원짜리 쿠폰을 보이며 의기양양하게 자랑한다.

우리 사회 문화가 이렇듯 한국형 스타트업의 핵심 집단은 서구식의 직무중심적 조직이라기보다, 성취 지향적 문화를 가진 관계중심의 조직 형태를 띤다. 여기서 구성 조직을 끈끈히 잡고 있는 찰흙 역할을 하는 조절변수는 '신의信義, 믿음과 의리'다. 그러다 보니 내內조직으로의 영업, 다른 말로 '사내 정치'가 부차적으로 딸려올 수밖에 없다. '사내 정치'로 파생되는 '텃세'나 '알박기'는 뒤의 조직 파트인 '짤 조, 組'에서 덧붙여 다뤄 보겠다.

조직의 종·횡적인 구도 개념을 알아보자.

군사용어에서 비롯된 조직경영학 용어, 라인 조직Line Organization과 스텝 조직Staff Organization이 있다.

조직 생활을 하다 보면 "줄 좀 잡았어?", "라인 탄 거야?", "썩은 동아줄 아니야?"라는 말을 듣게 된다. 이때 쓰이는 '줄', 바로 '라인line'이 수직의 종縱적 개념이다. 사장, 부사장, 이사, 부장, 차장, 과장, 대리, 사원의 계층화 조직이 대표적이다.

반대로 횡橫적 개념인 스텝은 의사결정권자의 참모 역할을 하는 고문, 법률, 회계 등의 전문 자문 조직과 지원 역할을 하는 감사실, 무슨 무슨 위원회 등이 있다. 필드현업, 現業에서는 인사, 총무, 재무, 전략을 총칭하기도 하는데 원래의 의미가 확장되어 영업 최전선의 매장 근무자, 혹은 관계자를 싸잡아 스텝이라고도 부른다.

라인 조직은 일사 분란한 지시 체계가 절실한, 상명하복 문화가 강조되는 의료, 제조, 생산, 영업 관련에 두드러지고, 스텝 조직은 전략, 컨설팅, 인사, 교육, 법무, 회계, 세무 같은 지식 서비스 업종에서 많이 채택한다.

대기업이나 중견기업처럼 수십 년간 해당 기업 문화에 특화된 조직 정비가 갖추어진 형태가 아닌 스타트업에서는 라인과 스텝의 유니크하면서도 유연한 전략적 체제를 구축해야 한다.

예를 들어 '디자인 계열의류, 가구 등'이 아닌 스타트업의 인사팀이나 전략팀 회의에 디자인팀이 항상 같이 들어오는 경우다. 심지어는 인사팀에 디자인팀을 붙여 운용하는 스타트업도 있다. 내재화內在化에서 한발 더 나아가, 의사결정이 빠른 스타트업의 장점을 부각시키기 위해 '융합적 내재화'를 도입함으로써 독립 부서를 '융합형 참모 조직'으로 재편한 것이다. 중장기 전략의 연장선상으로는 디자인, IT 조직 등을 내재화할 것인지, 아웃소싱할지에 대한 고찰이 필요하다.

조직 강화를 위해서 스텝 위주형, 직계 참모형, 참모 융합형, TFTtask force team, 위원회 등을 다양하게 고려할 수 있다.

또한, 문제해결 방향식式으로 탑다운Top – down과 바텀업Bottom – up, 미들업middle – up을 유연하게 작동시켜, '~님', '매니저', '선임', '책임', 'PL프로젝트리더' 등 호칭을 파괴한다. 이런 조직에서는 누가 위고 아래고 하는 상하의 관계는 부차적인 문제로, 팀제로 구분지어 과장급을 상급자인 타 부서 부장 위의 팀장으로 지명해 라인을 희석시키기도 한다. 주의할 것은 특정 사안을 다룰 TF나 위원회 창설이 남발되면 도드라지지 않는 부서가 뒤에 가려지다 은근슬쩍 빠지게 되어 사안이 깔아 뭉개지거나 부서 간 공 던지기로 사업 진척이 루즈loose해질 수 있다는 점이다.

디자인 인력이 마케팅 부서에서 근무하고 재무 담당자가 영업부서로 이동할 수 있다. 조직을 결집시키고 사내에 활력을 불러일으켜 팀별 생산성을 높일 수만 있다면 앞에 놓인 장애물이란 없다. '다른 회사들은 그런 거 안 하던데', '우리만 너무 설치는 것 아니야?'라는 꼰대들이 할 얘기가 스타트업 사내에 나돌아서는 안 된다. 라인과 스텝의 다양하고 유니크한 맞춤형 조합이나, 그 회사만의 돌연변이 조직을 창설하는 것은 관성화된 기성 기업이 아닌 스타트업이라 할 수 있는 것이다. 스타트업은 독보적인 경쟁력이 실체고 그것이 존재 이유다. 기성 문화에 대한 참고를 넘은 답습만 한다면, 스타트업의 강점을 뿜어낼 최적화 애자일agile, 민첩하고 날렵한 조직은 꿈도 꾸지 못한다.

골리앗 같은 기성 기업의 조직 스케일에 대항해 스타트업이 지닐 수 있는 무기는 다윗의 기선機先 장악력과 유연성, 날렵한 스피드로, 문제를 핀셋으로 집어내는 인식치値와 탄력적인 의사결정 그리고 집중의 속도가 생명이다.

신뢰와 자율을 기치로 내세우는 유기체organism로서의 애자일화化.

방대한 규모의 병력을 한꺼번에 지휘하면 기민한 통제가 어렵고 사각지대가 발생하게 된다. 그래서 권력을 유효적절하게 분산권력이양, empowerment 시켜 태스크task, 과업 분담 책임 조직으로 나누어 운용하는 것이 효율적이다. 이를 구성 완결시키기 위해서는 고객과 시장의 최전선에 있는 독립적인 단위 분대squad 인 팀cell 이 E2E end to end 의사결정권과 관련 권한을 위임받아 직접적인 반응에 대한 실행과 결과의 일치를 이룰 수 있어야 한다. 이로써 직능별 애자일 조직을 한껏 활용해 촘촘하고도 일관된 장기 정책을 설계하는 그랜드 디자인grand design 이 세워진다.

애자일과 대비되는 'WATERFALL폭포' 타입은, 꼭대기에서 거침없이 일제히 폭포수가 밑으로 떨어진다. 'concept→design→develop→test→launching'처럼 하나하나의 단계가 끝나고 다음 단계로 넘어가 순차적으로 진행되기 때문에, 수정이나 개선이 요구될 때 전 단계로 되돌아가기란 상당한 부담으로 다가온다. 반면 'AGILE' 타입은 프로젝트를 잘게 쪼개 가볍고 작은 부분별로 집중 진행해 개발자, 마케터, 클라이언트의 요구사항 변경이나, 관련 이슈가 발생했을 때 즉각적인 커뮤니케이션과 협업을 통해 유연하게 대처할 수 있고, 프로세스별로도 수정을 반영해 개선해 나갈 수 있다.

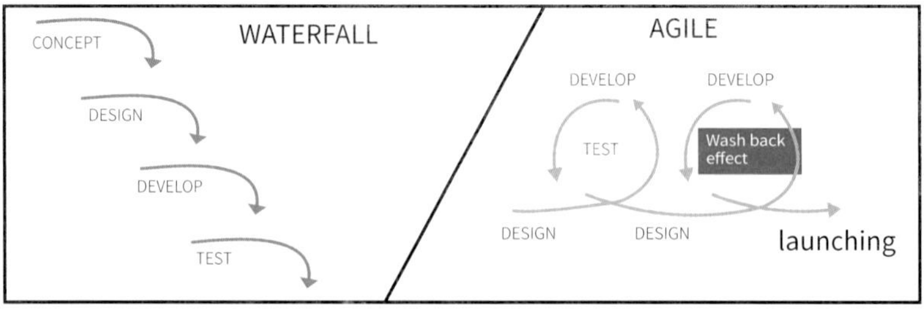

[그림 1-1] WATERFALL vs AGILE

[그림 1-1]의 왼쪽WATERFALL의 상위 계층에서부터 '내리 지시' 조직보다는, 오른쪽AGILE의 권한과 책임이 고르게 분배된 수평flat조직 문화 안에서 역류wash-back effect를 통해 담당 구성원들의 자발적이고 야심찬 행동력 발휘가 용이하다.

이러한 상하 위계가 아닌 구성원들이 평등하게 업무를 수행하는 신속하고도 실질적인 의사결정 체계의 구조단위 '홀라크라시Holacracy'는 리더의 냉철한 판단과 결연한 의지만이 만들어 낼 수 있다.

애자일이 자리 잡게 되면 독립조직 CICCompany In Company, 사내독립기업로 진화하는 예가 많다. 네이버는 금융사업 독립성 강화와 의사결정 속도를 높이기 위해 CIC '네이버 페이'를 물적 분할해 '네이버 파이낸셜 주식회사'로 분사分社, spin off했다. 네이버의 진화된 애자일 행보는 이미 첫 CIC사내독립기업 '네이버 웹툰' 이용자를 6000만 명 넘어서게 했고, 카카오도 2017년 분사한 '카카오 페이' 이용자가 3000만

명을 돌파했다. 엔씨소프트는 애자일 조직화 전환 이후 '리니지 M'이 2년 연속 매출 1위를 기록했다.

필자의 인생 영화 「라라랜드」 도입부는 애자일의 대표적인 사용설명서다. 고속도로 위에서 수많은 무용수들이 차에서 튀어나와 춤을 추는 장면은 긴 촬영을 편집 없이 단 한 번 만에 성공한 롱테이크long-take다. 감독은 무용수들을 그룹핑grouping해 분대 단위로 쪼개서 자율적으로 연구하고 연습할 수 있는 유연한 환경을 만들어 주었고, 촬영팀의 컨트롤타워는 각 무용수 분대의 의견을 개방적으로 수렴해 신속한 수정과 적용을 반복해가며 이 멋진 명장면을 만들어냈다.

"분명 니즈가 있어요!"란 헛소리

'소비자 구매행동 5단계'를 'AIDMA아이드마, Attention – Interesting – Disire – Memory – Action'법칙이라고 한다.

마케터 입장에서 최종 사용자end user의 주의를 끌어Attention, 흥미Interesting를 유발해 욕구Disire를 불러일으켜 기억Memory시킨 후, 최종적으로 '무언가'를 구매하는 행동Action으로 옮겨지도록 하는 일련의 과정이다.

여기서 '무언가'를 유무형으로 나누면, 직접적으로 손에 잡히는tangible 유형재로 자사가 공정을 통해 제조 생산한 '제품Inside – out'과, 판매를 목적으로 타사에서 구입해 보유한 '상품Outside – in'이 있다.

유형성	소비자 구매행동	관여도	편익의 종류	구매 목적
유형/무형재	편의/전문품	저관여/고관여 제품	감성/실용 제품	소비/산업재

[표 1-1] 제품의 분류(Noh jeon pyo, 2015)

심부름은 '심힘+부름부리다'으로, 윗사람이 아랫사람의 힘을 부려

쓰는 걸 말한다. 부모가 자식에게, 어른이 아이에게, 주인이 노예에게. 반면 '서비스service'는 'servant섬기는 청지기'의 뜻으로 스스로 먼저 마음을 건네 상대의 마음을 움직이는 것이다.

무형재로 우리가 흔히 말하는 "서비스 좋네.", "제대로 대접받은 기분이야!"라며 무의식적으로 느끼는 일정한 형태를 지니고 있지 않은 '서비스'가 있다. 이런 손에 잡히지도 않는 서비스의 반응 이유를 Zeithaml 연구팀은 서비스 품질 측정 도구 SERVQUAL일명, 서브퀄 모형으로 개발해 독사같이 5가지 척도로 규정했다. 마케팅이 심리학과 통계학의 2인 3각 플레이임을 여실히 드러내 주는 대목이다.

이 5가지로 말할 거 같으면, 웅장한 건물이나 청결한 인테리어에서 느껴지는 '유형성', 감정이입 정도에 따른 '공감성', 전문성에 대한 '확신성', 공정한 '신뢰성', 반응 속도 등으로 느끼는 '응답성'이다.

의료 서비스를 예로 들면, 좋은 시설의 대학병원에서 CS고객만족 교육이 잘된 전문 의료진과 행정직원들이 환자에게 친절과 믿음을 선사할 때 환자가 느끼는 질 좋은 감성적인 느낌과 기분을 서비스 품질 척도로써 측정할 수 있는 것이다.

※ 이 책에서는 제품, 상품, 기술, 용역, 콘텐츠, 서비스를 통틀어 '제품', 혹은 '제품과 서비스'라고 표현하였습니다.

'사람'에 이어 경영자원 두 번째, '제품'이다.

제품 개발의 원초적인 단계에서 고려되는 니즈Needs와 원츠wants에 대해 얘기해 보자. 이 부분은 디지털 마케팅에서 특히 중요한 제품의 시장 적합성 'PMFProduct – Market Fit'의 기본이 되는 구분법에 대한 이해이므로 초반에 명확히 정립해 두어야 한다.

초기 창업자들이 선언적 구호처럼 말한다.

"분명 니즈가 있어요!"

당연한 말이다. 그러니까 시작했을 것이다. 근데 원츠는?

"우리 콘텐츠요!"

헛소리다.

습기 가득한 토요일 밤 10시, 오랜만에 집에서 가족이 모여 영화를 다운 받아 보고는 배가 출출해 온다. 아빠가 바람도 쐴 겸 집 근처에 새로 생긴 피자집에 가서 맥주 한 잔씩 하자고 한다. 집을 나서는데 추적추적 보슬비가 내린다. 엄마는 빗소리가 부침개 부치는 소리 같다며 동네 시장 전집에 가서 빈대떡에 막걸리를 마시자고 한다. 집안 최고 권력자인 엄마의 제안이기도 했지만, 어쨌든 가족 모두는 전집으로 발길을 돌렸다.

앞의 예시 글에서 "무엇이 필요needs한가?"에 대한 대답은 '야식'이다. 다음으로 "그래서 무엇을 원하는가wants?"란 물음에는 피자와 맥주에서, 구매력을 가진 엄마수요, Demands에 의해 빈대떡에 막걸리로 변경되었다.

니즈는 본원적 욕구인 '배고픔'이고, 원츠는 배고픔을 채워줄 구체적인 대상으로 '야식 메뉴 = 빈대떡과 막걸리'다. "I need a drink", "I want a coke"처럼 'need'와 'want'는 엄연히 다른 목적어를 취한다.

단적인 예로, 1차 세계대전 후 인간의 정복욕과 기계의 잔혹함을 겪은 인류는 '자연으로 돌아가자'는 '친자연 운동'이란 니즈에, 누드 비치Nodist Beach와 누드 공원Nudist Park이 원츠로 덧입혀져 세계적으로 성행하고 지금도 그 명맥이 유지되고 있다 .

프랑스의 생수회사 에비앙은 뜨겁고 한적한 샹제리제 광장에서 목마름을 가시게 할 니즈인 물을 팔려고 막대한 자금을 쏟아부을 글로벌 마케팅 전략을 세우지 않는다. 전 세계 바쁜 도심에서 여유롭고 세련된 직장인들이 들고 다니며 마실 멋진 케이스에 담긴 고급스러운 생수 이미지를 표방하는 '에비앙'이란 원츠를 도출해 전략을 입안한다.

해외 직구를 예로 들면, 구매자가 빨리 받기를 원하는 것이 니즈고, 표적 시장 고객 니즈에 대한 완전하고 구체적인 해답이 되는 '3일 이내에 받는 것'이 원츠다.

니즈는 창조의 어머니일 뿐 아니라, 원츠의 어머니로 니즈의 파악이 중요하지만, 인류가 존재하는 이상 당연히 발생하는 니즈는 이미 드러나 있어 파악이 용이한 반면, 고객 자신도 모르는 마음 한 구석에 가려져 있는 어떤 원츠를 원하는지를 분석해 알아내는 것이 관건이다. 그런 원츠가 우리 회사가 파는 제품이 될지는 알 수 없기 때문이다.

"이 제품은 니즈가 있어서 개발되자마자 잘 될 수밖에 없다"라고 호언장담하는 초기 창업자들에게 '무엇을 팔 것인가'의 이 '무엇', 원츠에 대한 개념 정립이 절실하다. 니즈가 있다는 것을 알았다고 섣불리 제품 출시와 동시에 사업이 성공할 거라고 맹신해서는 안 된다.

마케터는 시장 니즈를 실시간으로 세심히 살펴야 하고, 조건과 상황이란 변수 위에 무한한 가변성을 지닌 변덕쟁이 원츠의 다양성과 즉흥성을 충분하고도 종합적으로 상정해야 한다.

물고기를 잡으려면 물고기처럼 생각하라

-케빈 로버츠, 사치&사치 CEO-

현재 한국 사회의 고령화 속도는 일본의 3배 이상이다.

통계청의 '장래인구 특별추계'는 2029년의 우리나라의 신新인구 구조를 내다봤다. 역피라미드 구조에 인구수는 당연히 줄고 4인 가구 형태가 사라지고 1인 가구만 남는다.

인구구조 급변으로 인한 단발적인 유행과 장기적인 트렌드의 분석과 판단에 사활이 걸린 유통 산업에서는 생존의 시각으로 이 변화를 예의주시하고 있다.

롯데백화점은 '리테일 연구소'를, 이마트는 미래형 편의점 구축을 위한 '편의생활연구소'를 운영해 다가올 신인구구조에 따른 시장 흐름에 대비한다. 삼성전자에는 20~30대의 밀레니얼 세대 직원 30여명으로 'millenials committee위원회'가 구성되어 있고, LG전자도 'LSRLife Soft Research 실室'에서 세대별 고객 트렌드를 분석한다.

제품 개발이나 판매, 프로모션을 전개하기 전에 소비자 욕구 속에 들어가 시간상의 지속성을 들여다봐야 하는데, 수명별로 일시적이고 단발적인 붐boom인 'fad'와, 일반적으로 유행이라고 하는 추세, 'trend'로 구분된다. 10년 주기의 '대추세'는 'Mega Trend'라고 한다

'fad'는 일시적 유행으로 정형화된 공식에 좌우되지 않아, 어디로 튈지 모르는 럭비공처럼 예측이 어렵고 단발 성향을 띤다. 매운 음식이 붐인 것을 착안해 영화나 드라마 PPLproduct placement, 간접광고로 내보낸, 주인공이 먹는 떡볶이 브랜드가 실검 1위를 할 수는 있어도 이러한 순간의 유행이 중장기간 유지될 거라고 예단할 수 없는 것과 같다.

반면 'trend'는 'fad'보다 예측이 용이하며 일정의 지속성을 가진다. 예를 들어 'eco'라는 특정 개념을 성별, 연령, 수입, 직업, 교육수준 등 인구통계학적으로 분석하면, 'eco'에 대한 가치 인식이 보편화되면서 미세먼지 관련 제품, 텀블러, 탄소 배출권 같은 산업 확산과 정책 결정에 미치는 영향을 예측할 수 있다.

글로벌 신용평가사 S&P와 무디스가 정크본드junk bond, 신용등급이 낮은 기업 발행의 채권로의 전락轉落을 경고한 하인즈 케첩. 글로벌 케첩 마켓이 건강에 좋은 '비트 케첩'과 치즈처럼 썰어먹는 고체固體형 케첩에 열광할 때, 식품에 꿀을 첨가하는 'fad' 위에 올라탄 신제품 케첩을 출시해 2018년도 4분기 순손실 126억 달러14조 2천억 원를 내고 하루 만에 주가가 27% 이상 폭락하면서 낭패를 봐 최대주주인 투자 귀재 워런 버핏의 명성을 무색하게 만들었다.

'fad'와 'trend'를 분석해 구별하는 것은, 제품 수명에 따른 전략 수립에 직접적인 영향을 미친다. 이 둘을 명확히 자체 정의해 두지 않으면 제품 개발과 확산 도중 실수를 범할 수 있다. 'fad'인데 'trend'라 오판해 제품의 연구개발에 과도한 에너지를 쏟아 낭패를 보거나, 반대로 'trend'인데 'fad'라 생각하고 대량생산, 표준화 전략 등을 준비해 두지 않는다면 사업의 성장판을 스스로 떼어내는 멍청한 짓을 하는 것이다.

준비되지 않은 초짜 리더는 자사 제품이 'trend'를 탄 '매출 천재' 상품임에도 불구하고 치명적인 이슈나 엉성한 위기관리로 'fad'에 그치고 말면, 세상이 너무 빠르게 돌아가고 있다며 자기 본위적 편향성self－serving bias 옹알이를 해댈 뿐이다. 반대로 뉴노멀new normal, 변화에 따른 새로운 표준 시대를 정확히 인식한 현명하고 부지런한 제갈공명 리더는 'fad'로 끝날 제품의 수명을 번뜩이는 전략과 전술로 'trend'로 바꿔 역전의 상황을 연출해 내기도 한다.

펀딩funding과 엑시트exit

전쟁을 치르려면 군자금이 필요하다.

세 번째 경영자원으로 기업의 존속에 가장 직접적인 영향을 미치는 자금, '돈'에 대한 얘기다.

시골에 가면 간혹 아직 남아 있는 펌프를 볼 수 있다. 요즘은 수도시설이 잘되어 있어 오랫동안 사용하지 않은 펌프가 많은데, 물이 나오게 하려면 약간의 물을 부어 펌프 안에 물이 고이게 해 펌프질을 해야 한다. 일단 물이 끌려 올라오면 더 이상 물을 넣지 않아도 펌프질을 하는 족족 대량의 물이 콸콸 흘러나온다. 이때 처음 넣는 소량의 물을 '마중물'이라고 한다. '마중물'은 펌프에서 물을 뽑기에 앞서, 먼저 부은 한 바가지의 물이 많은 물을 마중 나가 데려온다고 해서 붙여진 이름이다.

스타트업의 자금 조달에 '마중물' 개념은 그대로 적용된다. 사업을 처음 시작하게 되면 우선 씨앗이 되는 자금 '시드seed'가 있어야 하고, 이후 자금 조달 단계 사이사이에 불쏘시개 같이 마중물 역할을 하는 자금이 필요하다. 펌프에 부어 넣는 마중물처럼 단계별로 적지도 많지도 않은 딱 필요한 양만 있으면 되지만, 만약 조달하지 못하면 다음 단계의 펀딩은 물 건너간다. 어떻게든 흐름을 이어가기 위해 우여곡절을 겪고서라도 일단 조달에 성공하면 다음 단계의 펀딩으로 다시 연결된다. 각 단계가 다음 단계에 절대적인 영향을 미치는 드라마 시리즈처럼 연속 기획물인 것이다. 그래서 자금 조달 단계를 '시리즈'라 부르고 단계별로 A, B, C, D로 나누어 표현한다.

기승전-펀딩!

펀딩이란 투자자 입장에서 투자고, 기업에게는 자금 조달이다. 우리말로 '투자投資'는 '돈을 던진다자기 책임하에'는 뜻으로 '자금 제공'을 말한다. 스타트업 사이드라면 '땡긴다'고 말하고, VC는 갬블에서 쓰이는 용어인 '태운다'라는 표현을 자주 쓰는데, 불을 지피기 위해 '땔감을 태운다'에서 유래되었다. 영어로도 '현금cash이 탄다burn'라고 해서, 자금의 흐름인 현금 유동성cash flow을 확인할 때 회사의 현금 고갈 상황을 알려주는 '경비 지출 속도'를 'burn rate'라고 한다.

투자자가 자금을 '태워' 일단 피가 섞이면 공동운명체로 회사의 성장과 발전이란 공동의 목표를 가지지만, 다음 시리즈별 외부로부터의 자금이 태워지기까지 격렬한 이해 충돌 당사자이기도 하다. 예로, 시리즈 A에 참여한 투자자들이 시리즈 B의 시점이나 조건, 특정 투자자를 반대하기도 한다. 이럴 때 경영진이 잘못 투자를 받으면 그 책임을 고스란히 안고 경영을 해야 하는 부담이 있다. 그래서 스타트업에게도, 투자자에게도 펀딩으로 피를 섞는 일은 지극히 민감할 수밖에 없다.

엑시트exit는 투자자가 투자를 하고 있는 중에 놓인 위험에서 빠져나온다는 뜻으로 출구 전략인 '투자 회수'를 말한다. 대개는 창업자의 이익 실현까지를 포괄해 쓰인다.

'우리 대표는 이 회사로 하고 싶은 게 뭘까?'

이는 스타트업 구성원들이 가장 궁금해 하는 화두로, 엑시트는 CEO에게만 적용되는 이슈가 아니다. 직원들은 알 필요 없다고 생각하는 CEO도 있을 수 있겠지만, 대표이사가 백 년 기업을 만들려고 하는지, 나 몰라라 팔아 치우고 혼자 잘 먹고 잘 살려고 하는지는 회식 마치고 직원들만 남은 2차 자리의 핫이슈다. 리더는 이를 인식해 조직 구성원들과의 비전 공유에 신중을 기해야 한다. 자세한 건 '백 년 기업을 만들려는 CEO' vs '팔아먹고 내뺄 CEO' vs '유명해지면 갈아탈 CEO' 챕터에서 살펴보도록 하자.

우문현답 :
우리의 문제는 언제나 현장에 답이 있다

4가지 경영자원의 마지막은 '정보'다.

동방 견문록을 좋아해 유럽-인도 뱃길을 찾으려던 야심찬 탐험가 콜럼버스는 제대로 된 정보도 없는 데다 참모들의 조언까지 무시해, 아메리카 대륙을 인도India로 여겼고, 아메리카 원주민들을 인도 사람이라고 생각해 인디언Indian이라고 불렀다.

급변하는 시대에 리더가 정보 취합을 게을리하거나, 선택적 왜곡selective distortion으로 자신의 생각만 관철하는 경로의존형path dependence 관성에 젖어 있다면 이보다 위험한 일이 또 있을까? 게다가 외삽법extrapolation method, 추세로 미래를 예측하는 방법을 맹신해 섣부른 추론이라도 한다면, 정말 치명적이다.

정보 취득의 고전적인 대표 기법 중에 기업이나 학계, 정부기관에서 실행하는 거시환경 분석 'PESTLE일명, 페스틀'이 있다. 'PEST'인 정치Political, 경제Economic, 사회/문화Social, 기술Technological에 법률Legal, 환경Environment 분석을 더한 측면을 말한다. 일례로 'PESTLE' 중 'E'

에 해당하는 경제Economic에서 펀더멘탈fundamental, 거시경제 지표에 대한 정보를 취하고자 하면 문헌, 추적, 전수 조사 등의 툴을 사용해 스탠스stance를 잡는다.

K-pop의 거장 BTS의 마케팅에 사용된 빅데이터big data와 그로스 해킹.

빅데이터는 정보화에 놀라운 발전을 가져왔다. 신속, 방대, 다양성이란 3가지 속성을 지닌 빅데이터를 분석하면 이슈가 얼마나 확산되는지도달률, 어떤 빅마우스big mouth, 소문 유포자가 얼마의 역할을 하는지영향력자, 옹호해 주는 사람은 누군지추종자, 어떤 이벤트에 강렬하게 반응하는지콘텐츠와 확산의 지속성까지 예측 가능하다.

그로스해킹Growth Hacking은 2010년 'Find your growth hacker for your startup'이라는 블로그에서 션 엘리스Sean Ellis가 처음 사용한 용어로, 성장과 혁신이란 의미의 'Growth'와 각종 지표와 ROIReturn On Investment, 투자자본수익률 기반의 지식과 기술을 겸비한 엔지니어 해커의 'Hacking'이 합성된 단어다. '브랜딩branding'을 중심축으로 하는 전통적인 마케팅 방식에 빅데이터를 이용해 보다 과학적으로 측정하는 가성비 좋은 마케팅 방법론이다.

초단위로 흐르는 4차 산업 속도전戰에 녹여질 단어지만 용어의 핵심 속성을 생각해 보면 그 의미가 자못 심장深長하다. 그로스해킹 구현의 전후 단계에서 중요한 것이 '제품과 시장의 궁합PMF, Product-

Market Fit'과 시장의 빅마우스와 연계해 구전효과Going Viral를 유발하기 위한 '연결'이다. 이 연결 행위에 필요한 고객획득비용 산출을 위해 RFM기법을 사용한다. RFM이란, 근래성Recency, 빈도Frequency, 객단가Monetary Value로 매칭된 데이터를 합산aggregate, 병합merge, 관여join, 접촉contact해 일반, 단골, 신규, 이동, 충성고객군으로 분류하고 정의하는 것이다. 이 과정에서 예산과 자원이 부족한 스타트업이 그로스해킹을 전개할 때 절대 놓치지 말아야 할 것은 '속도'로, 연결된 유저들의 니즈가 뜨기 시작하면 재빨리 기능이 개선된 제품과 서비스를 내놓아 이미 공식화된 듯한 태도와 인상을 시장에 태연하게 심어야 한다.

이를 유효하게 구현하기 위한 데이터 기반Data Driven 의사결정을 하는데 있어, ROI투자회수에 초점이 맞춰진 퍼포먼스 마케팅performance marketing 측면에서 [그림 1-2]의 'AARRR일명, 해적지표'을 바탕으로 한 그로스해킹 분석 프레임은 참기름 담는 깔때기 모양을 하고 있는 '퍼널punner, 깔때기 이론'으로 설명된다.

AARRR 매트릭스

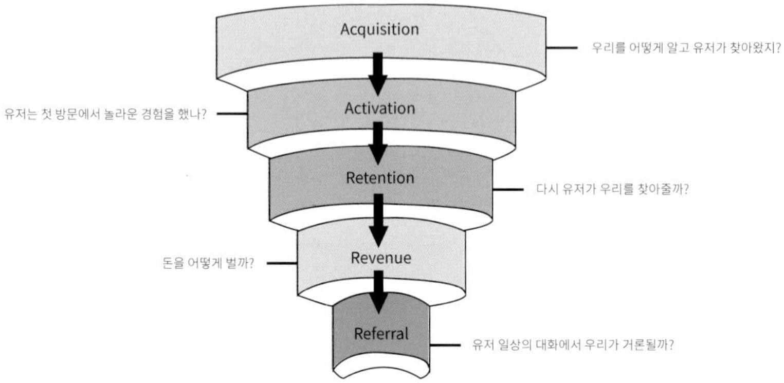

[그림 1-2]

이는 소비자 행동모델 중 하나로 Awareness인지 → Consideration고려 → Conversion전환/구매 → Loyalty충성/재구매 → Advocacy지지/전파 의 과정을 거치며, [표 1-2]의 평가, 지표, 콘텐츠, 단위로 설명된다.

단계	AARRR	평가	지표	콘텐츠	단위
1	Acquisition (유저 확보)	서비스 접점	노출/도달 /방문	홍보/ 광고	DAU/MAU /ARPU CTR/VTR
2	Activation (활성화)	유저의 활동/경험	반응수/회원수 /채택수	정보	Bounce Rate /Avg. PV /Avg. Duration /Sign up
3	Retention (유지)	재방문율/재사용율	체류시간 /재방문율 /회원 유지	정보/ 커뮤니티 조성	Retention Rate
4	Revenue (수익)	구매	매출	홍보/ 광고/ 리뷰	Conversion
5	Referral (추천)	자발적 공유	리뷰 /구전(口傳)	리뷰	Channel/ SNS Share Rate

※ DAU(Daily Active Users), MAU(Monthly Active Users), CTR(Click Through Rate), VTR(View Through Rate), ARPU(Average Revenue Per User)

[표 1-2]

빅데이터로부터의 제작 영역을 압축해 살펴보면, 딥러닝Deep-Learning과 인공 신경망neural network → 머신러닝 기계학습 → 인공지능AI, artificial intelligence의 집합 관계에서 가장 핵심은 DBdata base 구축으로, 이를 음악적인 기계학습Machine Learning에 이용하면 기존 멜로디 패턴을 분석해 '작곡가 누구누구 스타일'로의 작곡도 가능하다.

취득한 정보와 데이터만 있다면 웬만한 환경 분석과 마케팅 전략을 실행할 수 있고, 콘텐츠를 제작해 관련 비즈니스까지 가능한 시대다. 하지만 멋들어지게 빅데이터 운운하며 책상에 다리를 꼬고 앉아 얻은 데이터가 정보의 전부라고 생각해서는 안 된다. 리더는 명민한 정보화 해법 도출이 자신의 놀라운 키보드 손놀림과 비례할 거란 착각에서 빠져나와야 한다.

군대에서 장군이 되기 위해서는 야전사령관을 해야 하고, 기업에서는 영업의 최전선으로 나가 콜드콜cold – call, 모르는 이에게 뭔가를 팔려고 무조건 컨택하는 행위을 돌리며 냉대를 당하면서 치고받아야 임원을 달 수 있다.

고객 절반이 포춘지紙가 선정한 세계 500대 기업인 컨설팅사 맥킨지&컴퍼니McKinsey &Company가 미국 미네소타 주 쇼핑몰에 오프라인 매장을 열고 지하철 상가에서 파는 여성 브라와 천연 마스크팩, 악세사리를 .취급한다. 1년 만에 미국에서 8,000개 이상의 소매업체가 매장을 철수하는 상황에서 맥킨지의 행보를 바라보는 컨설팅 업계의 분위기는 싸늘하기만 했다.

이 프로젝트는 맥킨지가 필드field, 현장에서 모은 데이터 분석으로 얻은 하나의 실마리에 착안해 진행된 것이었다. 온라인, 오프라인 둘 중 한 곳의 채널에서 구매를 하는 소비자보다 두 라인을 동시에 이용하는 옴니채널omnichannel, 온오프라인 통합의 전방위적 소매 고객의 객客단가가 2배 이상 높았다는 점이다.

그들이 파는 여성 브라 스타트업 제품은 '핏파인더Fit Finder' 시스템으로 고객이 상체의 정면과 측면 사진을 찍으면 이를 분석해 70가지 넘는 사이즈 중에서 정확한 사이즈를 선별해, 착용 후의 이미지까지 ARAugmented Reality, 증강현실 스마트 거울로 그 자리에서 구현해 보여주었다.

이런 무모해 보이는 전개는, 명문 MBA를 나온 컨설턴트가 수억 원대의 프로그램으로 돌리는 현란한 PC 모니터 화면만으로 분석한 결과가 언제까지 고객사의 니즈를 만족시킬 수 있을까라는 퀘스천에서 시작되었다. 시장에 발을 담가야 비로소 해법이 보인다는 것이다.

'streetwise', 길을 나서면 사람을 만나고, 사람을 만나면 길이 보인다. 궁극의 답은 의외로 야전, 길거리에 널브러져 있다. 현장으로 내던져져 삽질 한 번 펴 보지 않고 얻은 노트북 모니터의 반짝이는 가공된 데이터는 반쪽자리 정보일 수 있다. 돈오돈수頓悟頓修, 기적처럼 세상의 진리를 단박에 깨우침, 그렇게 깔끔한 것은 종합예술인 경영의 세상에 없다. 기계 논리에 전적으로 의지해 현장의 소리를 직접 듣지 않는다면 뻰지르한 'ICT 도서관' 경영이 될 뿐이다.

최소한의 현장력 보완책으로 전통적인 FGI 표적 집단 면접법 : Focus Group Interview를 들 수 있다. 소수의 응답자가 한 곳에 모여 나누는 자연스런 분위기 속에서의 대화를 통해 주제와 관련된 정보를 수집해 질적, 양적화 하는 것이다.

FGI를 활용한 디지털 확장 버전인, 사용자를 '대상'이 아닌 '주체' 관점으로 인식한 사용자 중심의 UI user interface, UX user experience.

UI는 실사용자의 접근 방식을 방법론적 입장에서 구현해 내는 디자인이고, UX는 가치관과 행동 등의 경험을 토대로 인식을 반영해 디자인하는 것을 말한다. 이러한 디자인 분야만 보더라도 A/B 테스팅 유저를 두 집단으로 나누어 A와 B 샘플에 노출시켜 선호도를 도출하는 직관적인 디지털 마케팅 조사법 과 FGI, 페르소나 기법 p. 72에서 자세히 다뤄보겠습니다 의 활약으로 보다 총체적이고 입체적인 감성 접근이 가능하다.

정보화된 데이터, 라이브live 한 인터뷰뿐 아니라, 이異 업종 네트워킹 모임이나 관련 산업 포럼, 학술 회의 등에서도 유용하고 살아있는 정보를 얻을 수 있다.

의식의 흐름을 초연결로 경험하게 만드는 4차 산업시대의 리더는 빅데이터에 민감하면서도 현장의 소리와 학계와 여론까지 간파하는 스펙트럼을 지니고 있어야 한다.

나를 알고 적을 알아야 그나마 최악으로 위험해지지 않는다

시장이란 전쟁터에서 전략 자산인 4가지 경영자원, 즉 사람, 제품, 자금, 정보를 따져 봤다면, 다음으로 '나'와 '상황'에 대한 분석에 들어가자. 분석은 전략적 사고를 주창한 설계학파의 말처럼 뛰기 전에 앞을 살피는 일이다.

보고 싶은 것만 보고 믿고 싶은 것만 믿으며 스스로의 선입견을 확인해 주는 정보만을 취사선택하는 행위를 '확증편향confirmation Bias'이라 한다.

이를 예방하기 위해서는 우선 자기 분석이 선결되어야 한다. 많이 들어 봤을 내부 분석을 포함한 분석 툴, SWOT와 표적 시장의 매력도를 평가하는 3CCustomer, Competitor, Company로 들여다보자. '5C'라고 해서 '협력자 Collaborators', '전반적 상황 Conditions'을 포함하기도 하지만, 'Collaborators'는 제조업 중점이고 'Conditions'는 SWOT에서 중첩되기에 이 책에서는 '3C' 분석을 채택하기로 합니다.

글로벌 가방 메이커 TUMI는 오바마 대통령이 시크릿 서비스의 경호를 받으면서 TUMI 가방을 들고 의전용 캐딜락 SUV ESCALADE 에 오르는 사진을 매장 전면에 배치해 비즈니스라는 전쟁터로 매일 출근하는 이들의 호기심을 자극하기에 충분했고, 가방 구매 결제를 마치고 백화점을 한 바퀴 돌고 오면 구매자의 이름 이니셜이 가방에 떡하니 박혀 주인을 기다리는 믿음직함으로 고객의 충성도가 높은 브랜드다.

괴력의 영웅 삼손samson에서 따와 네이밍 한, 우리에게도 친숙한 100년 넘는 역사의 가방 전문 브랜드 '쌤소나이트samsonite'. 경쟁사 'American Tourister'를 인수해 공격적인 행보를 이어가면서 10년을 넘게 '오바마 가방' TUMI를 인수 대상으로 삼았었다.

2016년 3월 패션 업계에서 세기의 빅딜로 불리는 '샘소나이트'의 TUMI 인수전에서 18억 달러에 협상이 타결되면서 쌤소나이트는 고급 브랜드 시장 진출의 포석을 마련한다.

이 빅딜에서 세계적인 금융 컨설팅사 모건스탠리와 골드만삭스가 자문한 샘소나이트가 TUMI를 인수하기 전의 SWOT 분석으로 지피지기知彼知己의 '나己'에 해당하는 내부 요인인 '강점'과 '약점'을, '남彼'에 해당하는 외부 요인인 '기회'와 '위협'을 [표 1-3]에서 확인해 보자.

SWOT		내부 요인	
		강점(strength) 견고한 브랜드/탄탄한 자본력/연구개발력	약점(weakness) 그룹사 확충에 따른 거버넌스(governance, 기업지배구조) 문제의 봉착
외부 요인	기회(opportunity) 저가 항공사 증가/여행사의 신규 여행지 발굴/학생용 백팩 시장의 성장	적극적 공격 (제2사분면)	단계적 접근 (제1사분면)
	위협(threat) 테러리즘에 의한 해외여행 불안감 조성/경쟁사 TUMI의 약진	차별/세분화 전략 (제3사분면)	소극적 모색 (제4사분면)

[표 1-3] SWOT 분석

제1사분면에서는 자체 내 약점이 있더라도 시장 규모의 성장과 트렌드, 신제품 개발의 긍정적 이슈가 있다면 단계적인 신중한 접근을 고려할 만하다.

제2사분면은, 강점을 십분 활용하면서 시너지를 낼 기업과의 M&A로 시장 기회를 노려 적극적인 공격 경영을 펼칠 수 있다.

제3사분면은, 강점은 있지만 국제 정세나 라이벌 등의 외부 요인이 부정적이라면 제품 차별화와 시장을 세분화하는 진입 전략이 필요하다.

제4사분면에서는, 약점은 약점대로 내부적인 문제에 봉착되어 있는 데다가 불안한 대외 정치 상황 속에서 경쟁사가 시장의 헤게모니hegemony, 패권를 쥐고 흔드는 형국이라면 전열을 재정비하기 위해서라도 소극적이고 방어적인 전략을 선택하고, 사업 철회안까지 검토할 수 있어야 한다.

SWOT와 분석 요소가 중첩되는 3C 분석에서는 고객, 경쟁자, 자사自社를 들여다보는 것으로, 고객customer 파트에서는 시장의 상세와 점유율, 경쟁자competitor에서는 현재의 라이벌과 잠재적인 경합 상대, 자사company 부분에선 조직 공동의 목표와 인적, 물적 자원을 체크한다.

PART 2

略, 다스릴 략
(전략, 마케팅)

QR코드를 찍으면 저자
강의 동영상을 볼 수 있습니다

'캐즘chasm, 대단절'을 극복할 딱풀 '마케팅'

경영자원을 확인하고는 SWOT를 지나 첫 번째 장 '분별할 분分'에서 '분석'을 끝냈다.

이제 본격적으로 돈 벌 '전략'과 '마케팅'을 짜 보자.

3년간의 R&D Research & Development, 연구개발 기간을 거쳐 필름형 투명 LED를 개발한 L사는 신제품이 출시되자 항상 대중의 한 발 앞에 선 오피니언 리더인 얼리어답터들의 견인으로 초기 시장에서 선전善戰을 한다. 발주량이 늘고 매출이 급상승한다. 곧 있을 다수의 수용자들이 받쳐줄 매출을 기대하며 은행에서 대출을 받아 부지를 매입해 생산설비를 늘린다. 이에 따른 생산과 영업 인력도 충원한다. 인건비와 금융비용은행 이자이 상승해 고정비가 많이 증가했지만, 그래도 물 들어올 때 노 저으라고 주류主流 시장에 진입해 브랜드를 확고히 할 기회를 놓치고 싶지 않다.

그런데 얼마간 잘 나간다 싶었는데 서서히 매출이 줄면서 이내 정체가 시작되고 어느 순간 주문이 뚝 끊겨 버리고 만다. 경영진과 회사 전체가 술렁인다.

"이건 뭐지? 분명히 잘 팔렸는데?"

선각 수용자early adopter와 전기 다수 수용자early majority 사이에 캐즘Chasm의 존재를 여실히 드러내는 상황이다. 찢긴 종잇 조각 모양의 캐즘은 지층 사이에 큰 틈이나 협곡이 생겨 서로 단절된 갈라진 현상을 가리키는 지질학 용어로, 월등한 기술력으로 신제품을 출시해 초기 시장에 성공을 거두며 가파르게 매출이 오를 때 갑자기 판매량이 급격히 감소하면서 생기는 깊은 골짜기를 말한다. 주류 시장으로의 진입 과정에 발생하는 대단절 현상으로, 시장의 방어기제defense mechanism가 작동하면서 허들을 넘기 위한 유입비용, 트로이의 목마Trojan horse가 필요한 시기다.

경영의 중차대한 위험을 다룬 '캐즘 이론Geoffrey A. Moore, 1991'은 기업의 성공과 좌절의 기로에서 '마케팅'의 중요성을 각성시킨다.

어제 최신 스마트폰을 비싼 값에 구매했다고 가정하고, 수용 주기별 소비자 5가지 유형에서 나는 어디에 해당하는지 대입시켜 보자.

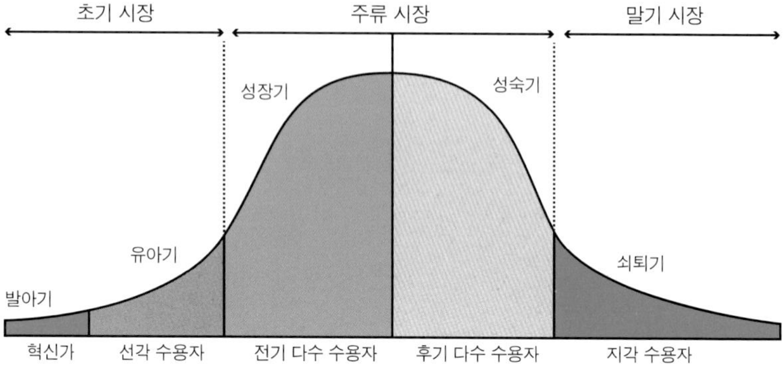

[그림 2-1] 기술 수용주기

1. 혁신가innovator : 대담하고 실험정신이 강한 극소수로, 위험을 두려워하지 않고 효용보다는 혁신과 기술 자체에 관심이 높아 첨단기술 제품 구매에 적극적 성향을 지닌 그룹
2. 선각 수용자early adopter : 소비자로서 주변의 추대를 받으며, 신기술을 성공적이고 신중하게 활용해 그로 인한 효익과 가치를 높이 사는 오피니언 리더 그룹
3. 전기 다수 수용자early majority : 새로운 것을 수용하기 전에 숙고하긴 하지만, 일반의 사람들보다는 빨리 수용하고자 하는 그룹
4. 후기 다수 수용자late majority : 연령대가 대체로 높고 대기업 제품을 선호하며, 신기술에 대해 다수의 수용이 시작되기 전까지는 구매에 신중을 기하는 그룹
5. 지각 수용자laggards : 혁신과 변화를 의심하고 신기술에 저항적으로, 수용 주기 최후에 받아들이는 그룹

『손자병법』에 성을 차지하려고 공격을 펼치는 공성전攻城戰은 성을 지키려고 싸우는 수성전守城戰 병력의 10배가 되어도 패할 수 있다고 나와 있다.

앞서의 [그림 2-1]처럼 '주류 시장'이란 성을 차지하려면, 평지에서부터 완만한 구릉 형태를 보이며 넘볼 법한 혁신가와 선각 수용자들이 포진된 발아기와 유아기의 낮은 언덕을 지나야 한다.

다음으로 [그림 2-2]를 보자.

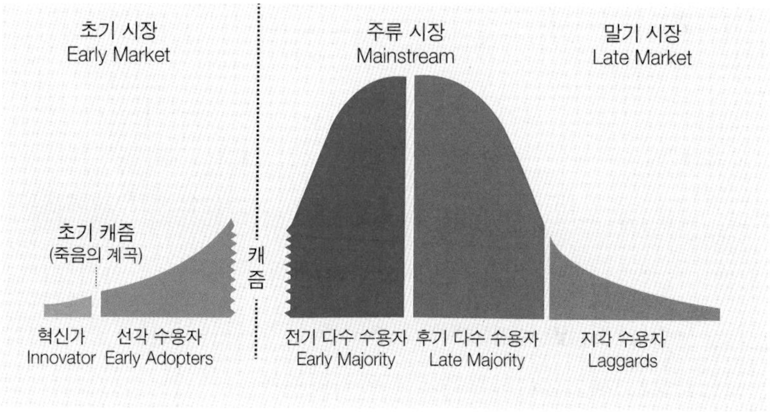

[그림 2-2] 초기 캐즘(죽음의 계곡)과 대단절의 캐즘(카오스)

혁신가와 선각 수용자 사이에 초기 죽음의 계곡death valley이 보인다. 그다지 가파르지 않은 덕에 이 이격離隔을 가까스로 잘 넘겼다고 급격한 경사를 보이는 주류 시장의 높은 성벽에서도 같은 전략과 전술이 통용될 거라고 생각해서는 안 된다. 섣불리 넘보다가는 그림처럼 찢겨 나가 벌어진 연결 불가능한 나락의 '캐즘'이 파여 버린다. 공격의 물리적 한계가 존재하는 것이다.

서로를 이질적인 성향의 집단으로 인식하는 사용자 그룹 중에서, 캐즘을 사이에 둔 선각 수용자와 전기 다수 수용자 집단은 인접해 있지만, 수용 태도에는 현격한 차이가 있다. 이렇게 성향이 전혀 다른 개별 집단의 간극을 이해하지 못하고, 초기 시장에서 구현한 마케팅이 주류 시장에서도 그대로 먹힐 거라는 마케팅 근시안marketing myopia적인 착각은 돌이킬 수 없는 찢긴 캐즘을 만들게 된다.

주류 시장의 고객은 이기적이고 편협한 데다가 지극히 자기중심적이다. 그뿐만 아니라 무관심에 분노하고, 불공정하거나 비효율적인 절차와 시간 소모에 진저리를 친다. 게다가 이 고객의 눈높이는 하늘 높은 줄 모르고 높아만 가고 있다.

주류 시장 진입을 위해서는 높고도 높은 고객의 기대 수준에 부응해, 초기 시장에서 주류 시장 사이에 찢겨 나갈지 모를 양쪽의 종잇조각을 티 나지 않게 연결해줄 진화된 마케팅 한 방, 트리거trigger, 방아쇠/도화선를 선제적으로 당겨야 한다. 선각 수용자 집단에서 사용하던 마케팅 방식을 전기 다수 수용자에게도 구태의연하게 우려먹으려 한다면, 딱풀로 봉합될 일이 시멘트로 공구리concrete를 쳐도 안 될 캐즘의 골만 점점 더 벌어져 패닉에 다름없는 대단절의 '카오스chaos, 혼돈'에 휘말려 들게 된다. 결국에 주류 시장을 목전에 두고도 절대 진입하지 못하는 사태에 봉착한다.

캐즘에 맞닥뜨리지 않기 위해 시장의 성장과 경쟁 구도에 따라 GTM 모델the go-to-market model과 제품-시장 성장 매트릭스Product-Market Growth Matrix를 통해 전략을 도출할 수 있다.

GTM이란 시장에 진입하면서 경영자원을 역량에 따라 배치deployment하는 타깃 시장에 대한 전사全社적 전략으로, 시장 성장성과 경쟁의 심하고 약함에 따른 제품product, 유통 채널channel, 고객customer에 대한 집중의 우선순위priority를 나눠 마케터의 역할과 업무를 구분한 것이다.

유형	성장성/경쟁도(度) Market growth/ Market challenge	집중 순위 focus priority (product, channel, customer)	마케터의 역할 strategic role	주요 업무 main task
A	시장 성장성 높음 /경쟁 약함 (New product launch)	제품에 집중	서포터	지원, 후원
B	시장 성장성 높은 /경쟁 심함 (Transition)	유통 채널을 중심으로 제품에도 집중	매니저	영업, 유통 포트폴리오 관리
C	시장 성장성 낮음 /경쟁 심함 (Mature)	고객 관점에서 제품과 유통 채널을 보완	분석가	가치사슬 (value chain) 점검
D	시장 성장성 낮음 /경쟁 약함 (Dead end)	고객을 최우선 (customization)으로 하고 제품에 집중	전략가	고객 인사이 트(customer insight) 파악

[표 2-1] AT Kearney, Tinkering with the Go-to-Market(ing) Model

GTM 전략과 더불어 캐즘 극복의 효과적인 툴로, 전략 경영의 아버지라 불리는 러시아의 이고르 앤소프Igor Ansoff 박사가 HBRharvard business review, 하버드 비즈니스 리뷰에서 제시한 제품-시장 포트폴리오 전략 매트릭스는 '제품'과 '시장'을 시계열time series로 나누어 '기존'과 '신규'로 이분화했다.

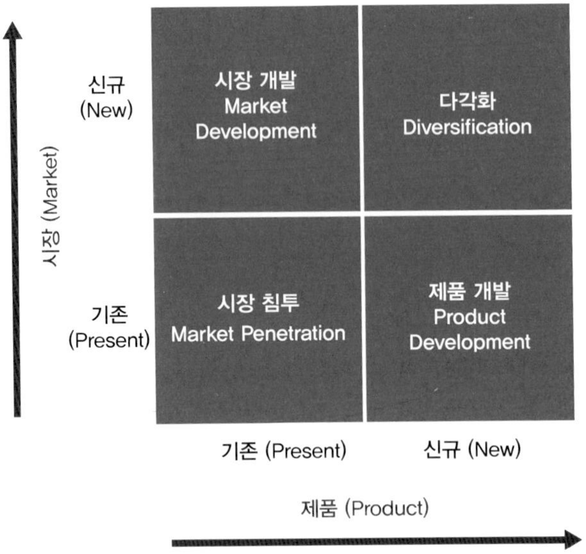

[그림 2-3] Ansoff product-market growth matrix

기존의 제품서비스, 브랜드 포함 으로 수익성 좋은 기존 시장에 들어가기 위해서는 사용량을 증가시킬 방법이 무엇인지를 모색하며 브랜드 리뉴얼을 반영하는 '시장 침투' 전략을 세워야 한다. 반면 기존 제품으로 새로운 시장으로의 진입을 원한다면 유통 채널을 늘리고 판매 지역과 고객을 확대해 나가는 '시장 개발' 전략을 도입한다.

이와는 반대로, 기존 제품이 아닌 새로운 제품으로 기존 시장을 공략하려면, 아직 충족되지 않은 남아 있는 고객 니즈를 간파하고, 기술과 자본을 투입해 라인을 확장하는 '제품 개발' 전략으로 접근할 수 있다. 만약 새 제품으로 완전히 새로운 시장에서 승부수를 두려는 '다각화' 전략을 구사하려 한다면, 왜 기존 제품이나 기존 시장에서는 목표 달성이 불가능한지에 대한 신랄한 고찰 위에, 어떤 신제품신기술으로 잠재력 충만한 신시장을 공략할지 냉정하게 판단해 개발에 따르는 제반 사항과 판매망 확보를 점검해야 한다.

캐즘 정복자 마케터는 'GTM 모델'과 '제품–시장 성장 매트릭스'를 통해 시장성과 경쟁도에 따라 무엇에 집중해 어떤 롤role을 가지고 무엇을 해야 하는지와, '제품'과 '시장'을 '옛것'과 '새것'으로 나누어 기존 시장으로의 침투, 신시장 개발 및 확장, 신제품과 기술의 추가 개발 및 보안, 다각화 등의 차별화된 전략을 고려해 캐즘의 공포를 사전에 제압하고 있어야 한다.

전 세계 스타트업의 본류인 MIT의 스타트업 관련 아티클 80%를 '마케팅'이 차지할 정도로 마케팅은 스타트업의 사활이 걸린 문제다. 그러기에 마케팅 리더는 예리한 칼을 찬 상대들이 지키고 서있는 비즈니스 게임판 위에서 회사를 구제해 줄 마케팅 불변의 진리 공식들을 반드시 숙지하고 있어야 한다.

부산 남포동에 혼자 사는 20대 백수, 홍길동

marketing = market + ing

마케팅은 시장market을 영위해ing 가는, 쉽게 말해 '팔아먹을 데를 계속 만들어 가는 것'이다. 스타트업의 시장과 라이벌의 국경과 국적이 사라진 오늘, 국내외를 막론하고 소비자, 기업, 정부, NGO든 간에 제품의 소비 대상을 끊임없이 만들어 가는 일이 마케팅인 거다.

의학전문대학원을 준비하던 편입학원에서 만난 여학생 세 명이 스타트업으로 시작해 '메디컬 코스메틱'으로 확고하게 포지셔닝된 브랜드가 있다. 철저한 시장조사와 신선한 아이디어로 VC로부터 3차에 걸쳐 총 200억 원을 투자받았다. 1차 펀딩을 받자마자 가장 먼저 브랜드 네이밍 회사에 외주로 1억 원을 지불한다. '나'한테 딱 '맞게' 화장을 한다는 슬로건과 동일한 발음의 'NAMAKE나 맞게'가 탄생된다. 피부과 병원에서 동양인의 피부 상태를 분류한 범주별로 제품화한 전략이 대박을 친다.

메인 타깃은 도심의 여성 직장인. 회사들이 즐비한 오피스가를 중심으로 야심차게 매장을 전개했다. 숍 안쪽에 '매직룸'이란 별도의 진단실을 두어 뷰티 코디네이터가 루비 빛깔이 나는 마스크로 방문 고객의 피부를 측정해 동양인 피부 특성에 맞춘 124개로 세분화된 화장품 키트를 추천해 준다. 고객들은 계절이 바뀔 때마다, 나이가 한 살 더 들 때마다, 직장이나 거주지가 바뀌거나 외국여행을 다녀오는 등의 생활환경 변화가 있을 때마다 'NAMAKE' 매장을 찾아 자신의 피부를 측정해 제품 구매에 고려했다. 기초 라인을 키트별로 조합한 세트 판매는 높은 객단가를 형성해 급등하는 매출에 기여했다. 셀럽과 인플루언서를 활용한 스케팅스타 마케팅으로 브랜드를 적극적으로 알리고, 특히 작년부터 전국 매장에 블링블링하게 꾸며진 '스탠딩 파우더룸'을 두어 여성 고객이라면 누구나 가게에 들러 이용할 수 있게 했다. 직장 여성들이 점심 식사 후나 누군가를 만나기 전에, 화장실 물 튀는 수돗가 거울 앞에 비좁게 서서 화장을 고치지 않게 하기 위한 배려에서 착안한 스타트업다운 아이디어였다. 한국의 SNS는 'NAMAKE' 파우더룸에서 이쁘게 화장을 하고 셀카로 찍은 사진들로 도배되었다. 엄청난 사회 반향을 일으켜 단숨에 메이저 브랜드 반열에 들어선다.

승승장구를 하면서 한 층을 빌려 세 들어 살던 서울 강남의 건물을 매입해 사옥으로 예쁘게 꾸미고, 국내에 머물러 있던 눈을 슬슬 해외로 돌리기 시작하면서 첫 번째 무대로 일본을 겨냥한다. 전 세계 화장품 시장에서 한국 브랜드들이 한류로 탄력을 받고 있었고, 동양인 피부에 특화된 제품 특성상 마케팅만 잘하면 일본 시장에서의 성공 가능성은 농후했다. 게다가 브랜드 'NAMAKE'는 받침이 없는 일본어로 발음하기에도 쉬웠다.

TF를 구성해 만든 론칭 보고서는 임원 회의를 너끈히 통과했고, 본격적인 시장 침투를 위해 일본 마케팅 전문가를 찾아간다.

'NAMAKE'의 일본 진출을 국제 마케팅 관점에서 살펴보자.

먼저 일본의 초고령화와 저출산이 가속화되면서 주류가 된 '1인 가구' 시장을 타깃으로 '페르소나 기법'을 적용할 수 있다.

페르소나persona의 영어 스펠링 안에서 사람의 뜻을 가진 'person'을 보고 눈치 챌 수 있듯 페르소나는 '인격화化'를 의미한다. 원래는 연극배우가 쓰는 가면을 말하고, 영화나 소설에서 감독이나 작가 자신을 투영한 분신으로 빙의해 대변하는 주인공을 가리킨다.

페르소나는 마케팅에서 '부산 남포동에 혼자 사는 20대 백수인 홍길동'처럼, 매출의 40% 이상을 차지하는 핵심 타깃층에 속하는 전형성을 띤 가상의 인물을 상정해 이면에 내재된 성향을 파악해 마케팅 전략을 짜는 데 쓰인다.

'NAMAKE'가 만든 페르소나를 보면, 2021년 8월에 도쿄 신주쿠에 사는 서른두 살 여성 직장인 가네시마 하나코金島花子, 취미는 해외여행이고 회사 내 서핑 동아리에서 활동한다.

일본 여성 하나코 짱의 페르소나가 설정되자 일단 'NAMAKE' 화장품 키트 구성에서 선크림이 화두가 되었다. 2021년의 여름에 도쿄에 사는, 외국여행이 취미이고 사내 서핑 동아리에서 활동하는 직장 여성이 여름휴가 때 외국으로 서핑을 타러 갈 확률이 높기 때문이다.

활동성이 높은 이 페르소나를 고려해 선크림을 휴대가 간편한 적은 용량으로 개수를 늘리기로 한다. 그리고선 서핑할 바닷가의 특성을 고려해 SPF와 PA 지수를 바꾼다. 다음으로 기초 라인의 재구성이 시작되고 마지막으로 디자인과 가격 등이 결정되면 비로소 일본어 패키지 디자인에 들어간다.

여기서 한 가지. 'NAMAKE'의 일본 진출을 위해 만든 TF가 찾은 마케팅 전문가가 진짜 실력자라면 당장 브랜드 이름부터 바꾸라고 할 것이다. 글로벌 브랜드 네이밍으로서의 치명적인 패착이 있기 때문이다. 최초로 펀딩을 받고 1억 원의 거금을 들여 만든, '나'한테 딱 '맞게' 화장을 한다는 슬로건에서 따온 'NAMAKE나 맞게'는 일본어로 '게으름'이란 뜻의 '怠け나마케'와 발음이 동일하다.

"일본 진출의 메인 타깃으로, 정신없이 돌아가는 세계 도시 도쿄에 사는 레저스포츠를 좋아하는 커리어 우먼이 쓸 화장품 브랜드가 '게으름'을 뜻하는 '나마케怠け'라고?"

말도 안 되는 얘기다.

필자가 컨설팅을 하면서 자주 접하는 상황을 재구성해 가상으로 꾸며낸 'NAMAKE'란 회사를 예로 들었지만, 실제로 기업이 국외로 진출할 때 이런 일은 비일비재하다. 가전 메이커 'Panasonic'은 원래 'National'이란 브랜드를 달고 팔렸었다. 그런데 미국 진출을 준비하는 과정에서 'National'이 '국가기관의'란 뜻이라 정부기관에서 쓰는 가성비만 좋은 제품으로 오인될 수 있어 다급히 'Panasonic'으로 바뀌었고 'National'이란 브랜드는 역사의 뒤안길로 사라졌다.

기업 정체성의 표상인 브랜드 전략 수립에서 국가 간 문화 차이에 대한 이해는 브랜드의 생사고락과 함께한다. 어떤 브랜드가 다른 국가로 진입할 때, 타깃 국가의 문화와 충돌해 심리적 거리감은 물론 비우호적인 거부감을 불러일으키기도 하기 때문이다.

마케터는 제품 기획 단계에서부터 이러한 다각적인 요소를 변인變因으로 상정할 수 있어야 하고, 브랜딩뿐 아니라 기업의 외국 진출을 국제 마케팅 이론에 입각해, 해당 국가의 펀더멘탈은 말할 필요도 없이 지형과 기후, 관습과 성향, 정치적 이슈와 민족성은 물론, 글로벌화化 정도와 국가신용등급, 국가 간 심리적 거리까지 고려 사항으로 열어두어야 한다.

농심 신라면, 맥심 커피믹스, 삼양 불닭볶음면, 오리온 초코파이, 빙그레 바나나 우유.

한국의 글로벌 스테디셀러 먹거리를 공항 편의점에서 트렁크에 그득그득 구겨 넣는 외국인 관광객들을 쉽게 본다.

세계에서 가장 넓은 국토 면적을 가진 겨울왕국 러시아의 라면 마켓 승자는 전 세계 넘버 1, 2 브랜드가 아닌 팔도 비빔면의 주인공 '팔도paldo'다.

러시아에 최초로 혼신의 힘을 다해 라면 시장을 개척하려 한 건 스페이스 라면space noodle을 개발해 NASA 우주 비행사들에게까지 먹인 종주국 일본이다. 이후 우리나라를 비롯한 글로벌 라면 제조사들이 러시아의 문을 두드렸지만, 최후의 승자는 '팔도 도시락'이었다. 팔도가 러시아의 대륙 지형을 분석해 '팔도 도시락'을 용병으로 내세웠기 때문이다. 대륙 횡단 열차에서 많은 시간을 보내는 러시아인들에게 라면 용기 바닥의 표면적이 정비되지 않은 구간을 지날 때 심하게 흔들리는 열차 안에서도 안정감 있게 먹을 수 있는 팔도 도시락이 공전의 히트를 달성한다. 시베리아 대륙 횡단 열차 안에서는 아버지를 따라 먹던 팔도 도시락을 지금은 그 아들이 자신의 아들과 함께 먹고 있다.

이 외에도 기후 측면에서 코스메틱 업계라면, 동남아나 섬나라 같이 습도가 높은 지역은 우리처럼 유분이 많이 함유된 화장품보다는 매트한 느낌의 화장품을 선호하고, 관습과 성향 면에서는 국제도시 중국 상하이로의 진출이라면 패키지 디자인을 중국인이 좋아하는 금색이나 빨강의 화려한 황후풍으로 뺄지, 아예 도회적인 감각으로 모던하게 뺄지를 염두해야 한다. 조금 더 프로답게 들여다보면 원산지의 전쟁 혹은 식민지 역사의 유무 같은 정치적 이슈, 일례로 냉장고의 설계나 생산에 있어 피난의 역사가 있는 민족이나 세대를 타깃으로 할 때는 식량 저장에 대한 강박 성향을 고려해 냉장실 대비 냉동실의 용량을 늘려야 하고, 'JAPAN as No. 1'의 과거의 훈장을 달고 있는 일본인처럼 자국의 국산품에 대한 충성도가 높은 민족성이나 가치관도 확인해야 한다.

국제화의 주도국 미국과 유럽 국가로의 코스메틱 진출 시에는 품질이 보장된 우수한 화장품을 제조, 공급하기 위해 국제표준화기구 ISO, International Organization for Standardization의 화장품 GMP Good Manufacturing Practice 기준에 따라 우리나라 식약처가 고시한 우수 화장품 제조관리 기준 'CGMP Current Good Manufacturing Practice' 인증은 필수요건이다.

핀테크 fintech, finance+technology 스타트업 같은 금융 관련 해외 진출의 경우 국가신용도가 'B+' 등급 이하면 컨트리 리스크 country risk가 농후하다고 판단해 해당 국가로의 진입을 꺼린다.

이異문화로 발생하는 수용자 적대감, 자민족 중심주의, 심리적 거리를 아우르는 일화를 하나 소개한다.

서울 남산의 워커힐호텔에서 개최된 '제17회 한미 친선의 밤' 행사에는 미국 알래스카주 앵커리지 출신으로 1980년에 미 육군사관학교를 졸업해 22세 나이로 한국에서 근무했던 한 젊은 미군의 동영상이 흐른다. 영상의 주인공은 2018년 3월 23일 국립대전현충원에서 열린 '서해 수호의 날 기념식' 애국가 제창 때 애국가를 1절에서 4절까지 한국말로 막힘없이 불러 감탄을 자아낸, '박유종'이란 한국 이름을 가진 한미연합사령관이자 주한미군사령관인 빈센트 브룩스Vincent Keith Brooks 미 육군 대장이다.

이날 행사에서 한미협회 박진전 국회의원 회장은 브룩스 장군에게 '한미우호상'을 수여했고 브룩스 장군은 박진 회장에게 "박진 형님"이라며 한국말로 답사했다.

IBM사의 전 세계에 분포된 11만 명이 넘는 직원을 대상으로 연구한, 국가 간 문화적 차이를 설명한 홉스테드Hofstede의 문화 차원 이론에 근거해 'The effects of consumer animosity, ethnocentrism, and psychic distance on the evaluation and purchase intention Park, 2015'을 참고로 정치적 이슈와 민족성, 국가 간 심리적 거리에 관해 좀 더 자세히 알아보자.

진출할 국가의 전쟁 역사까지 알아야 한다고?

'OSMU'란 'one source multi-use'의 약자로 하나의 원천 자원으로 여러 분야에 두루 쓰이는 것을 말한다.

대한민국의 수출 원천 자원 '한류'가 파생하는 OSMU 영역은 가히 상상을 초월한다. 문화영토를 확장해, 이미 고유명사가 되어 버린 K-pop, K-beauty, K-game, K-drama가 특정 국가에 트렌드를 불러일으킨 영화, 공연, 패션, 식품, 주거, 화장품 등의 산업군은 이루 헤아려 말할 수 없다.

[그림 2-4, 5]의 연쇄 모형은 한국으로 관광을 와서 대표적인 한류 문화상품인 넌버벌non-verbal 퍼포먼스 '난타NANTA'를 본 일본과 중국인을 대상으로 오프라인에서 진행된 설문을 토대로 한 국가 간 비교연구Park, 2015에서 도출되었다. 이 연구는 한류 문화상품이 해외에 진출할 때 차별적 마케팅 전략을 수립하는 데 있어 실무를 보는 마케터들에게 유용하게 애용되고 있고, 정부의 문화 정책 제언과 문화 후광효과halo effect 연구에 학문적인 기준을 제시한다.

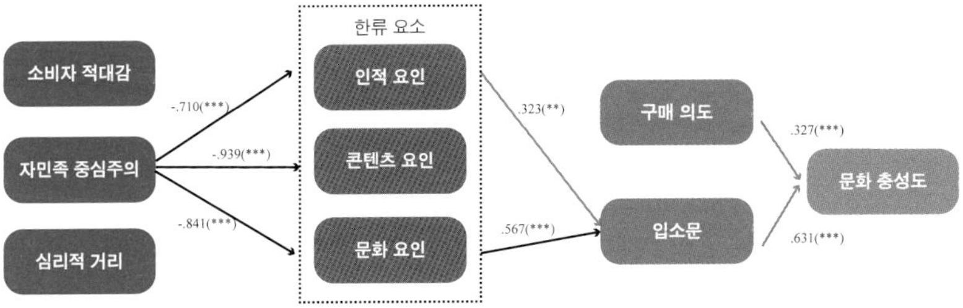

[그림 2-4] 일본

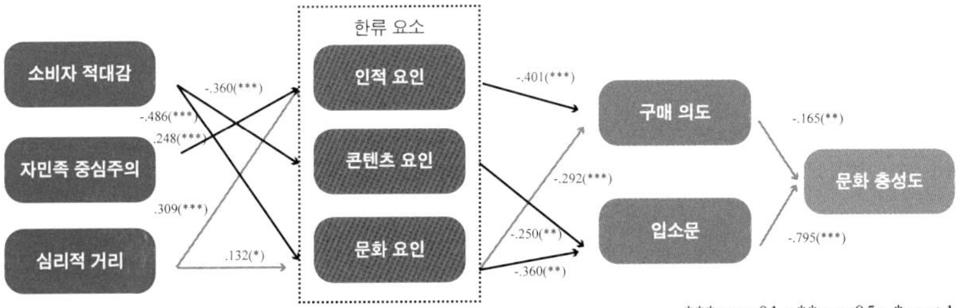

***=p<.01 ; **=p<05 ; *=p<.1

[그림 2-5] 중국

연쇄 모형의 변수의 조작적 정의operationalization를 살펴보자.

소비자 적대감animosity이란, 구매 의사결정에 독립적으로 영향을 주는, 이전 또는 현재 겪고 있는 군사, 정치, 경제적 사건과 관련된 반감이다. 제품의 품질과는 별개로 적대적인 국가의 제품 구매를 꺼리는 경향Klein et al., 1998을 유발하며, 전쟁이나 종교, 식민지 지배와 개인적 경험과 가치관에도 기인한다.

1994년 영화 「쉰들러 리스트」는 나치가 아우슈비츠 수용소에서 인류에 저지른 만행을 다뤘다. 당시 촬영장이었던 아우슈비츠 수용

소는 현재 관광 코스로 조성되어 있는데, 너무도 리얼한 상태 보존으로 있어서는 안 될 역사 앞에 방문하는 이들이 경악을 금치 못한다.

인류의 문화유산 중에 후세에 경각심을 일깨우고 쓰라린 과오를 잊지 않기 위해 남기는 전쟁 잔해나 잔혹한 내용이 담긴 기록물 등을 '마이너스 유산' 혹은 '네거티브 유산negative heritage'이라고 한다.

전북 군산에는 '적산가옥'이 있다. '적산敵産'은 '적들의 재산'이란 뜻으로 일제강점기에 일본인들이 살았던 집을 특정한 단어다. 우리에게 남겨진 외세의 침략으로 겪은 수모를 잊지 말고 항상 깨어 있어 되새겨야 하는 마이너스 유산이다.

미국과 소련 냉전의 절정기인 1962년 쿠바 미사일 위기 이후 국제정치학에서 쓰이는 '치킨게임chicken game', 도로 양 끝에서 자동차가 마주보고 달려오다가 한쪽이 피하려고 핸들을 꺾으면 겁쟁이chicken로 몰리는 게임이다. 국가 간에 트러블이 생겨 첨예하게 대립하다가 무모하기 짝이 없는 액션으로 급박한 상황에 이르는 것을 말한다.

소비자 적대감은 극단적인 정치 보복이나 경제 제재 등의 작용과 반작용의 원리로 출현해 나쁜 구전VOC, voice of customer을 넘어서 경제적 치킨게임인 불매운동으로 치닫기도 한다.

일본 제품 불매 운동이 한창이던 2019년 9월 일본 맥주의 한국 수출액은 전년도 대비 99% 격감해 한국으로의 수출액은 단돈 600만 원 선에 그쳤다. 보통 자영업 기준으로 매출이 600만 원이면 주인이 수중에 쥐게 되는 수입은 120만 원에서 150만 원쯤 되는데, 전 세계

맥주 시장을 좌지우지하는 일본의 맥주 공룡 기업들이 한국에서는 한 달 동안 동네 편의점에서 알바를 했을 때 얻을 수 있는 수입을 올렸다는 말이다. 이후에도 편의점 납품 가격을 30~40%까지 낮춰 생존형 영업을 시도해 보지만 한국 시장의 반응은 냉랭하기만 했다.

공공재로서의 집단지성collective intelligence의 클러스터cluster 형태로 나타나는 것이 불매운동인데, 중국이 사드THAAD, 고고도미사일 방어체계 보복으로 자국에 설립된 롯데 불매운동을 벌인 예가 그렇다. 엉겁결에 피해를 입게 된 롯데는 끝끝내 버티다가 결국 롯데마트를 시작으로 순차적인 철수를 결정하게 되고, 시간이 흐르면서 롯데와 거래 관계에 있던 중국의 벤더vendor, 다품종 소량 유통업체들과 입점해 있던 중국 브랜드와 함께, 롯데의 하청을 받던 중국의 수입 무역상, 포장, 배달을 하는 영세업체들이 줄도산을 한다. 갑작스레 직장을 잃게 된 마트의 진열대, 계산대, 청소를 담당하던 중국인 직원들은 새벽 일용직 노동시장에 나앉게 된다. 사태가 장기화 양상을 보이며 극단으로 치닫자 지역사회 문제로 언론이 다룰 시점에 중국 시민단체들의 롯데 불매운동 저지 시위에서 한 소녀가 든 피켓 내용이 화제였다.

'저는 할머니와 단둘이 사는 11살 링링이에요. 작년에 우리 할머니가 제가 좋아하는 왕만두를 사 주시면서 면접을 봤는데 출근을 허락받으셨다며, 처우도 괜찮고 근무 환경도 좋은 큰 회사래요. 그러면서 저를 중학교에 보낼 수 있을 것 같다고 하셨어요. 우리 할머니는 롯데마트 3층과 5층 화장실 청소를 하세요. 제발 이제 그만 우리 할머니랑 저를 가만히 놔두실 순 없나요?'

물이 넘쳐흘러 인근의 메말라 있는 논에까지 그 혜택이 전해지는 것을 스필오버Spillover라고 한다. 낙수효과와 분수효과 둘 다에 해당하는 경제용어로, 영화 「기생충」에서 집 근처 와이파이가 퍼져 반지하에까지 덤으로 안테나가 터지는 현상을 가리키는 통신용어이기도 하다.

국경과 'made in ooooo'의 의미가 희미해진, 지구촌村, 마을이라 불리는 글로벌 시장경제 체제에서 우리가 살아가는데 필요한 먹고 자고, 입고 타고, 읽고 쓰고, 서로를 연결 짓는 모든 것들은 여러 나라의 분업과 협업으로 만들어지며, 국경이 없어진 초연결의 촘촘한 사회 관계망 속에서 근로자, 학생유학생 포함, 소상공인 누구라도 몇 다리 건너면 알 수 있는 이웃이자 경제 공동체이다.

철학자 칸트는 '교역 발달이 평화의 매개자가 된다'고 했다. 이를 대우 명제로 바꾸면 '국가 간 불화는 무역 갈등과 불매운동을 촉진한다'로 볼 수 있다.

우리 같이 1907년 국채보상운동과 1920년 물산장려운동으로 범국민적 주권 수호와 민족경제의 자립을 실천하고, IMF 위기 때 전 국민이 장롱에 숨겨둔 금반지와 금목걸이를 금 모으기 운동에 미련 없이 투척하며 나라 살려보겠다는 민족 자존력이 강한 국민에게 불매운동이 일면 해당 기업이 생사의 기로에 놓이는 것은 명약관화다.

이문열 작가는 『월간 신동아』와의 인터뷰에서 집단지성은 '좋아요'를 많이 모았다고 이루어지는 것이 아니라, 숙려와 숙고가 쌓일 때 비로소 집단지성이라 할 수 있다고 말했다.

하버드대학교 케네디스쿨의 조지프 나이Joseph S. Nye 박사가 주창하는 '스마트 파워smart power'는 비단 국제 외교안보에 국한된 얘기가 아니다. 정치적 휩쓸림과 소비자 주권주의consumerism를 구별하는 자주적인 '스마트 컨슈머smart consumer'인 우리 동시대인들은 선의의 피해자가 나오지 않도록 소비자 적대감에 주의하며 상호주의reciprocity에 입각한 경제 인식을 견지해야 한다.

자민족 중심주의를 가진 소비자는 자신이 속한 지역의 경제를 보호하려는Granzin & Painter, 2001 강한 의지를 보이며, 자국 제품의 긍정적인 측면을 강조하려는 경향Ruyter et al., 1998이 짙다.

자민족 중심주의가 강한 국가에서는 정치와 개인의 소비생활을 별개로 인식하는 경향이 많다. 특히 문화상품 소비의 경우 이런 추세가 강하게 나타나고, 아시아에서는 한국과 일본 소비자가 여기에 해당한다.

심리적 거리psychic distance는 국제 마케팅에서 매우 다양한 변수에 영향을 미치는데, 서로 다른 언어, 문화, 교육, 산업 발전 수준의 차이가 기업과 시장 간 정보의 원활한 흐름을 방해하는 요소Beckerman, 1956; O'Grady & Lane, 1996로 작용한다.

국교를 맺은 순서가 늦을수록 국가 간 심리적 거리가 더하다는 연구가 있다.

외교 차량 번호는 수교한 순서대로 앞 번호가 부여된다. '외교 082-001'이면 82번째로 수교가 체결된 주한 바레인 대사관 no. 1 수장인 대사의 차량이고, 수교 1호 국가 미국의 주한국 대사 차량 번호는 '외교 001-001'이다. 외교 차량 번호가 미국보다 늦은 바레인이 미국보다 심리적 거리가 멀다고 말할 수 있는 것이다.

반대로 심리적 거리가 가까운 예로, 지리적 이동성geographic mobility과 사회 질서, 안전, 시민의식, 문화수준을 공감하는 사회문화적sociocultural 관계를 유지하고 있는 한국과 일본을 들 수 있다.

국민 정서와 관련해, 2008년 중국 쓰촨성 대지진 때와 달리 2011년 동일본 대지진 당시 '힘내라 일본!'이라는 한국어와 일본어로 된 현수막이 전국 곳곳에 걸리고 막대한 피해를 입은 이웃 나라 일본을 돕기 위해 공영방송 KBS가 특별 생방송으로 대한민국 역사상 자연재해 모금운동 최대 금액을 모아 동일본 대지진 국민 성금으로 일본을 격려한 것이 이를 방증한다.

산업 사이드에서는 2019년 일본 1위 모바일 메신저 네이버NHN 'LINE'과 재일교포 사업가 손정의 회장이 지휘하는 일본 1위 포털 소프트뱅크 'yahoo'가 구글과 페이스북, 알리바바 같은 미국과 중국의 초대형 디지털 플랫폼에 대항하기 위해 1억 명 유저를 보유한 30조 원 넘는 플랫폼 회사를 5대5로 공동소유해 경영하기로 결정한다. 이는 한일동맹 구축의 물밑 작업 때부터 시너지 효과를 바라본 경영상의 판단일 뿐 아니라 한국, 일본 두 국가의 심리적 거리가 미국과 중국보다 가깝다는 인식이 양측 의사결정권자들의 저변에 깔려 있기 때문에 가능한 일이다.

한류를 구성하는 요소Factors of Korea Public Culture 3가지 중 가장 대표적인 인적人的 요인으로는 연예인을 들 수 있고, 콘텐츠 요인이란 K팝이나 드라마, 영화 등의 연예 상품을, 문화 요인은 대중문화와 전통문화를 포함하는 한국 문화 전반을 말한다.

구매 의도란 구매에 대한 의사결정, 입소문WOM, word of mouth은 구전口傳 의도, 문화 충성도는 해당 국가의 문화에 대한 충성도다.

앞에서의 모형[그림 2-4, 5]에서 보이듯 문화권일본 vs 중국에 따른 한류에 대한 태도는 두 집단 간에 상이한 경로계수를 보이며 일본인과 중국인 사이에 명백한 차이를 나타낸다.

일본 소비자는 자민족 중심주의국산품 애용가 한류 문화 상품을 평가하는 데 있어 가장 부정적인 요인으로 작용하는 반면, 중국 소비자는 소비자 적대감적대적 국가관이 부정적인 역할을 한다. 또한, 일본인은 한국 연예인이 긍정적인 입소문을 유발할 가능성이 있는 것으로 나타나고, 중국인은 K-pop이나 드라마, 영화 같은 콘텐츠 때문에 한류를 선호한다.

이 연구를 토대로 보면 한류가 일본 시장을 타깃으로 할 때는 일본 자국의 가치관과 크게 상충되지 않는 이미지로 한류 스타를 활용해 소구apeal하는 것이 효과적이며, 중국 소비자에게는 적대감을 유발할 정치적 소지를 최소화하여 콘텐츠 중심으로 제공해야 한다는 결론이 도출된다.

이런 복잡한 이론을 검증하기 위해 통계 프로그램을 돌리다 보면, 아무리 시대의 석학이라 해도 한 번씩 엉뚱한 숫자가 튀어나오기도 하고, 아예 계산식이 적용 안 되기도 한다. 더 황당한 것은 알 수 없는 계산으로 먹통이 돼서 그래프가 안 나오면 모를까, 튀어나온 그래프상에 전혀 예상치 않은 생뚱맞은 좌표에 점이 찍히는, 통계학자들이 하는 말로 '삑사리'가 나는 경우가 있다. 통계적 블랙스완black swan, 일어날 확률이 적은 이벤트, 이를 '아웃라이어outlier'라고 하는데, 표본 중 다른 대상들과 확연히 구분되는 통계적 이상異狀 관측치를 말한다.

아무리 자국에서 잘 나가는 기업일지라도 외국으로 진출할 때는, 멋들어지게 브랜드를 알리고, 아름답게 매출을 높일 생각만 하지 말고, 상기의 연구 모형의 변수들처럼 해당 국가의 정서와 문화, 사회 요인 등의 아웃라이어를 고려해 피치 못할 충돌에 대비하는 신중함을 기해야 한다.

피할 건 피P하고 알릴 것만 알R리는 게 PR이다

마케터는 먹이사슬이 명확한 비즈니스란 정글에서 하기의 PR에 대한 조언을 노련하게 사용할 수 있다.

"강점을 어필하고 약점을 모호模糊하게 하라.
피할 건 피P하고 알릴 것만 알R리는 게 PR이다."

– 이화여대 TEDx Park, 2009 –

'홍운탁월烘雲托月'. 구름을 그려서 달을 드러낸다는 의미로, 하얀 물감이 없던 시절의 수묵화 기법이다. 까만 먹물이 하얀 달을 슬며시 밀어내듯, '팔꿈치로 툭툭 찌른다'는 뜻의 타인의 자발적 참여를 유도하는 부드러운 개입인 '넛지Nudge'의 동양 버전이라고 할 수 있다.

홍운탁월, 넛지. 지금부터 들어갈 홍보와 광고의 속성을 잘 나타내 주는 키워드들이다. 홍보와 광고. 비슷한 거 같으면서도 분명히 다른 두 영역을 [표 2-2]로 정확히 구분해 두자.

들어가기 전에 한 가지 미리 알아둘 것은 광고에서 액터actor의 3 요소인 광고주, 범凡 매체, 유저user 중에서 PR과 광고 기획에서 대상Target이 되는 유저는 '타깃 소비자'나 브랜드 콘텐츠 마케팅에서 말하는 '바이어 페르소나Buyer Persona'라고 부르지 않고, '타깃 오디언스Target Audience'로 부른다는 거다. 앞서의 소비자 구매행동 5단계, AIDMA 단계에 들어서기 이전에 '청중Audience으로서의 청취listening', '청중과의 연결connecting'의 전달 과정 자체를 커뮤니케이션 과정의 일부로 보기 때문이다.

용어	홍보 PR(public relations)	광고 advertising
목적	대중과의 관계를 유지해 평판을 관리하며, 브랜드에 대한 긍정적 이미지를 지속시키는 행위	판매로 이어져 수익을 내기 위한 소구 행위
형태	보도자료 배포 혹은 취재를 통한 기사화	광고대행사를 통하거나 매체 직접 계약으로 노출화
대상	기업 브랜드 이미지, 우호적인 이슈, 기부행사, 사죄	제품, 서비스
타깃	대중(Public)	표적 집단(targeting group)
비용	무료	유료
신뢰도	높음	홍보에 비해 떨어짐
표현의 한계	언론사의 필터링으로 팩트만 보도	법(의료광고 등) 테두리 안에서 별도의 제한 없음
주관 부서	홍보실/팀, 마케팅실/팀	마케팅실/팀

[표 2-2] 홍보 vs 광고

고객들에게 자사의 브랜드나 제품 등을 노출하는 툴과 방식이 다양해진 오늘, 직접비용의 발생만으로 이분화하기에는 모호하지만 홍보와 광고의 가장 전형적이고 전통적인 구분법은 '돈을 쓰냐, 안 쓰냐'는 것이다. 그래서 광고비를 비용이 드는 '선전'이란 단어를 넣어 '광고 선전비'라고도 한다.

홍보는 영어 표현, 'public relations'처럼 대중과의 관계성에 치중되어, 평판reputation과 이미지를 지속적으로 관리하는 활동이다. 보통 프레스 릴리스press release, 보도자료를 배포하거나 언론사의 취재를 통한 기사 형태를 띤다. 대부분 기업이나 브랜드, 우호적인 이슈 등을 다루는데, 간혹 대국민 사과를 하는 리스크 매니지먼트 차원의 경우도 있다. 일반 대중을 타깃으로 하며, 언론 속의 기사다 보니 팩트 위주라 신뢰도가 높고 원칙적으로 비용이 들지 않는다.

광고는 자사의 제품이나 서비스 구매를 유도하기 위해 대행사를 통하거나 매체에 직접 컨택해 비용을 지급하고 타깃 그룹에 원하는 정보를 알리는 것이다. 외부로 돈이 나가는 일이므로 RoASReturn on Advertising Spend, 매출/광고비 전환율로 비용 대비 효과를 예측해 집행한다. 신뢰도 면에서는 당연히 '절대 공정公正'을 추구하는 언론사 기사 위주의 홍보보다 낮다. 이를 보완하기 위해 'Advertorial'라고 해서 대놓고 하는 애매한 기사의 형태를 띤 광고가 있긴 하지만, 진짜 기사와 혼동을 피하기 위해 영상이나 지면 어딘가에 광고를 나타내는 'AD' 등을 기재해 구분 지을 수 있게 한다.

매체와 광고주 간의 타협점에 '홍보성 광고'와 '광고성 홍보'라는 말이 등장한다. 홍보성 광고인 PPL은 드라마에 떡볶이를 협찬하듯 홍보의 성격을 띤 광고를 칭하고, 연말에 연탄 든 단정한 아재들과 젊고 활달해 보이는 밝은 표정의 신입사원들이 매체에서 쪽방촌에 연탄을 배달하는 이미지가 큼지막하게 실리는 건 CSRcorporate social responsibility을 활용한 '광고성 홍보'의 대표적인 예다.

서울에서 강남이나 강북으로의 이동이 용이한 한남동에는 그룹사 계열 인하우스in-house 광고대행사를 중심으로 관련 회사들이 밀집해 있다.

한남 오거리에 위치한 '한남 북엇집'에서 삼합에 소주 한잔 마시고 있다 보면 옆 테이블과의 거리가 가까워 옆자리에 앉은 사람들의 대화가 본의 아니게 들린다. 범상치 않은 패션과 세련된 대화 내용에 힐끔 눈과 귀가 쏠리다가 직업을 묻고 만다.

"무슨 일 하세요?"
"광고회사 다녀요."
"ATL, BTL 어느 쪽이세요?"

마케팅을 좀 아는 사람이라면 광고회사 다닌다는 분에게 자연스레 물어보는 질문이다.

과거 광고회사에서 클라이언트에게 제시하는 견적서나 청구서에는 중간에 선Line이 그어져 있었다. 선의 윗부분ATL, Above The Line에는 광고회사의 직접적이고 핵심적인 업무인 기획과 카피라이팅을 메인으로 명시하고, 선의 아랫부분BTL, Below The Line에는 외주업체에 맡길 내역인 카탈로그 제작, 이벤트, DMDirect Marketing 발송, 시장조사 등을 적어 용역비로 계상했다. 대형 광고사일수록 선 위의 항목 ATL을 '일다운 일'로 보았고, 선 아래 항목인 BTL은 하찮고 부차적인 '잡스러운 일'로 치부했던 시절이었다. 하지만 현대에는 가치 부여 활동인 유저의 체험을 조립하는 마케팅의 일환으로 브랜드 접점을 높임과 동시에 고객 감정이 정교하게 전달되는 팝업스토어나 전시, 이벤트, 스폰서십, PR, PPL, CRMCustomer Relationship Management의 BTL이 직접적이고 막강한 세일즈 프로모션Sales Promotion으로 인식되어 있다.

네트워크를 핵심으로 하는 정보는 세상의 중심이 되고, 연결은 세상을 지배했다. 2018년 하루 평균 미디어 이용 시간 추이는 TV가 137.4분으로 1위, 2위 인터넷이 130.2분으로 간발의 차이를 보이고 그다음이 모바일 89.5분이다. 이런 상황에서 과거의 고루한 Line 개념을 뚫고 ATL과 BTL을 관통한다는 의미의 'through'를 써서 등장한 TTLThrough The Line은 인플루언서나 유투버 등 인터넷 스타의 등장에 힘입은 MCNMulti Channel Network, 다중채널 네트워크을 포괄한다. 오가닉organic, 유기적 체제인 TTL은 매스미디어의 영향력이 과거보다 줄면서 IT와 소셜미디어의 영향력이 높이 평가되는 광고 영역의 어엿한 하나의 장르로 자리 잡았다. 전달과 파급력이 BTL보다 월등히 높은 ATL의 장점과, 쌍방향 커뮤니케이션이 가능하고 타깃팅이 명확한 BTL의 장점을 동시에 지니고 있다.

이 3가지 광고 영역 ATL, BTL, TTL에 홍보 영역에서 파생된 '+α'를 더한 다양한 수단을 총체적 조정 가치로 인식해, 하나의 콘셉트 아래 통합하는 커뮤니케이션 기법을 IMC Integrated Marketing Communication 라고 한다.

IMC 통합 마케팅 커뮤니케이션는 'Big Picture'를 염두해 둔 접점관리 contact point management 전략의 하나로, 고객은 기업으로부터의 일방적인 메시지를 받는 객체가 아닌, 기업과 지속적으로 긴밀하게 소통해 가는 커뮤니케이션 주체라는 인식에서 비롯된다.

현대의 마케팅에서 IMC의 중요성은 날로 대두되고 있다. 이는 매체 광고 외에 팝업스토어 등 직접 체험 마케팅의 중요도가 증가하고, 소비자와 광고 시장이 세분화됨과 더불어, 소매 중심 유통의 발달로 중간상들에 대한 촉진 활동이 요구된 데다가, ICT와 SNS를 통한 고객들과의 개별적인 관계가 돈독해졌기 때문이다.

IMC는 효과적이고도 효율적인 ROI Return On Investment, 투자자본수익률 분석에 입각한 표적 시장 도달을 위해 가용한 모든 커뮤니케이션 도구와 수단의 전략적 역할을 분석해 연합과 연계, 조정과 취사선택을 통해 시너지를 창출할 수 있다. 그럼으로써 강력하고 통일된 기업의 비전, 조직문화, 기업가 정신과 브랜드 이미지를 시장에 각인시키고 소비자와의 관계구축선상에서 반복구매와 충성도까지 이끌어 낸다. 그렇기 때문에 IMC 실행은 스팟spot, 단발성 이벤트가 아니라, PDCAPlan→Do→Check→Action의 환류還流 체계에 기초해 순환적 피드백 시스템으로 구동되어야 한다.

종류	ATL (above the line)	BTL (below the line)	TTL (through the line)	
방식	매스미디어	대면	소셜미디어	+α 홍보 영역 등
종류	TV, 라디오, 신문, 잡지	프로모션, 전시, 이벤트, 스폰서십, 팝업스토어, 버스와 지하철 등의 옥외매체, PR, DM, TM, PPL, CRM, PRM 등	유튜브, 페이스북, 인스타그램 등	
커뮤니케이션	일방적	쌍방향	쌍방향 가능	
파급력	다수	소수	중간	
타깃팅	어려움	정확	정확	
비용	고비용	저비용	중간	
검증	어려움	용이함	중간	
충성도	낮음	높음	중간	
기획/실행	IMC			

[표 2-3] 광고의 종류

consumer vs customer

"누구에게 팔 것인가?"

컨슈머consumer와 커스터머customer의 구분이다.

결혼 3년 만에 귀여운 아기를 가진 부부가 주말에 마트로 장을 보러 간다. 과일 코너에서 특별 세일 타임을 기다리는 부인이 남편에게 분유 코너에 가서 항상 구매하는 분유를 바구니에 담아 오라고 한다. 남편이 털레털레 슬리퍼를 끌고 분유가 있는 진열장으로 가 자신의 눈높이쯤에 비치된 눈에 익은 분유 3통을 바구니에 담는다. 온 김에 분유 진열대 옆에 걸려 있는 '2+1' 행사 중인 자신의 면도기 브랜드 로고가 붙은 면도날 묶음 세트를 집는다.

'분유는 누구를 위해 판매되는가?'

아기를 위해서다. 그렇다면 아기의 키를 고려해 진열대 최하단에 진열해야 하는가? 당연히 아니다. 분유를 구매할 부모의 키 높이에 맞춰져 진열돼야 한다. 여기서 컨슈머소비자는 부모이고, 커스터머고객는 부모와 아기다.

앞의 예시가 지역이나 특정 상황을 고려해 일반적일 수는 없겠지만 컨슈머와 커스터머를 설명하기에 알기 쉬운 예라 상황을 설정해 보았다.

컨슈머와 커스터머의 관계 고찰은 비단 상품 진열에 대한 고민 이상의 의미를 지닌다. 아기가 항상 쓰는 가격 탄력성[그림 2-10]이 적은 분유나 기저귀 등의 생필품은 별 고민 없이 충성도가 높고 구매 패턴에 변화가 비교적 없는 상품이라 '아빠들이 집으러' 가는 경우가 많다. 그래서 상품 구색으로는 생뚱맞지만, 조미료 놓인 곳에 포켓용 요리 책자를 비치하는 것처럼, 분유 진열대 옆에 그런 아빠들이 '덤으로' 집을 만한 '2+1' 행사 면도날이 전략적으로 진열되어 있는 것이다.

한 놈만 패고, 때린 데만 또 때린다!

1944년 6월 6일 새벽, 작전명 '오버 로드Overlord, 지배자'.

아이젠하워 장군이 이끄는 미국과 영국 연합군이 프랑스 해안에 상륙한다. 6개월 전 이란의 수도 테헤란에서 열린 회담에서 미국의 루스벨트, 영국의 처칠, 소련의 스탈린이 독일 본토 진격의 발판 마련을 위해 결정한 상륙작전이다.

상륙 전 작전회의, 2차 세계대전에서 독일군에게 밀리던 연합군은 유럽을 철옹성처럼 뒤덮은 독일군의 진영과 군사력을 지형과 기후별, 지휘관과 주력 병력별, 기능과 장비별로 나눠 쪼개서 분석한다. 3개월간의 뽀개고 쪼개기를 거듭한 결과, 모든 차원에서 연합군의 정예 병력을 동원해 노리기로 낙점된 표적지標的紙는 노르망디 해안이었다.

연합군과 독일군 양쪽 모두 막대한 전력 손실을 입은 치열한 전투 끝에 상륙작전이 극적으로 성공하고 노르망디를 점령한 연합군은 전장의 핵심 지점에 견고하게 포진해가며 1944년 8월 25일 파리를 탈환한다.

일점양면一点兩面, 적진 한 곳을 정해 전 병력을 쏟아부어 집중 공격해 뚫어서 신속하게 포석을 깔며 야금야금 먹어가는 전략이 적중한 것이다.

전술적 기습과 전략적 'Bowling effect 볼링 효과'를 십분 발휘한 노르망디 상륙작전은 제2차 세계대전에서 연합군이 승리하는 결정적 계기가 되었고, 지금까지도 유럽 대륙의 해방을 가져다준 상륙작전으로 역사의 기념비로 남아 있다.

'볼링 효과'란 볼링을 칠 때 각자의 지점에 자리 잡고 있는 핀들 중 표적으로 정한 한두 개의 핀을 향해 강하게 던진 볼이 핀을 깨질 듯이 때려서 연쇄적으로 다른 핀들까지 얼기설기 무너뜨려 스트라이크를 노리는 것이다.

마케팅에서 시장을 여러 차원으로 세분화해 표적 시장에 충격파를 제대로 매긴 다음 확고하게 자리매김하는 것을 세분화Segmentation, 타깃팅Targeting, 포지셔닝Positioning의 앞머리 글자를 따서 'STP 전략'이라고 한다. 이는 노르망디를 점령한 연합군이 파리를 탈환한 역사적인 사건에 비유해 일련의 마케팅 전략 수립 과정을 '노르망디 상륙작전'이라고도 부른다.

살라미는 피자 위에 얹혀있는 이탈리아 소시지로, 너무 길쭉해 요리하기 어려운 소시지를 얇고 잘게 각종 요리에 곁들이기 좋게 썰

어둔다.

소비자의 관심과 성향, 제품의 속성에 따라 가격, 경험, 신속한 배송 등의 가치가 달라, 리얼 타임라인에서 살라미salami 전술을 활용한 시장 세분화는 마케팅의 필수 전략이다.

세분화된 시장에서 기업은 무엇보다 제품의 매력도Attractiveness를 최대한 활용하고, 시장 사이즈외형와 라이벌구조, 법제환경적 요인을 고려해 경영 목표에 부합하는 안전성, 수익성, 성장성을 최대한 담보 받으려 한다.

모든 시장을 완벽히 다 가질 수 없는 일개 기업이지만, 시장에서 영점zero point을 잡고 표적 대상을 타깃팅해서 니치 마케팅niche marketing을 통해 핵심 역량을 집중적으로 투입하면, 시장에서 전쟁을 다스리는 초석positioning을 마련할 수 있다.

하지만 이런 갸륵한 노력에도 불구하고 시장에는 새치기 기회를 호시탐탐 노리는 경쟁자들이 산재해 있고, 초변덕쟁이 소비자는 만인만색의 다른 욕구를 가지고 셀피시selfish하게 자기 구미에 맞는 제품을 찾아다닌다.

'포지셔닝'으로 쐐기를 박아야 한다. 포지션이란 소비자들의 인식 속에 자사 브랜드나 제품이 경쟁 제품과 대치해 상대적으로 확보하고 있는 위치다. 이를 성공적으로 수행, 고수하기 위해 일단 포지션이 결정되면 무소의 뿔처럼 내달려야 한다. 포지션 된 본연의 색이 시장에서 휘청거리다 휘발되어 보호색으로 변해선 안 된다. 나를 바꿔서 대중의 마음에 들려고 하지 말고, 나를 지켜서 고객이 끌려오도록 해야 한다. 정신 똑바로 차리고 실시간으로 라이벌과의 차별화 전략을 능수능란하게 구사하며 새롭고 독특한 제품과 서비스를 제공함으로써 고객을 수집해 가는 것이다.

전쟁은 다스리려고 하는 것이고
판은 짜려고 만드는 거다

포지셔닝 전략은 고객 마음속에 자사의 이미지를 각인시켜 특정 니즈가 돌출될 시에 자연스럽게 우리 제품과 서비스가 연상되도록 하는 지속적이고 일관된 전략이다. 짜인 판 위에 얹혀 꼼짝달싹 못 하는 것이 아니라, 센 놈을 피해 미리 짜 놓은 판 위에서 상대적 우위를 가지고 이기는 길목에 지켜 서서 확고부동한 자리를 확보하는 것이다. 말 그대로 전쟁의 게임 체인저game changer, 판을 짜는 전략가의 몫이다.

포지셔닝의 이유가 되는 차별화는 4가지 강점에 초점을 맞출 수 있다. 'NAMAKE' 같이 동양인 피부를 범주별로 분류한 '제품 차별화product differentiation', 삼성전자가 어르신들에게 스마트폰 사용법 무료 수업을 진행하는 '서비스 차별화service differentiation', 효모 균주를 연구하는 미래의 바이오메디컬 그룹에서 박사급 연구원들을 전면에 내세운 '인적 차별화personnel differentiation', 몸짱 소방관 캘린더를 만들어 왠지 보수적인 국가기관 이미지에서 탈피한 '이미지 차별화

image differentiation'가 있다.

SWOT와 3C 분석으로 도출된 이러한 차별화 강점을 살려 경쟁적 우위를 선점하기로 했다면, 제품과 브랜드에 대한 소비자의 지각을 나타내는 포지셔닝 맵지각도, perceptual map을 확정 지어야 한다. 포지셔닝 맵은 소비자 인식 속으로 몰래 들어가 좌표를 찍은 표로, 소비자가 제품에 대한 태도를 가늠하는 데 사용되며, 기업은 현재의 위치와 앞으로 진화하고자 하는 위치를 설정해 전략에 활용한다.

앞서의 SWOT에서 잠시 얼굴을 비춰주었던 샘소나이트 그룹을 예로 들어 보자.

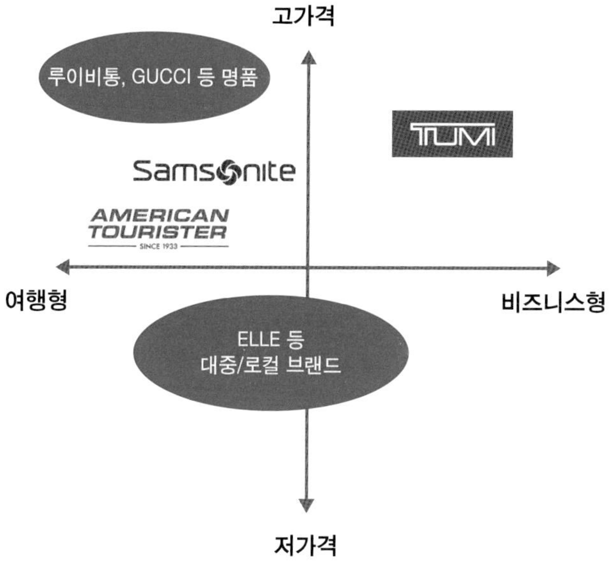

[그림 2-6]

[그림 2-6]에서 보는 바와 같이 쌤소나이트 그룹 최대 M&A 대상이었던 TUMI는 비스니스형 고급 브랜드로 루이비통이나 GUCCI 같은 명품 가방이 여행용으로 치우쳐져 커버하지 못하는 비즈니스 시장에 특화되어 있고, 가격 면에서 명품 브랜드를 좇고 있어 차별화된 독보적 포지셔닝을 가진다. 실용성의 메카인 'SAMSONITE'는 X축에서나 Y축에서 자사 브랜드인 TUMI와 'American Tourister' 중간에 위치해 여행과 비즈니스, 고가와 중가 사이에서 밸런스 좋게 포진해 있다. 쌤소나이트 그룹의 대표적인 이 3개 브랜드는 각자 포지셔닝 된 시장에서 충실히 나름의 이름값을 해가며 쌤소나이트 그룹의 전체 매출에 공헌하고 있다. 간혹 다이어그램으로 그려진 교집합의 시장에서 만나기도 하지만 극단적인 충돌은 일어나지 않는다.

차별화를 전제로 한 포지셔닝은 크게 절대적 차별화absolute differentiated와 상대적 차별화relative differentiated로 나눌 수 있다.

'절대적 차별화'는 절대적인 우위성에서 'A보다는 B'식의 제품의 질적 수준에 따른 것이고, '상대적 차별화'는 '여기에는 A, 저기에는 B'식의 소비자 취향에 따른 인식 차원이다. 아빠 차에는 머스크향, 내 차에는 스무디 향의 차향제를 다는 식이다.

포지셔닝은 다음의 3가지를 바탕으로 설정된다. 첫째, BYC의 기능성 이너웨어처럼 경쟁 제품과 상징 혹은 감각적인 편익이나 차별적 속성을 지녔다고 인식시키는 '속성 기반 포지셔닝'과 둘째로

'NAMAKE'의 타깃인 도심의 여성 직장인 같이 특정 사용자 계층에 적합하다고 인식시키는 '사용자 기반 포지셔닝', 마지막으로 특정 사용 상황에 적합하다고 하는 '피로에는 박카스' 같은 '상황 기반 포지셔닝'이다.

포지셔닝은 마케팅 플랜marketing plan 수립의 잣대가 되며 기업의 정체성identity에 밀접하게 관여하고, 다음 챕터에 나올 마케팅 믹스의 근거가 된다.

이러한 일련의 과정, SWOT를 돌리고 니즈와 원츠로 파악된 자사 특유의 가치를 가진 경쟁우위로 STP 전략이 세워지면 마케팅 툴의 동일체화同一體化인 IMC를 통해 표적 소비자들에게 비로소 공격적인 소구를 개시할 수 있다.

좋은 걸 싸게 파는 건 알겠는데 도대체 뭐가 좋은 거고 얼마나 싼데?

STP 전략에 근거한 가치 창출 영역인 마케팅 믹스marketing mix는 기업 목표 달성을 위한 전략적인 마케팅 활동이다.

대표적인 마케팅 믹스 요소로 제품product, 가격price, 촉진promotion, 유통place이 있고 각 요소 앞의 'P'를 따와 '4P'라고 불린다. 이 중 제품과 가격은 시공을 초월한 원칙인 '좋은 것을 싸게'를 말하며, 촉진은 앞서 다룬 ATL, BTL, TTL, IMC를, 유통은 고객 편리성을 염두에 둔 유통과 물류를 포함한다. 기업은 이 4가지 요소를 독자적인 전략 프로그램에 따라 잘, 아주 잘 섞어서mix 시장에 내놓는 제품에 가격을 설정하고 널리 알려 유통 채널을 통해 고객에게 제품과 가치를 전달한다.

기업 입장에서의 제품, 가격, 촉진, 유통의 4P를 고객 입장에서 놓고 보면, 제품은 고객의 문제 해결customer solution, 가격은 고객이 지급하는 비용cost, 촉진은 커뮤니케이션communication, 유통은 편리성convenience으로 규정해 이를 '4C'라고 한다.

관점	마케팅 믹스 요소			
기업	제품 (product)	가격 (price)	촉진 (promotion)	유통 (place)
고객	고객의 문제 해결 (customer solution)	비용 (cost)	커뮤니케이션 (communication)	편리성 (convenience)

[표 2-4] 마케팅 믹스

마케팅 믹스 4P의 완결판이면서 재무 모형의 기초라 할 수 있는 '가격'에 대해 다음 챕터에서 심도 있게 다뤄보기로 하자.

“우리가 매출이 없지 가오가 없냐?”

2018년 영국의 세계적인 패션 브랜드 ‘버버리Burberry’에서 화형식이 거행되었다. 2,860만 파운드, 한화 423억 원어치의 버버리 정품을 관행대로 아낌없이 소각한 것이다. 매출이 줄고 재고가 쌓이자 정가 밑으로 유통될까 우려한 본사의 결정이었다. 최고급 브랜드 에르메스HERMES, 샤넬CHANEL도 무관하지 않은 명품의 화형식이다.

2016년과 2017년에는 까르띠에Cartier, 몽블랑MONTBLANC, 피아제PIAGET 브랜드를 보유한 리치몬트Richemont 그룹이 안 팔리는 자사 브랜드 시계를 4억 3천만 파운드, 한화 6,367억 원에 스스로 사들이기도 했다.

‘가성비’가 세계적인 트렌드인 시장 상황에서도 고급 이미지와 희소성을 유지해 브랜드 가치를 지키려는 ‘명품의 반란’이다.

“우리가 매출이 없지, 가오가 없냐?”

‘가오かお, 顔’는 일본어로 ‘얼굴’을 나타낸다. 우리말로 “도대체가 면이 안 선다”, “얼굴에 먹칠을 하는 짓이다”처럼 일본에서도 ‘체면’을 말한다.

No.	정책	전략
1	가격을 그대로 고수	비(非)타협 전략
2	가격을 유지하고 가치를 추가함	고가치 전략
3	중가격의 공격적 계열을 출시함	세분화 전략
4	가격을 인상하고 품질을 향상시킴	역공 전략
5	가격을 인하함	저가 전략

[표 2-5]

라이벌이나 시장 상황이 아무리 '가성비'를 추종하고 있다고 해도, 소비자가 구매 결정 시 과거의 경험이나 기억, 외부로부터의 정보에 의해 형성된 기준인 '준거 가격Reference price'으로 '브랜드 정체성BI, brand identity'을 확보하고 있는 브랜드 선도 기업은 [표 2-5]의 가격 전략을 선택할 수 있다.

보통은 1번과 2번을 선택한다. 1번의 경우 '이 또한 다 지나가리라'라는 '말뚝 전술'과 '내가 누군데, 감히!'의 '뚝심' 전략이다. 2번은 유명 디자이너를 영입하거나 세계적인 아티스트와의 협업collaboration을 패션쇼 등을 통해 언론에 노출시켜 부가가치 구축에 박차를 가하는 것이고, 3번의 경우에는 버버리가 실제로 인구 대비 수요가 가장 많은 나라 일본에만 특화한 중저가 라인 '버버리 블랙 라벨Burberry Black Label'을 출시한 사례가 있다. 4번과 5번 전략은 잘 쓰지 않지만, 4번의 경우 한정된 제품을 특수 제작해 자신들의 견고함을 세상에 알리는 데 사용한다. 예를 들어 다이아몬드를 박은 클러치 백을 전 세계 한정판으로 시리얼 넘버를 새겨 100개만 만들어 판매하는 식이다.

기업의 전략 입안에 있어 중차대한 역할을 하는 '가격'은 전술된 3C 분석에서 들여다본 자사, 경쟁사, 고객 중심으로 결정된다.

자사중심 가격결정을 살펴보면, 원가기반 가격결정cost-based pricing은 원가로부터 산출한 제품과 서비스의 가격 형성을 말하고, 목표이익 가격결정target profit pricing은 경영 목표로 정해 둔 이익을 취하고자 하는 가격결정이다. 손실유도 가격결정loss leader pricing이란 '노른자 상품 전략'이라고 불리는 '미끼 상품loss leader' 판매로, 손해를 감수하고라도 그로 인해 다른 제품의 판매 신장을 기대해 내린 결정이다. 이 외에 특별행사 가격결정special event pricing은 특정 제품에만 할인 가격을 적용하는 것이고, 할인 가격결정discount pricing은 재고 부담을 줄이기 위한 덤핑 가격 정책이다.

가장 일반적인 원가기반 가격결정은 경험곡선 효과experience curve effect를 고려한다. 경험곡선이란 컨설팅 업체 BCGBoston Consulting Group가 제시한 누적 생산 함수로서의 단위당 원가를 나타내는 경쟁 전략의 한 기준으로, 간단히 말해 누적 생산량이 배로 늘 때마다 비용고정비, 생산원가, 광고, 유통 등의 전반적 비용이 일정한 비율로 감소되는 현상이다. 규모와 생산량, 학습 경험의 증대가 단위 원가의 하락 효과를 나타내는 최소공배수의 원리를 적용한 것이다.

단위 원가와 생산량에 의한 경험곡선과 그에 따라 가격과 판매량에 영향을 미치는 선순환 효과 설명에 앞서 원가와 비용, 수익 개념에서 도출되는 손익분기점BEP, break-even point과 목표이익을 잠시 살펴보자.

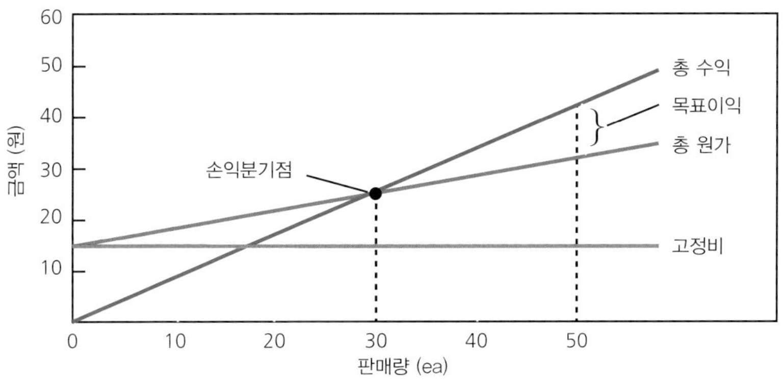

[그림 2-7]

사업을 시작해 기간이 좀 지나면 주위로부터 "BEP는 맞췄냐?"는 질문을 받는다. 쉽게 말해 "본전치기는 했냐?"는 거다. BEP손익분기점가 맞춰지면 일정 기간 들어온 돈과 쓴 돈의 액수가 같아져, 이때부터 '돈을 번다'는 개념이 적용될 수 있기 때문이다. 그래서 손익분기점BEP 이하의 매출이면 손실로 보고, 그 이상이면 이익이 났다고 한다. [그림 2-7]에서 보듯 총 수익과 총 원가가 교차하는 지점이 손익분기점이고, 그로부터 총 원가를 넘어 총 수익이 오르는 간극 사이에 목표이익이 발생한다.

참고로 모든 비용은 고정비와 변동비로 나뉘는데, 고정비는 인건비, 임대료, 감가상각비, 금융 비용은행 이자처럼 매달 일정하게 나가는 돈이고, 판매 추이와 조업도操業度, 가동률 변화에 따라 오르고 내리는 변동비는 원재료비, 판매수수료, 물류비 같은 것들이다.

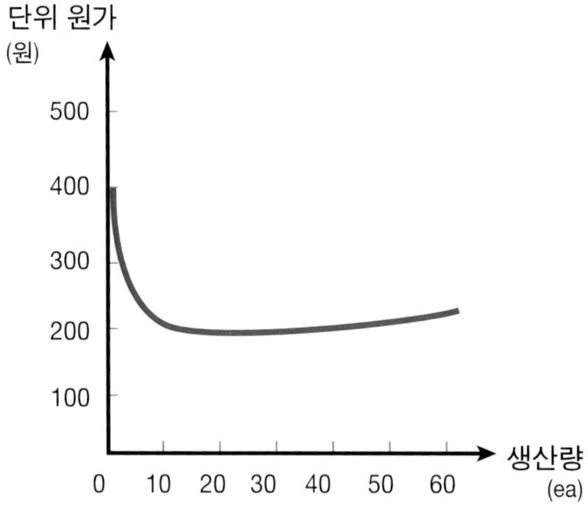

[그림 2-8] 경험곡선 효과

경험곡선 효과는 [그림 2-8]에서 보듯, 대량 생산으로 개당 생산 비용이 줄면 단위 원가가 낮아져 낮은 가격으로의 공급이 가능하고, 경쟁자와 비교해 우위를 점한 가격 경쟁력으로 높은 시장점유율 확보가 용이해져 생산량이 증가된다. 그렇게 되면 더 낮은 가격이거나 같은 가격이라도 지속적인 공급이 가능한 [그림 2-9]의 선순환growth wheel 고리가 만들어진다.

이 효과는, '브랜드'를 생산되는 산출물output로 보는 '브랜드 경험곡선[그림 4-1]'에도 똑같이 적용된다.

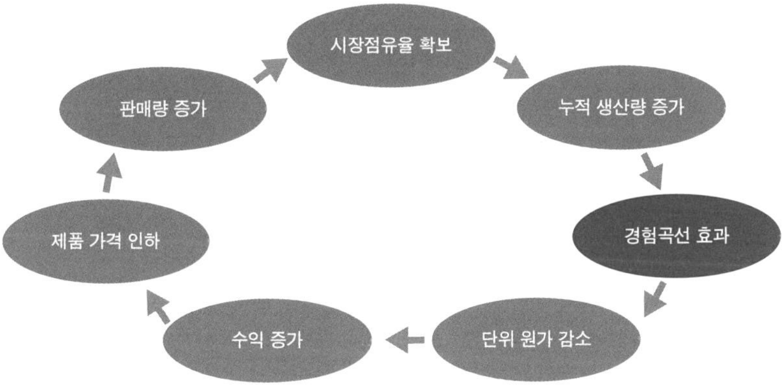

[그림 2-9] 경험곡선 효과에 의한 선순환 모형

경쟁사중심 가격결정은 라이벌 업체의 가격과 비교하여 자사 제품의 가격을 결정하는 것으로, 시장점유율을 높이기 위해 파격적으로 낮추기도 하지만, 자사 브랜드 가치를 유지, 고양시키기 위해 시장 상황에 역행해 가격을 내리지 않거나 반대로 가격을 올리기도 한다.

고객중심 가격결정에서는 수요의 가격 탄력성과 고관여/저관여 구매행동에 관해 알아둘 필요가 있다.

'가격 탄력성'에서 '탄력성'이란 물리학 용어로, 어떠한 외부로부터의 자극이나 충격으로 어떤 변수가 얼마만큼 움직여지는반응 성질을 뜻한다. 이를 가격 변화에 따른 소비자 수요반응로 측정한 지표가 수요의 가격 탄력성 지표다.

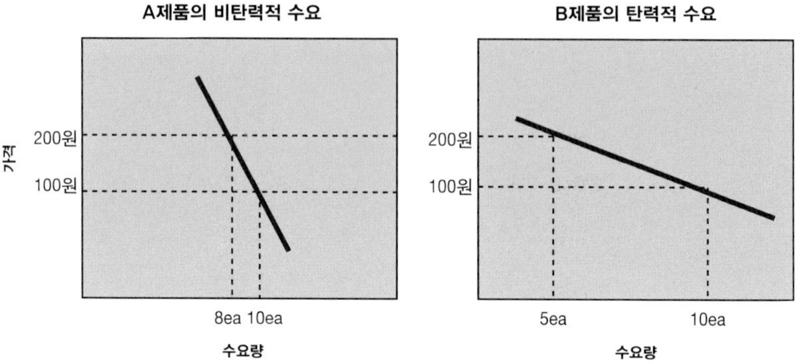

[그림 2-10] 수요의 가격 탄력성

[그림 2-10]에서 A제품은 가격이 100원에서 200원으로 100원 오르자 100원일 때 하루에 10개 수요되던팔리던 제품이 2개 줄어 하루에 8개가 팔리게 된다. B제품은 100원에서 200원으로 100원이 올라 가격이 2배로 뛰자 수요량이 10개이던 판매량이 5개나 급격히 줄어 5개밖에 팔리지 않는다. A처럼 가격 변화에 비해 수요량 변화가 그다지 크지 않으면 가격 탄력성이 적다고 해서 '비탄력적 수요'라 하고, B같이 크면 가격 탄력성이 많다고 해서 '탄력적 수요'라 한다.

고객의 가치 부여로 결정되는 수요의 가격 탄력성은 기업의 목표에 따라 가격을 올릴지, 내릴지를 알려주는 중요한 산술평균적인 등간척도interval scale가 된다. 쉽게 말해 판매 전략에 따라 가격이 올라도 수요자가 흔들리거나 위축되지 않아 판매량매출.에 얼마 영향을 주지 않는다면 가격 인상에 시장의 저항이 크지 않다는 것을 의미한다.

수요의 가격 탄력성을 규정하는 '가격인지 감수성price sensitivity (Park, 2018)'은 제시된 가격이 적정한지 아닌지에 대한 감정적 판단에 기여하는데, 다음 4가지 요소의 영향을 받는다.

첫째 '생활성'이다. 아기 기저귀, 분유, 쌀, 과일, 생선 등의 생필품은 '가격인지 감수성'이 제대로 작동하지 않는다. 반면 사치품이나 명품은 당장 있으나 없으나 생존, 생계와 밀접한 관련이 적기 때문에 가격에 민감할 수밖에 없다.

둘째로 '대체재의 존재'다. 누가 봐도 독특하거나 좋은 품질로 유명한 제품이 절대적인 희소성을 갖는 경우이거나, 캡슐을 리필 해 사용하는 커피 머신처럼 전에 구매한 제품과 연결되어 있는 경우, 명품 요트를 구매한 부자 회장님이라도 제품을 직접 보관할 수 없어 항만의 해당 브랜드 요트 전용 보관소에 맡기는 경우, 우리가 쓰는 독점 민영기업의 도시가스처럼 구매자에게 정보가 없어 대체품을 아예 모르거나 유사품과 비교할 수 없는 경우가 그렇다.

셋째 '구매비용'이다. 고등학생이 알바로 돈을 모아 사려는 청바지의 가격 10만 원이, 요트를 소유한 부자 회장님이 고려할 만한 의류의 소비 가격이 아닌 것처럼 구매자의 총소득에 비해 제품 가격이 지극히 적을 경우다. 또한, 대학원의 직장인 MBA 과정 학비의 50%를 회사가 지급해 준다고 하면, 당사자는 학비가 다소 비싸더라도 최대한 지명도 있는 학교에 합격하기를 바라는 것처럼 구매비용 일부를 다른 측에서 부담하는 경우다.

마지막으로 '대상 규정'의 모호함이다. "신라면 가격이 2배가 되었을 때 대체품은?"이란 질문에 "진라면"이라고 서슴없이 답할 수 있지만, "컵라면의 대체품은?"이란 질문에는 아무래도 컵라면의 간편성과 신속성을 생각해 '봉지라면은 아닌 거 같은데'라면서 처음에는 대체재를 찾지 못한다. 하지만 다른 대체재를 찾는 동안의 갈아타는 시간이 주어지면 좀 비싸긴 해도 1인 가구 전용 냉동식품 같은 대체재가 튀어나온다.

고객중심 가격결정에서 수요의 가격 탄력성은 이쯤 해 두고, 고관여high-involvement/저관여low-involvement 구매행동에 대해 알아보자.

소비자 구매행동은 관여도에 따라 구분되며 구매 당사자의 중요성 인식 정도, 관심도, 관계성에 비례한다. 일반적으로 특정 매니아층이거나 부자 회장님의 10만 원짜리 청바지같은 소득 대비 비용의 변수와 한정된 대체재를 제외하고는 고관여 제품은 고가의 제품이며, 저관여 제품은 저가의 제품이다.

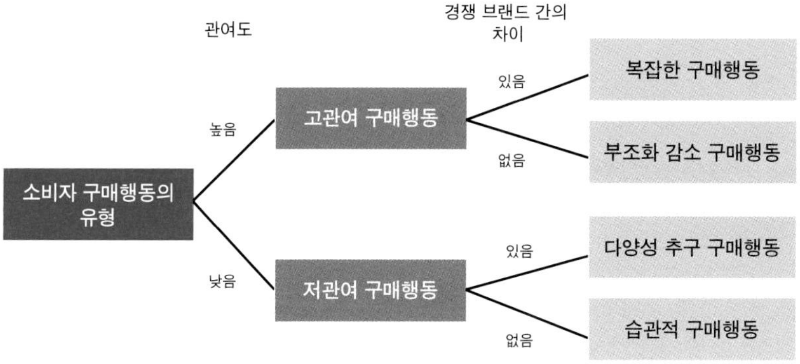

[그림 2-11] 소비자 구매행동

고관여 구매행동에서 소비자는 구매 의사결정에 신중을 기한다. 앞서 말한 고가의 제품군, 예를 들어 '인생쇼핑'인 아파트나 자동차, 고가의 전자제품을 구매하는 것이다. 이는 한번 구매가 완료되면 장기적이고 지속적인 영향을 끼치는 제품군으로 잘못된 구매에 대한 위험도Demege가 높을수록 이러한 구매 패턴을 보인다.

고관여 구매행동은 소비자의 인식 차이에 따라 '복잡한 구매행동'과 '부조화 감소 구매행동'으로 나뉜다.

경쟁 브랜드 간에 차이가 존재할 때 이뤄지는 '복잡한 구매행동complex buying behavior'은 일정의 패턴이 있다. 예를 들어, 전자제품 전문 쇼핑몰에서 휴대폰과 TV를 구매하러 가서 각기 특정 브랜드 매장으로 향한다.

"휴대폰은 삼성 갤럭시야", "TV는 역시 LG지!"처럼 기존의 인식과 선택적 기억selective retention으로 형성된 주관적인 지지와 믿음을 나타내며, 제품 설명을 들으며 이리저리 만져보다가 "역시 좋아"라는 긍정 태도를 보인다. 결국, "내가 찾던 게 바로 이거야"라는 의사결정에 도달한다. 이러한 일련의 패턴이 복잡한 구매행동의 특징이다.

'부조화 감소 구매행동dissonance-reducing buying behavior'은 별반 차이가 없는 경쟁 브랜드 중 하나를 선택해 고가의 비용을 들여 구매한 후, 구매한 제품에 대한 나쁜 정보를 접하거나, 경쟁 브랜드 제품에 대해 가격이나 성능 등 긍정적인 정보를 알았을 때, '에이씨! 잘못 샀다'며 제품이 개인의 신념과 확신에 충돌되거나 불일치하는 것을 인식하고 구매를 후회하면서 나타난다. 그 와중에 '이건 아닌데'라는 부조화를 느끼면서도 심리적 안정을 찾으려고 다른 브랜드 제품도 분명 문제가 있을 거라거나 별로 차이가 없을 거라는 '합리화 과정rationalization process'을 통해 '인지적 부조화cognitive dissonance'를 감소시키기 위해 노력하는 것이 '부조화 감소 구매행동'이다.

자기 본위적 편향self-serving bias의 소비자의 경우는 인지적 부조화 회피 방법으로 자신이 합리화한 해당 기업에 대한 불평과 불만을 악의적으로 소문을 퍼뜨려 주위의 지지를 얻어 확인받고 싶어 한다.

기업은 이런 '불편한 부조화 상쇄 과정'을 이용해 소비자들이 구매 후에 확고한 만족감을 느끼게 하거나, 마음을 바꿔 자사 제품으로 구매하게 하려고 이렇게 외쳐댄다.

"구매하시고 절대 후회하는 일은 없습니다!"

"잘못 구매했다가 후회하신 적은 없으신가요?"

저관여 구매행동low – involvement buying behavior은 구매 의사결정에서 마트 계산대 옆에 무심하게 놓인 껌이나 건전지처럼 별생각 없이 집어 바구니에 추가해 담는 상품처럼 별로 중요하다고 생각하지 않고 개인적 관심이 적은 제품에 대한 구매행동이다.

저관여 구매행동도 소비자가 지각하는 제품들 간의 차이에 따라 '다양성 추구 구매행동variety – seeking buying behavior'과 '습관적 구매행동habitual buying behavior' 두 가지로 나눌 수 있다.

'다양성 추구 구매행동'은 경쟁 제품 간에 차이가 있는 경우, 얼마 되지 않는 돈으로 저관여 제품 구매에 다양성을 추구해 보려는 '실험적 구매'다. 예를 들어, 버터동물성를 구매하던 것을 마가린식물성으로 바꿔 본다. 이런 구매 행위는 기존 제품에 엄청난 불만을 갖고 전환한 것이 아니라 새로운 제품을 경험해 보고 싶은 단순한 다양성 추구 행위다. 기존의 일반 껌과 달리 '운전하거나 공부 중에 졸음이 깨는 껌' 같은 제품은 이런 다양성을 추구하고자 하는 구매행동을 노리고 만든 제품이다.

'습관적 구매행동'은 다른 브랜드 간에 모든 면에서 차이가 거의 없고, 특정 브랜드에 신념이나 확신을 가질 필요 없이, '아무거나' 고르다가 반복해서 구매가 이어지는 경우다. 예를 들어, 흰 우유에 특별한 사연이 없는 소비자가 퇴근길에 들르는 집 앞 마트 진열대 위에 놓인 우유 중에서 손이 잘 가는 위치에 놓인 Y우유를 선택한다. 퇴근 때마다 그 위치에 그렇게 항상 놓여 있는 Y우유 구매가 반복되다 보면 어느덧 습관과 취향의 구분이 없어지고, 다른 지역에 출장을 가서도 퇴근길에 아침에 마실 우유를 고를 때 자연스럽게 Y우유에 손이 가게 된다. 의도치 않은 구매 계기가 계속적인 구매로 연결되어 습관적 행동으로 지속되는 것이다.

마케터는 경험곡선에 입각한 원가기반 가격결정과 경쟁사 중심의 상대적 가격결정, 고객에 의한 가격 탄력성, 가격인지 감수성, 고/저관여 구매행동의 속성을 잘 버무려서 이를 마케팅 믹스 4P와 STP 전략과 연동해 가격결정pricing에 시스터매틱systematic하게 접목할 수 있어야 한다.

PART 3

新, 새로울 신
(혁신, 창의)

QR코드를 찍으면 저자
강의 동영상을 볼 수 있습니다

'닥치고 ○○○' 스피릿spirit

연 4조 6천억 원의 매출을 올리며 세계적인 SPA Speciality store retailer of Private label Apparel, 유통제조 일괄 브랜드 ZARA, H&M을 제치고 시장점유율 1위를 차지한 '포에버21'.

한국인 부부의 아메리칸 드림으로 불리며 창립자가 포브스 선정 '세계 100대 부호'에 올랐었다. 하지만 2019년 9월 미국 델라웨어주 연방법원에 파산보호를 신청한다. CNN 등 미국 언론에 등장한 패션계 전문가들은 포에버21이 미온微溫한 자체 기술개발 의지와 주먹구구식 브랜드 전략으로, 잘 나가는 타사의 디자인과 브랜드 마케팅을 모방copy만 하다가 결국 파산 국면을 맞게 되었다고 분석했다.

2000년 일본의 기업과 CEO를 취재하던 칼럼니스트를 할 때다.

당시 글로벌 스탠더드 기업 'SONY', '슈퍼드라이'로 업계의 왕좌에 오른 '아사히 맥주', 올림픽과 슈퍼볼superball 광고권을 거머쥔 세계 1위 광고업체 '덴츠電通, dentsu'….

명실공히 세계 최고의 일본 기업과 CEO를 취재했다. 스케일 면에서 그야말로 일본, 아니 세계를 리드하는 거대 기업들 일색이었지만 그래도 가장 기억에 남는 건 유니클로다.

칼럼에서 다룬 기업들 중 규모가 가장 작았던 유니클로의 한국 매체 최초의 취재 기획서를 보고 데스크편집장에서는 탐탁지 않게 생각했다. 하지만 나는 왠지 시골에서 도쿄로 상경한 지방 기업 유니클로에 흥미가 끌렸다.

지역에서 수석을 독차지하던 수재 야나이 회장은 선친의 강권으로 일본인의 선망의 대상인 와세다대학을 졸업하고는 세계적인 대형 슈퍼마켓 체인 '자스코JUSCO, Japan United Stores COmpany'에 입사해 상품 개발과 유통을 배운다. 이후 아버지의 잡화점을 물려받아 '유니크unique한 의류clothes'란 뜻을 담은 유니클로UNIQLO를 만든다.

2020년 매출을 5조 엔한화 약 50조 원으로 내다보는 유니클로Fast Retailing Co., Ltd는 취재 당시 연매출 약 1,000억 엔의 회사였다. 인터뷰를 위해 찾아간 유니클로는 패션의 거리 도쿄 시부야渋谷의 역전 건물 몇 개 층을 빌려 쓰고 있었다.

2시간 남짓의 인터뷰는, 내게 언젠가는 한국으로 꼭 진출해 보고 싶다며 유니클로를 한국에서 전개할 한국 사람을 소개해 달라는 부탁으로 마쳤다.

도전과 혁신을 강조하는 기업 문화가 느껴지는 유쾌한 취재였고 칼럼의 반향도 좋았다.

그리고 몇 년이 흘렀을까? NHK 뉴스에 난데없이 쌀과 채소 앞에 선 유니클로의 야나이 회장이 나오고 있었다. 유니클로가 야심차게 신규 사업으로 농산물 사업을 시작한다는 것이다.

이후 한동안 일본의 패션계는 이단아 회장의 기행奇行에 어수선했고 유니클로는 야나이 회장의 특명에 이 신규 사업 분야에 파이팅하긴 했지만, 모두가 갸우뚱한 대로 결국 사업을 접고야 말았다. 업계의 쓴웃음이란 후폭풍도 만만치 않았다.

그리고 또 몇 년이 지났다. 이번에는 유니클로의 야나이 회장이 일본뿐 아니라 전 세계의 뉴스를 장식한다. 소프트뱅크 손정의 회장보다 일본에서 돈 많은 1위 재력가로 등극한 것이다.

매스컴에서는 과거 생뚱맞게 채소를 팔던 유니클로가 신규 사업에서 독배를 마시는 결과를 맞긴 했었지만 그러한 '도전'과 '혁신'이 있었기에 패션 업계에서 가장 중시하는 '발상의 전환'이란 기업 문화를 만들어 낼 수 있었고, 그 기업 문화가 지금의 유니클로와 일본 최고의 재력가 야나이 회장을 만들었다는 소식이 전해졌다.

일본의 대형 유통업체 세이유SEIYU의 PB유통업자 브랜드, private brand로 시작해 독보적인 브랜드를 구축한 'No Brand'의 선두주자이자 미니멀리즘의 메카mecca '무인양품MUJI'이 자율주행버스를 개발하고, 호텔을 운영하며, 채소를 팔고 있는 것이 20년 전의 유니클로의 행보와 사뭇 다르지 않다.

야나이 회장은 혹시 타임머신을 타고 '오늘'에 왔다가 20년 전으로 돌아가 당근을 팔았던 것일까?

유니클로 히트텍은 아시아의 듀폰dupont, 세계적인 첨단소재 기업으로 패션 브랜드 '듀폰'과 다르다이라 불리는 토레이東レ, TORAY란 회사와의 연구개발 협업으로 탄생했다. '신체 대응 시뮬레이션' 방식으로 수만 가지 경우의 수를 상정해 상식을 깬 발상의 전환과 셀 수 없는 시행착오로 탄생한 히트텍. 당시엔 어쩌면 무모했을지 모를 도전의 산실이다.

그들은 히트텍의 라이벌을 묻는 질문에, 히트텍의 유일한 라이벌은 '넥스트 히트택NEXT HEATTECH'이라며 지금도 자신들의 기술에 있어서의 '혁신'을 계속해 나가고 있다.

유니클로는 지금도 '닥치고 R&D연구개발'와 '끝장 테스트' 스피릿으로 일관하고 있으며, 전 세계 수많은 기업이 히트텍을 라이벌로 인식해 기술개발에 주력한다.

'해킹Hacking'과 '마라톤Marathon'의 합성어 해커톤Hackathon은 실리콘밸리 스타일의 '끝장 프로그램 개발 대회'다. 마라톤 선수들이 스스로 한정한 시간대의 '마의 장벽'을 깨려고 안간힘을 쓰듯, 제한된 시간 내에 프로그램을 해킹하는 시합이다. 불법적으로 PC를 공격하는 해킹인 '크래킹Cracking'과는 다른 고난도 프로그래밍 행사로, 페이스북은 기획, 개발, 디자인, 인사, 마케팅, 재무 등 참여 가능한 인원을 최대한 동원해 밤을 새워가며 해커톤을 개최한다.

코카콜라와 펩시콜라의 관계는 100년을 넘게 같이 글로벌 콜라

시장을 만들고 지켜가며, 이 순간에도 경쟁하고 자극하고 진화하고 있다.

시장에는 당연히 라이벌 관계인 선도자market leader 그룹과 도전자challenger 그룹이 있고, 이들은 한 방향을 향해 서로 치고받아 가는 경합의 파트너다.

1등이야 먹고살 만할 테니 차치해 두고, 만약 내가 챌린저 입장이라면 마켓 리더에 준하는 기술 독립을 이루기 위한 부단한 노력과 함께 마켓의 리딩그룹leading group과는 차별화된 마케팅을 구사해야 한다. 치열한 연구와 마케팅에 대한 아이디에이션ideation 없이 단순히 시장 선도 브랜드의 광고와 모델을 따라만 하고도 단박에 기대 점유율에 도달하고, 그런 상황이 오래갈 거라고 낙관해서는 안 된다. 단발의 성취에 미혹되어 요행을 바란다면 시장 경합 상대의 악재가 있어야만 드디어 호기好期가 찾아왔다며 비식비식 웃을 수 있는 영원한 아류亞流로 남아 버린다.

그래도 아류로 남아 평생 2, 3등만 해서 그나마 먹고사는데 지장이 없다면 그것도 썩 나쁘지 않은 전략인지도 모르겠다. 하지만 가장 치명적이고 엄혹한 도태淘汰는, 원천 체력 다지기의 기회가 경영 조직유산에서 점점 사라지고 있다는 것이다.

뉴욕의 골칫덩어리 '할렘 미라클harlem miracle'

어느 집에나 하나씩은 놓여 있을 때밀이 수건, '이태리 타올'. 이 스테디셀러는 실은 부산의 한 원단 가공업체가 이탈리아에서 잘못 수입한 천의 용도를 고민하다가 탄생된 발명품이었다. 비싼 물류비용 때문에 반품도 못 하고 전량 폐기해야 할 원단은 업체 사장의 발상 전환으로 황금알을 낳는 발명품이 되어 우리의 욕실을 점거하고 있다. '불량품'이 '발명품'이 된 것이다. 불량 접착지에서 시대를 풍미하는 히트 상품 '포스트잇' 또한 마찬가지다.

세상의 모든 것을 다 소유했을 것 같은 뉴욕에 유일한 골칫거리가 있었다. 슬럼slum가의 대명사인 범죄 도시 '할렘'이다.

그런 할렘이 변했다. 흑인 빈곤층이 밀집해 있고 '총'과 '마약'이 연상되는 범죄의 온상이던 곳은 뉴욕에서 집값 상승률이 가장 높은 지역이 되었다. 뉴욕시의 독특한 발상이 만든 결과다. 바로 세계적인 우범지역 할렘을 흑인 문화를 경험할 수 있는 관광지로 바꾼 것이다.

뉴욕시는 관광객들의 니즈를 파악해 원츠 기반의 관광 플랜을 수립했다. '조금은 험악해 보일지 모르는 할렘가 산책'이란 관광 코스를 만들고, 동양인 관광객 전용의 힙합과 랩 체험 프로그램을 운영하고 어린이 길거리 농구 대회를 개최했다.

관광객들이 즐비한 할렘에는 밝게 단장한 사무실이 늘어났고, 식사와 쇼핑을 할 수 있는 공간들이 하루가 멀다 하고 그 수가 불어났다.

언론이 붙여준 별명 '할렘 미라클'이다.

지금은 전 세계에서 몰려든 넘치는 방문객들로 시내 교통난이 심해지긴 했지만, 늘어난 관광 수입으로 골칫덩어리 효자가 되어 있다.

전 세계로 퍼진 이 소식은 고지대 빈민가와 우범지대에 범죄가 득실했던 콜롬비아가 벤치마킹해 도시재생Urban Regeneration에 성공하였고, 그 뒤를 이어 현재 서울시가 콜롬비아를 모델로 서울의 산동네를 지속가능한 관광지로 만드는 프로젝트를 추진 중이다.

혁신의 생각술術

내 연구실에는 두 개의 액자가 걸려 있다.

등받이 소파 위 오른쪽 벽에는 오스트리아 빈 출생의 화가 '구스타프 클림트Gustav Klimt, 1862~1918'의 「입맞춤Der Kuss」 그리고 회의 테이블 뒤쪽으로는 유대인으로 노벨 물리학상 수상자인 알베르트 아인슈타인Albert Einstein, 1879~1955의 인류역사상 가장 위대한 공식이라는 '$E=mc^2$'이 칠판에 분필로 날려 적힌 액자.

클림트의 「입맞춤Der Kuss」은 귀금속 세공사인 그의 아버지의 영향으로 금박, 은박, 유채를 함께 사용해 자신의 연인 '에밀리 플뢰게'와의 영원한 사랑을 독창적으로 표현한 작품이다.

19세기 말 엄격한 윤리관으로 경직되어 있던 비엔나에서 클림트의 에로틱한 사랑을 표현한 이 작품은 반발 성향이 짙은 작가의 사회적 역행으로 비쳐져, 그는 외설적이고 선정적인 작가로 치부되었다. 하지만 클림트는 주위의 숱한 여인들과의 염문을 뿌리면서도 자신의 영감을 표현한 작품에 예술혼을 불태웠다. 그런 그를 현대의 시대는 아르누보 양식의 대표적인 거장으로 평가하고, 오스트리아는 예술혼의 자부심으로 그를 칭송한다.

프랑스 국립과학연구소는 1905년 발표 된 아인슈타인의 '에너지는 질량과 광속 제곱에 비례한다'는 상대성 이론 공식인 '$E=mc^2$' 가설을 100년이 훨씬 넘어서야 슈퍼컴퓨터가 과학적으로 증명했다고 발표했다.

아인슈타인이 '시간과 공간은 절대적이지 않다'는 '상대성 이론'을 주장하기 전까지 과학계는 17세기에 '만유인력'을 밝혀낸 '아이작 뉴턴Isaac Newton'의 이론이 지배하고 있었다.

19세기 말 물리학계의 이단아로 몰린 아인슈타인은 모두가 이유없이 믿던 뉴턴의 말이 틀릴 수도 있을 거라고 생각했다.

기존의 사고와는 다른 각도로 접근한 아인슈타인은 결국 물리학에 큰 변화란 없을 것이라는 고정관념을 깨고 현대 물리학의 새 장을 연 혁신의 과학자가 되었다.

나는 배경도 분야도 다른 이 두 액자의 공통점을 좋아한다. 바로 '사고思考를 쳤다'는 점이다.

두 괴짜 천재 모두 기존의 시대 관성 속에서 상식의 길을 뒤흔들고 시류時流를 치고 나가면서 자신의 창조적 발상을 소중히 일구어냈으며 무엇보다 고정관념에 얽매이지 않고 자신만의 '썩 괜찮은 도전good try'을 한 것이다.

현자賢者들은 말한다. 내가 알고 있는 당연한 것들에 대해 실눈을 뜨고 한 번쯤은 제대로 의심해 보라고.

"Keep on sowing your seed, for you never know which will grow. Perhaps it all will."
"어느 것이 자랄지는 결코 알 수 없으니 계속 씨를 뿌려라. 어쩌면 모두 자랄 수도 있겠지."

-아인슈타인-

명품 에르메스HERMES와 애플의 협업이 너무나 당연시되는 현대는 기존에 존재하는 주위의 것들을 면밀히 관찰, 연결해 새로운 것을 만들어 내는 능력인 외지능extelligence의 시대다.

새것을 개발하기 위해 리더는 영감insight을 얻어야 하고, 영감을 줄 뮤즈muse를 만나야 한다. 그러기 위해선 일단 사고와 고정관념으로 점철된 집착과 사심을 버리고 닫힌 뇌와 마음을 열어야 한다. 일단 열려야 제품, 브랜드, 서비스가 다방면에서 연구되고 개발이 시작된다.

개발開發은 한자 그대로 '열어서 발전시킨다'이다.

일단 열자. 무엇을?

뇌와 가슴을 말이다.

사고思考를 칠 거면 제대로 쳐라

이화여대에서 있을 TED의 한국 라이센스 강연 섭외를 받았다. 스타트업을 경영하면서 TED에서 스티븐 잡스와 빌 게이츠가 연사로 나온 영상을 보고 힘을 냈었는데, 내가 연사로 초대되었다니, 놀랍고 영광스러웠다. 그런 TED에 그때의 감명에 보답하고 싶어 강연 내용에 만반의 준비를 했다.

주어진 키워드는 '혁신'.

기업체나 관공서에서의 강연이 아닌 대학생 타깃인 데다 안철수 연구소장, 발레리나 김주원, 구글러Googler 김태원 등 쟁쟁한 강사진이 포진한 행사라 유익하고 참신한 소재 찾기에 골몰하고 있었다. 오랜 고민 끝에 건설사 대상 강의안인 '스타트업을 활용한 지역 재생 개발사업'으로 결정했다.

강연 당일 이화여대 교육문화관 대형 스크린에는 '사고思考'란 상자를 망치가 내려치는 애니매이션이 반복되었다.

경영 고문을 맡고 있는 중견 건설사의 요청으로 임원 조찬 모임에

'지역 재생 개발사업' 특강을 진행했다. 제목은 '사고를 쳐라'

창업 이래 한 세기 넘게 110년을 필름과 인화지 시장에서 세계 1위를 고수하던 초우량 기업 'Kodak'의 사례다.

1920년 말, 이스트먼 코닥의 창업자 이스트먼은 영화 필름 산업을 창안했고 발명왕 에디슨은 영화 장비를 개발했다. 코닥Kodak은 1980년대 독점에 가까운 시장점유율을 확보한다. 당시의 넘쳐나는 수익 일부를 투자해 지금 우리가 사용하는 디지털카메라의 원천 기술을 세계 최초로 개발해 1,100개가 넘는 디지털 이미지 특허를 가지고 있었다. 하지만 디지털 신기술을 시장에 도입하면 기존의 필름 시장이 위축될 것을 우려해 기술의 상용화를 꺼렸다. 트렌드를 파악하지 못한 이 오판은 손바닥으로 하늘을 가리는 꼴이었다. 전 세계 필름 시장이 사양길에 접어들면서 코닥은 2012년에 파산을 신청, 다음 해인 2013년 필름과 카메라 사업부가 치욕적인 매각 처분을 당한다.

'코닥Kodak스럽다'

2000년대 백색가전을 등한시했던 글로벌 전자제품 생산업체에 붙여졌던 말로, 4차 산업혁명에서 IoTinternet of things, 사물인터넷와 가전제품 연계의 미래를 읽지 못하고 혁신을 게을리해 백색가전 사업부를 축소하거나 없앤 과거 초일류 가전제품 브랜드를 조롱 섞어 표현한 신조어다.

'코닥 빌리지'라 불리던 코닥 본사와 공장, 연구소를 중심으로 삶의 터전을 꾸렸던, 순식간에 일자리를 잃은 코닥 직원들과 그런 가장을 넋을 잃고 망연자실한 눈으로 쳐다보는 가족들이 사는 미국 뉴욕주의 로체스터시가 죽은 유령의 도시로 변한 것은 너무나 당연한 일이었다.

세계적으로 망신살 뻗친 기업 코닥의 본거지였던 코닥 빌리지, 그런 로체스터시가 몇 년 지나지 않아 꿈틀대기 시작했다. 코닥이 전 세계에 불어 닥친 스타트업 물결에 눈을 뜬 코닥 출신 기술자들에게 자사가 보유했던 당대 최고의 막대한 화공, 기계 장비와 설비 인프라를 무상에 가깝게 공급하기로 한다. 망가진 기업의 기존 설비를 고철로라도 팔아 당면한 부채를 갚아야 한다는 채권단의 고정관념에 정면으로 대치하면서, 뇌와 가슴을 연 코닥의 최상부 경영진들의 필사적인 결정이었다.

도시가 조심스레 숨을 쉰다. 한 시대를 풍미하던 코닥의 전문가들과 아낌없이 갖춰진 인프라의 상생은 유령의 도시를 세계적인 스타트업 도시로 부활할 수 있다는 환상을 보게 한다.

코닥은 부활했고 현재 코닥은 탄탄한 재정을 갖춘 글로벌 산업 소재 그룹으로 거듭났다. 지금 코닥 빌리지 로체스터시는 코닥이 남긴 인적, 물적 유산을 바탕으로 '코닥 스타트업 빌리지'로 미국 북동부의 실리콘밸리로 부상하게 되었다.

밀면과 부대찌개

"살아남는 것은 제일 강한 종種도 아니고, 제일 똑똑한 종도 아니다. 살아남는 것은 변화에 가장 잘 대응하는 종이다."

- 찰스 다윈 -

우리 어머니는 두 분 다 고등학교 선생님이셨던 외할아버지와 외할머니와 함께 6·25 동란 때 평양에서 피난 내려와 춘천여고를 다니셨다. 학창 시절의 추억 때문이신지 춘천 막국수를 좋아하시는데 부산으로 이사를 가서는 밀면을 즐겨 드셨다. 여쭤보니 밀면은 어머니가 부산 피난 시절에 드셨던 음식으로, 원래 이북의 개량 식단이라고 하신다.

밀면은 부산에 피난 내려온 이북 실향민들이 고향 음식인 평양냉면이나 함흥냉면을 먹고 싶은 마음에, 잿더미가 된 전쟁의 폐허 속에서 꺼져가는 민족의 영롱함을 본 미국 선교사들이 본국에 한국의 상황을 알려 미군을 통해 받은 구호물자였던 밀가루로 고향 이북의 냉면을 흉내 내서 만든 것이다.

피난민이 밀집된 지역에 미군 트럭에서 쏟아져 나온 밀가루 푸대들을 배급받은, 집체 생활을 하던 피난민들은 한정된 집기와 화로 때문에 단체로 일원화된 음식을 만들어 먹어야 했다. 의견 일치를 본 건, 메밀이 아닌 배급받은 밀가루로 만든 냉면이다. 하지만 평양에서 온 사람들은 평양냉면을 선호했고, 함흥에서 온 사람들은 당연히 함흥냉면을 만들어 먹기를 원했다.

동병상련의 실향민 신세였던 이들은 아이디어를 낸다. 밀가루로 만든 함흥냉면비빔냉면에 평양냉면물냉면의 육수를 부었다.

'밀면'의 탄생이다.

공동체에 대한 배려와 발상 전환이 만들어 낸 발명품이다.

한국전쟁 후 열악한 식량 사정의 한국은 미군 '부대'에서 나온 유통기한이 갓 지난 햄이나 소시지, 치즈 등 버려지기 아까운 음식물을 한국식 전골 찌개로 만들어 먹었는데 이것이 '부대찌개'다. 그래서 전골요리인 부대찌개 맛집이라는 데서 왠지 조합이 안 맞을 것 같은 서양 음식인 '스테이크'나 '철판 소시지'를 같이 파는 것을 어렵지 않게 볼 수 있다. 당시 부대찌개에 들어가 간혹 씹히는 기름기 좔좔 흐르는 햄, 스팸은 부자들만 캔을 통째로 접할 수 있어 부富의 상징이었다. 우리나라에서 연간 4,000억 원어치가 팔리는 스팸은 지금도 그렇지만 미군의 전투식량이었고 미국 대공황 시기 저소득

층 이주민의 단백질 공급원으로 저가의 식료품을 상징한다.

'밀면'과 '부대찌개'의 탄생은 결코 부끄러운 역사가 아니다. 실제적이고, 생존을 위한 도전적인 발상이다. '빈곤'이란 절대 상황의 '도전'을 받은 현명한 우리 민족은 먹을 만한 게 없다고 불평하거나 좌절하고 포기치 않았다. 상황에 연연치 않았고 새로운 음식 문화를 창조했으며 현실을 과감히 타파하고 변화시켰다. 모두가 사고思考를 제대로 쳐 기존의 관습과 관념, 관성을 쳐서 깨부순 결과물이다.

나는 초등학교 때 프리즘prism을 좋아했다. 프리즘을 눈에 붙여 대고는 골목길을 걸어 다니는 게 그렇게 재미있을 수 없었다. 쪼끄만 프리즘 작대기를 눈앞에 가져다 대면 지금까지 보던 세상과 전혀 다른 세상이 눈앞에 펼쳐졌기 때문이다.

시각을 조금만 달리하면 세상의 수많은 새로운 생각과 아이디어를 만날 수 있다. 개인이나 조직이나 모든 가능성과 개연성을 열어두면, 사고가 열리고 프리즘 너머의 새로운 색을 입은 세상을 만날 수 있는 것이다.

"변화는 언제나 더 나은 것을 위한 선택이다."

-제임스 톰슨-

싸이월드가 치고 나갔더라면
5년 뒤에 나온 페이스북은 지금 존재도 없다

세계적인 스타트업 펀드 그룹을 이끄는 77세 회장이 1999년 창업한 싸이월드가 펼쳤던 서비스를 들으며 한참 동안 말을 잇지 못하다가 한마디 한다.

"싸이월드가 처음부터 글로벌로 나갔다면 페이스북은 지금 존재조차도 못 했을 겁니다."

페이스북은 싸이월드가 생긴 지 5년 후 세상에 나왔다.

"중동의 실리콘밸리라 불리는 이스라엘이 스타트업에 자금을 공급하기 위해 1993년 이스라엘 정부 주도로 민간과 합작해 만든, '혁신'이란 뜻의 히브리어 'YOZMA'를 사명社名으로 내세운 요즈마 펀드Yozma Fund 창업자 이갈 에를리히 회장 뇌리에는 '싸이월드 같은 한국의 스타트업들이 애초에 글로벌로 진출했으면 어땠을까'라는 아쉬움이 깊게 자리하고 있습니다. 그는 미국 스카이프보다 훨씬 이전에 나왔던 서비스인 한국의 새롬기술이 인터넷으로 무료 국제전화를 선보였던 사실에 놀라워했습니다. 그뿐만 아니라, 한국의 네이버는 구글보다 1년 먼저 창업했고, 심지어 애플이 아이팟으로 전 세계 MP3 시장을 장악하기 전에 한국의 아이리버가 세계 시장을 주도했으며, 미국 유튜브보다 한국 판도라 TV가 먼저 나왔다는 사실에 의아해했습니다. 스카이프가 아닌 새롬 기술의 다이얼패드가, 유튜브가 아닌 판도라 TV가, 페이스북이 아닌 싸이월드가 전 세계 IT 콘텐츠 세상을 이끌었을지 모르는 일입니다."

요즈마 그룹 이원재 아시아 총괄대표의 언론 인터뷰 내용이다.

100년 전 산업혁명 당시 프랑스에 자동차가 달릴 때, 같은 시기 조선 말기 대다수 백성은 여분의 짚신을 봇짐에 달아 산과 강을 건넜고, 영국에서 방적기로 200분의 1의 노동력으로 실을 만들어 낼 때, 조선의 아낙네들은 베틀에 손을 무수히 베어가며 씨줄과 날줄로 삼베를 직접 엮었다. 유럽에서의 오락 도구는 영화와 라디오였지만, 갑신정변을 겪은 가난한 조선 서민의 엔터테인먼트 활동은 마당놀이였다.

1950년 6.25 전쟁 당시 인천상륙작전을 성공적으로 이끈 맥아더 장군은 에티오피아와 필리핀에서 원조를 받는 한국을 떠나면서 "앞으로 100년 후에는 한국이 국가로서 제대로 역할을 할 수 있을까?"라는 우려를 표했고, 그로부터 20년 가깝게 파키스탄과 필리핀으로 선진 행정 시스템을 배우러 우리나라 엘리트 공무원들이 파견되었다.

그런 한국의 지금은 어떠한가?

인터넷 기반의 3차 산업혁명을 거치면서 초고속 인터넷, 모바일 인터넷 세계 1위 국가의 쇼타임showtime이 이미 시작되었다.

AI는 모든 학문과 산업, 사회를 관통하는 소통 수단이자, 데이터의 부가가치로 먹고 사는 4차 산업과 광활한 5차 산업혁명을 초연결하는 필연적인 통로다. park, 2019

"AI is eating the world!" AI가 세상을 모조리 먹어 치우고 있다.

삼성, LG, SK, 한화의 제조라인에서 발생하는 불량품 감지기술을 상용화한 한국의 AI 딥러닝 스타트업 기업이 글로벌 컴퍼니에 수천억 원에 매각된다. 운전자 주행 성향에 맞는 머신러닝AI 데이터 학습 기반 스마트 크루즈 컨트롤 기능의 자율주행 구현 기술을 세계 최초로 개발한 현대차그룹 정의선 수석부회장은 2023년까지 미래 모빌리티 기술과 R&D에 45조 3,000억 원 전략 투자 계획을 밝히고 조직개편을 단행했다. 2017년부터 세계적인 AI 석학들을 초청해 최신 연구 동향을 공유하는 '삼성 AI 포럼'을 개최하는 삼성전자는 미국, 영국, 캐나다, 러시아를 비롯한 5개국에 AI 연구센터를 설립했고, LG전자는 오픈 이노베이션open innovation, P. 148 전략의 일환으로 독자獨自의 AI 서비스 '싱큐ThinQ 플랫폼'을 내놓았다. KAIST 본원에 인공지능전문 인력양성을 위한 'AI대학원'이 들어서고, 외교부 산하 KOICA한국국제협력단가 면접에 AI를 도입, 한국인공지능법학회가 주최한 '알파로Alpha Law 대회'에서 AI와 변호사가 협업하는 '혼합팀'이 변호사만으로 구성된 '인간팀'에 출사표를 던졌다.

대한민국은 그 어느 국가보다 IT 비즈니스 시대를 지나 DTData Technology와 AI를 접목시키면서, 4차 산업혁명 최선두에서 인류역사상 최대 수준의 혁명을 불러올 핵심기술 AI를 통한 약진을 거듭해 나아가고 있다.

이스라엘의 '뻔뻔함'이란 뜻을 가진 '후츠파' 정신처럼 우리 한국도 이제 좀 뻔뻔해져도 되지 않을까?

우리는 이미 3차 산업혁명 이후의 중견 선수로 '신인 선수는 꼭 실수를 하게 되어 있다'는 루키rookie 징크스도 없다.

뉴욕 증권사 수석 애널리스트로 일하는, 연구원 시절 내 옆방 동기 M은 1년에 두 번 글로벌 스타트업 보고서에 미국, 중국, 일본, 이스라엘, 인도와 어깨를 나란히 하고 있는 'startup KOREA' 섹션을 채우기 위해 서울에 들어온다. 미국 실리콘밸리에서 한국으로 날아온 CTO최고기술경영자들이 판교와 지방의 스타트업 캠퍼스를 기웃거리고 있고, 아시아 전역과 유럽, 미국 아티스트들이 어렵사리 알아낸 이메일로 한국의 작곡가와 프로듀서, 공연기획자들에게 바쁠 텐데 만나 줄 수 있겠냐는 조심스러운 노크를 하고 있다.

한국형 스타트업다우려면 좀 뻔뻔스럽게 당당해져도 된다. 문화제국주의론cultural imperialism을 굳이 안 빌리더라도, 어느 민족이나 문명도 군사력과 경제력뿐 아닌 지식과 기술, 문화로 트렌드를 부드럽게 선도할 때 인류 역사 속에서 확고한 입지를 가지며 리드해 갈 수 있다.

지금 우리에게 그런 힘이 있다. 글로벌 시장 접점기회을 냉철히 분석해 차별적 우위에 둔 전략을 가지고 리드해 가야 한다.

그 주인공은 지금 이 책을 읽고 있는 바로 당신이다.

PART 4

産, 낳을 산
(생산/물류, Branding)

QR코드를 찍으면 저자
강의 동영상을 볼 수 있습니다

어린이에게 꿈과 희망을 주겠다는 디즈니랜드의 독소 조항?

바다로 둘러싸인 수려한 관광 도시에서 특강 초청이 왔다. 시장님께서 TV 다큐멘터리에 나온 디즈니랜드를 보시고 벤치마킹하고 싶다며 전문가를 찾는다고 했다. 내가 디즈니국제대학의 디즈니랜드 기업 연구 강의를 하던 터라 연락이 온 거였다.

미국 플로리다주 올란도에 위치한 디즈니대학Disney University에서는 디즈니의 역사와 경영 철학, 제품 생산과 브랜드 구축 및 서비스 교육을 신입 직원이나 신규 임원에게 동일하게 적용하는 프로그램을 운영한다. 성공한 아시아의 디즈니랜드로, 청출어람이라 불리는 일본의 디즈니국제대학에서 이 커리큘럼을 구현하고 있다.

연구소의 전략컨설턴트로 있을 때 도쿄 디즈니랜드에 진출하려는 한국 제조업체의 의뢰를 받았다. 휘어지는 초박막 청동판에 어떠한 이미지라도 입체적으로 부식시키는 특허를 가진 벤처인증 기업으로, 디즈니랜드에 밀레미엄 파크를 만들어 방문객들에게 영원한 추억을 선사하겠다는 사업 제안이었다. 일본의 디즈니랜드를 운영하는 오리엔탈랜드 그룹 신규 사업 팀장에게 컨택포인트를 닿아 미팅에 들어갔다. 디즈니랜드 협력 업체 등록은 외국계 기업에도 열려 있었다. 3개월간 5차에 걸친 회의는 순조로웠고, 디즈니랜드 측은 우리가 보유한 특허 확인을 마치고 기업 검증 절차도 통과되었다고 알려왔다.

드디어 사업의 최종 의사결정권자인 신규 사업 본부장과의 미팅 날이다.

오리엔탈랜드 그룹 본사 회의실, 실무진과의 협의가 일사천리로 진행되었다. 다음 미팅의 사이닝signing 스케줄만 확인하고 일어나면 되려나 싶었는데, 오리엔탈랜드 직원들이 슬라이드 영상을 준비하고 두꺼운 유인물을 나눠준다. 본부장이 회의장 중앙으로 나간다. 슬라이드 첫 장에 테마가 적혀 있다.

「ディズニーランドにおける生産運営管理」
〈디즈니랜드의 생산운영관리〉

본부장이 디즈니랜드 제품과 서비스의 생산과 운영, 브랜드 관리에 관한 디즈니랜드 본사 기준과 방침을 설명하기 시작한다. 원부자재의 공급 단계를 최적화해 고객이 원하는 제품을 원하는 시간과 장소에 제공하는 것을 지상목표supreme goal로 하는 디즈니의 가치사슬value chain에서 ERP전사적 자원관리, Enterprise Resource Planning와 SCMSupply

Chain Management, 공급사슬관리을 마이클포터 교수의 5-forces 모델을 빌어 공급자 교섭력Bargaining power of suppliers과 R&R역할과 책임, Role and Responsibilities로 푼 브리핑이었다. 디즈니랜드는 독자적으로 개발한 네트워크 시스템으로 공급과 생산업체, 고객을 실시간으로 연결해 시장 요구에 기민하게 대응하고 있다는 것이 요지였다. 예시로 든 것은 매장에서 구매한 미키마우스 인형의 팔이 빠져 찾아온 아이와 부모에게 놀이기구 무료 쿠폰을 제공하고 30분 안에 수리한 미키마우스를 건넬 수 있을 생산관리력과 브랜드 신뢰를 유지하는 노력이었다. 브리핑이 시작된 지 2시간, 본부장의 설명은 디즈니랜드의 제품과 서비스의 생산운영과 브랜드 관리에 있어 한 치의 양보 없는 확고부동한 태도로 일관되었다.

본부장이 회의가 끝날 무렵 당연하단 듯이 한마디 덧붙인다.

"저희와 거래를 트시려면 물리적으로 30분 이내에 저희 고객의 요청에 대응할 수 있는 태세를 갖추어 주셨으면 합니다."

"…?"

본부장 말은 디즈니랜드에 납품을 하려면 본사 요구에 대응할 행정 인력과 고객센터가 갖춰진 사무실, 그리고 혹시 있을지 모를 제품 컴플레인에 대처하기 위한 AS센터가 디즈니랜드에서 30분 이내에 처리 가능한 입지에 있어야 한다는 것이다.

사무실은 그렇다 치자. 말이 AS센터지, 공정이 온전히 한 사이클 돌 수 있는 콤팩트형 공장을 말하는 거다.

‘제품을 납품하겠다는데 회사를 옮기라는 건가?’

선택 사항이긴 했지만 생각지도 못한 에너지가 든다고 판단한 한국 업체는 디즈니랜드와의 계약을 고사한다.

아무리 최고의 경험만을 제공하려는 고객 중심주의 디즈니 그룹의 정서를 감안하더라도 조금 무리지 않을까라는 생각이 들기도 했지만, 디즈니랜드의 요구는 일견 우리에게 많은 것을 시사한다.

제품 컴플레인 발생 시 원칙 3가지 ‘시간을 끌고 장소와 담당자를 바꾸라’는 ‘진상 처리’ 규정과 별반 차이가 없는, 사후 처리 차원의 원시적인 CS Customer Satisfaction, 고객 만족 대응만으로 고객의 질타를 피하려는 시소게임의 시대는 지났다. 고객 중심의 서비스 개발 마인드로 진화한 CS Customer Surprise, 고객 감동를 구사하지 않고는 무한경쟁 시대에 살아남기란 녹록지 않다.

디즈니랜드 본부장이 제시한 생소할 수 있고 엄격한 사업 진행을 위한 조건이, 제품과 브랜드의 생산과 운영관리로 테마파크 업계 레전드인 지금의 디즈니랜드가 된 이유다.

‘생산生産’, 낳아서 기름.

기업은 ‘제품’이라는 아들과 ‘브랜드’란 딸을 낳아生, 생산 기르는產, 운영관리 부모인 것이다.

알래스카에서 냉장고 팔기

기업에게 '생산'이란 경영의 기본 중의 기본이다. 유무형의 생산 활동이 있기에 기업의 실질 가치가 존재한다. 소프트웨어나 하드웨어를 개발하더라도 현실적으로 베타버전Beta Version, 출시 전 무료로 배포해 오류 수정에 반영할 테스트 제품을 만들고 소개 전단지라도 찍어서 나눠주려면 생산 공정의 기초 개념 정도는 알고 있어야 한다.

'제품'이라는 아들을 낳아 길러 보자.

전자제품 제조사 영업의 최전선은 제3세계에 냉장고, 세탁기, 에어컨 같은 생활가전을 파는 현지 지사다.

F사는 D부장에게 명예퇴직을 종용하지만 끝까지 자진 사퇴를 안 하자 좌천식으로 만년 부장의 무덤이라고 불리는 알래스카 지사의 가전판매 영업부로 파견한다. 떠안긴 제품은 냉장고. 기존의 수많은 데이터가 알려주듯 추운 기후의 알래스카에서 어차피 팔리지도 않던 터라 본사 인사팀은 D부장이 알래스카에서 시간 좀 때우다 그만둘 것으로 생각했다. 그런데 웬걸, 지사장으로 파견된 D부장은

차장일 때 회사에서 보내줬던 MBA 프로그램에서 배운 대로 FGI표적 집단 면접법를 통한 질적 방법론적 접근으로 현장의 소리를 하나하나 주워 담더니, 파견 2개월 만에 처음으로 본사에 냉장고 발주를 넣은 이후, 서너 차례 구렁이 담 넘듯 주문이 들어가기 시작해 어느새 지역화localization와 고객화customerize를 위한 R&D를 제안하며 새로운 기능을 장착한 냉장고 제조 라인을 깔아달라고 요구했다.

"알래스카에서도 냉장고가 팔릴까?"

고려할 것은 먼저 냉장고의 기능과 역할이었다.

'냉장고' 하면 먼저 떠오르는 것이 음식을 상하지 않고 시원하게 하는 기능이다. 하지만 실제로는 일정한 신선 온도를 유지해 보관을 용이하게 하는 냉장 창고의 역할을 한다. 너무 얼리기만 해도 냉장고에게 바라는 바가 아니라는 거다. 게다가 추운 날씨와 상관없이 알래스카인은 자신들이 즐겨보는 TV에 나오는 도심의 가전 문화생활에 동화되고 싶은 욕구가 있다는 결과가 FGI의 결과물로 도출되어 있었다. 이에 착안한 D부장은 알래스카 전용 냉장고 개발에 박차를 가하였고, 냉장고를 야외에 두어야 하는 알래스카의 특성을 감안해 보안용 자물쇠가 달리고, 전기 배선 장치를 제거한 냉장고를 개발해 생산하기에 이르렀다. MBA에서 배운 경험곡선을 고려해 원가 계산식에 대입해 보니 콘센트가 없는 알래스카 냉장고가 일반 냉장고보다 제조 원가가 더 저렴했다. 일반 가격으로 설정된 냉장고는 출시되자마자 공전의 히트를 친다. 본사는 발주 물량도 대량이었지만 지속가능한 블루오션의 등장에 안전공급망과 안전재고 확보를 위해 콜롬비아 생산 공장과 멕시코 물류센터와 계약을 맺고 본격적인 국제하청 생산관리 아웃소싱outsourcing 체재에 들어갔다. SCMsupply chain management, 공급망관리을 위해 D부장은 본사로 불려들어갔고, 당당히 그룹 부사장급인 생산운영관리를 전담하는 공장장으로 승진한다.

버클리대 헨리 체스브로 교수의 이론 '오픈 이노베이션open innovation, 개방형 혁신'은 기업이 기술 독점을 넘어 채택과 활용에 있어 기업 안과 밖의 경계를 허무는 것이다. 쉽게 얘기하면, '느슨한 제휴strategic alliance, 법적 권리와 의무에 여유를 둠' 전략 등을 통한 이해관계자들과의 파트너십 기반의 혁신이다. 대표적인 예로 현대자동차는 자율주행과 전기차, 차량 공유 신사업 분야에서 국내외를 막론한 합종연횡合從連衡 전략을 펴고 있으며, LG전자는 캐나다의 '토론토 인공지능연구소Toronto AI Lab' 등 세계 5개국에 설립한 인공지능 R&D 거점에서 확보한 AI 오픈 소스open source를 외부에 공개한다. 나이키는 헤드쿼터에 전통 제조업 베이스의 인력보다 디자인과 마케팅 전문가 그룹을 중핵에 배치해 인간정보과학 연구소와 협업으로 신체 메커니즘을 제품 개발에 연계해, 여기서 나오는 아웃풋output을 OEM주문자 상표 부착생산 계약을 맺은 전 세계 생산 공장과 공유한다.

오픈 이노베이션과 연동한 전통적인 글로벌 아웃소싱의 장벽 파괴는, 과거 12인치 흑백 TV 제조에서부터 지금의 4차 산업 기술이 접목되고 있는 모바일 산업에까지 여지없이 끼어들었다.

외국인들이 한국에 방문해 식당에서 옆 테이블 꼬마를 보고 입을 못 다문다. 초등학생도 안 된 아이가 간장에 조린 미끈거리는 메추리알을 무거운 쇠젓가락으로 아무렇지도 않게 자연스럽게 집어 입에 가져다 댄다. 나무로 만든 젓가락을 쓰는 일본인들도 한국인의 손재주에 놀라기는 마찬가지다.

1960년대 전쟁의 잔흔이 남겨진, 기상천외한 손재주를 가진 저렴한 노동력의 한국은 글로벌 아웃소싱 최적지였다. 이 기회를 민족중흥의 기술적 발판으로 포착한 호암 이병철 사장은 여기저기서 돈을 끌어모은다. 우여곡절 끝에 합작으로 회사를 세우고, 일본 메이커 산요SANYO 로고를 붙여 흑백 TV를 만들기 시작한다. 한국에 기술이전을 깔끔하게 마친 SANYO는 2009년 부도를 맞고 다른 회사에 넘어간다. 당시 흑백 TV를 만들던 한국 기업은 2013년 등록문화제 제 563호로 지정된 국내 최초의 '64K D램'을 1983년에 개발했고, 현재 연간 240조 원 매출의 삼성전자가 되었다.

스마트폰 시장을 제패한 삼성은 중국 하청업체에 상품 개발, 설계, 디자인, 부품의 조달과 조립 등 생산 전 과정을 맡기는 ODM Original Development Manufacturing, 제조자 개발 생산 방식을 채용한다. ODM은 발주사의 설계대로 하청업체가 생산만 하는 OEM Original Equipment Manufacturing, 주문자 상표부착 생산보다 생산보다 원청元請 업체의 관여도가 미비한 생산 방식이다.

4차 산업의 최신 기술이 고스란히 담긴 최첨단 중국산 스마트폰이 'SAMSUNG' 브랜드를 달고, 삼성의 개별 부서가 나이키처럼 외부 협업과 디자인, 마케팅을 전담하는 시대가 도래한 것이다.

아웃소싱과 SCM을 포함하는 제조업의 생산관리生産管理, production management와 서비스업의 운영관리運營管理, operations management를 합쳐 '생산운영관리'라고 한다. 제품과 서비스의 생산과 개발에 필요한 공정을 계획하고, 조직과 설비를 운용, 생산에서 운송, 납기 전반을 통제, 관리하는 것이다. 생산 기획Planning → 원자재 공급Logistics, Sourcing → 생산Making → 물류/운송Distribution, Delivery → 운송된 상품의 반송 및 환불Return 경로를 거친다.

생산운영관리는 원가cost, 품질quality, 납품delivery, 유연성flexibility 효율을 목표로, 설비를 최대한 오래 사용하고 유지비용을 줄이면서 완성품과 자재는 최소량으로 맞춘다. 투입물input을 산출물output로 변환시키는 생산 시스템의 연장선상으로, 은행을 예로 들면 직원, 금융 알고리즘, 설비 등을 투입해 예금, 대출 등의 금융 서비스를 제공하는 것이다.

생산성 =산출물output **/ 투입물**input

[표 4-1]

[표 4-1]의 공식에서 보는 바와 같이, 생산성이 좋다는 것은 동일한 투입으로 산출물의 양이 늘거나 품질이 높고, 투입물을 줄여도 산출물의 양이나 질이 동일하게 유지되는 것을 말한다.

생산운영관리에서 리더는 생산 공정, 생산 능력, 재고, 노동 인력, 품질에 관해 설계와 운영에서 '기각'과 '채택', 잘못된 데이터를 정리하는 데이터클리닝data cleaning을 반복하며 의사결정을 하게 된다. 데이터 기반의 의사결정은 여러 제약 조건하에서 생산 시스템의 성과를 최대화하거나 만족스럽게 하는 결정 변수의 값을 구하는 것이 목적이다. 이는 생산관리의 중요한 영역으로 생산 시스템을 수학적 형태로 나타내는 데 사용된다. 대표적인 의사결정 모형으로 효율적인 재고 관리를 위해 구매와 운송에 드는 비용을 최소화하는 1회 주문량을 계측해 낸 '경제적 주문량 공식EOQ, economic order quantity formula, F. W. Harris'이 있다.

$$1\text{회 주문량} = \sqrt{\frac{2 \times \text{연간사용량} \times \text{주문당고정비}}{\text{단위당 연간 유지비용}}}$$

F	1회 주문에 소요되는 고정비용
S	연간 매출액, 또는 사용량
C	관리비용(보험, 이자, 보관)
P	단위당 구매 원가

[표 4-2]

특히 제조업에서는 이러한 재고 관리와 함께 QCquality control, 품질 관리를 강화하고, 생산된 100만 개의 제품 중에서 3, 4건의 불량품만을 허용하는 '6시그마' 품질경영 기법으로 지속적으로 불량률을 관리한다.

생산운영 영역에서 6시그마 외에도 ARIMA를 이용한 시계열Stationary Series 분석, 현장주의에 기초한 'KAIZEN', 맥킨지McKinsey &Company 컨설팅 단계 초반에 적용하는 'MECE [미씨]' 기법이 사용된다.

판매량과 연동한 생산관리 프로세스 최적화에는 '자기회귀 누적 이동 평균모형'인 ARIMAautoregressive integrated moving average mode를 이용해 시계열 데이터를 분석한다.

현장에서는 지속적으로 '카이젠KAIZEN'의 향상을 꾀한다. 카이젠은 일본 자동차 메이커 TOYOTA의 생산 시스템 'Toyota Way토요타 방식'에서 유래해 독일 공장의 생산라인에서 사용되다가 만국 고유명사가 된 '개선改善'이란 뜻의 일본말이다. '스스로 나를 돌아본다'는 의미로, 현장의 자발형 비평의식으로 무장해 생산관리의 개선을 이끌어내는 것을 목표로 한다. 이는 'モノづくり모노즈쿠리'라는 일본식의 장인정신이 깃든 '만듦'에 대한 자세로, 예를 들어 작업 실무자의 아이디어로 불필요한 운반 동선을 조정함으로써 부품 창고를 없애고 꼭 필요한 부품만을 적시에 제공받아 생산라인에 직접 투입하는 JITJust-in time제 도입이 물류비용과 재고 부담을 절감시키는 등

이다. KAIZEN은 조직적인 '현장자율 경영팀Autonomous Work Group'으로 진화한다.

MECE는 'Mutually Exclusive and Collectively Exhaustive상호배제 및 전체포괄'의 약자로 어떤 사항의 전체 집합을 중복되지 않으면서도 누락되지 않게 부분 집합으로 나누어 접근해 전체를 일목요연하게 파악하는 분석 기법이다. 항목들이 상호 배타적이면서 모였을 때는 완전한 전체를 이룬다. 쉽게 말해 '겹치지 않으면서 빠짐없이 분류하는 것'으로 문제의 위치 파악과 이슈를 구체화해 준다.

"미씨MECE 하게 수집하자"라고 하면 치명 인자Vital Few를 유출해 오류인자와의 연관성을 분석하자는 뜻으로, 예를 들어 '원자재→제조→가공→수송→판매→사용→폐기'로 나열했을 때, '시간'을 기준으로 MECE 하게 공정을 빠짐없이 체크한 것이다. 이 MECE의 개념은 생산뿐 아니라, 분석, 전략, 마케팅, 6시그마, 인사조직의 경영 전반에 널리 사용된다.

캐딜락의 경쟁자는 다이아몬드

미국 영토 위를 날고 있는 영국 비행기 안에서 러시아인이 실수로 같은 나라 사람을 밀어서 다쳤다면 어느 나라 법의 적용을 받을까? 미국 땅 위의 상공에서 일어났으니 미국법? 영국 비행기 안이니 영국법? 당사자들이 러시아 사람이니 러시아법?

영토를 기준으로 법을 적용하는 것을 속지屬地주의라 하고, 사람을 기준으로 적용하는 것을 속인주의국적주의라고 한다. 비행기 안에서 일어난 일의 실제 답은 로마에 가면 로마의 법을 따르라고 하듯, 국가가 영역 주권을 가진다는 속지주의의 특례인, 선박이나 비행기가 채택한 국기國旗, 국가의 깃발의 국적에 관할권을 결정하는 '기국주의旗國主義'에 의거한다. 속지주의의 대표적인 예로 '출생 시민권birthright citizenship'이라고 있는데, 부모 국적과 상관없이 신생아가 태어난 나라의 국적을 인정해 주는 제도다.

속지주의는 브랜드 구축에 있어서도 그대로 적용된다. 북유럽 하면 가구, 스위스 하면 시계가 떠오르는 것을 원산지 효과COO, country of origin라고 한다. 영토나 지역을 기준으로 제품군이나 브랜드가 연상되는 것으로, 원산지의 국가 매력도와 경쟁력이 후광효과를 내는 것이다. 국내를 예로 들면 부산은 오뎅, 신당동이면 떡볶이 하는 식이다.

대배우 마릴린 먼로는 "발가벗은 알몸에 입는 유일한 잠옷은 샤넬의 향수 NO.5"라고 말했다. 이후 샤넬은 전 세계 여성들의 고급스러움과 미의 상징이자 로망이 되었고, 고가의 샤넬 가방과 옷을 구매하지는 않아도 샤넬 로고가 제대로 박혀, 하루에 몇 번이고 꺼내 쓰는 샤넬 파운데이션과 루즈는 당대 여인들이 소소한 사치를 부리는 아이템으로 자리 잡았다. 그때의 브랜드 연상brand association의 파급은 아직까지도 샤넬하면 고급스러움과 아름다움의 대명사로 인식되고 있다.

1930년 미국의 대공황 시절 캐딜락은 역발상으로 과감한 변신을 꾀한다. 미국 사회에서 인정받는 백인 남성들이 타는, 트렁크가 큰 아빠 차라는 브랜드 이미지에서 고급차, 지위가 높은 사람을 의전하는 차로 리포지셔닝re-positioning해 BIbrand identity를 바꾸려 했다. 포지션을 럭셔리카로 설정하면서 자신들의 경쟁자는 다이아몬드라는 캐치프레이즈를 세상에 내놓으며 '고급 차 = 캐딜락'이란 등식을 시장에 뿌리내리려는 광고 전술을 구사한다. 노력의 결과, 현재 미국 백악관의 대통령 지정 의전경호 차량은 캐딜락이다.

샤넬과 캐딜락 이후 많은 브랜드들이 브랜드 연상 효과를 노렸는데, 인텔intel은 자신들을 연구와 개발, 제조업체라는 이미지 대신, '속도'를 파는 회사로 포지셔닝 했다.

브랜드 전략의 세계 최고 권위자 데이비드 아커David A.Aaker 교수는 말한다.

"BIbrand identity는 전문가들이 브랜드를 창조하고 유지하기 위해 개발하는 독특한 일련의 브랜드 연상brand association이다. 이런 연상은 브랜드가 상징하는 것을 나타내고 그것을 만든 기업이 제공하는 고객에 대한 약속을 포함한다."

연상은 고객 스스로 원츠를 찾아내게 한다.
떠오르는 이미지, '왠지 ○ ○ ○'을 만들어라!

실례를 다음 챕터에서 다뤄 보자.

‘그런갑다’를 유발하라! 대명사代名詞 구축 전략

머리카락을 짧게 자를 때 쓰는 ‘바리깡’이라 불리는 도구의 이름은 프랑스 이발 용품 제조사 ‘바리캉 에 마르Barriquand et Marre’에서 시작되었다.

‘브랜드’란 어여쁜 딸을 낳아 키워보자.

우리가 문구점에서 “떼었다 붙였다 할 수 있는 접착제가 붙은 메모지 어디 있나요?”라고 하는 사람을 본 적이 있는가? 백화점에 가서 “깃이 있고 단추가 2개에서 3개 잘린 반소매 셔츠 주세요!”라는 사람도 본 적 없다.

“포스트잇 어딨죠?”, “폴로셔츠 주세요!” 하면 된다.

대일밴드, 크리넥스, 퐁퐁, 미원이 그렇다.

특정 브랜드가 제품군을 대표하는 명칭이 된 거다.

브랜드를 낳아 기르는 일인 브랜딩branding은 경쟁력 있는 차별화로 수용자 뇌리 속에 자리를 잡는 것이고, BIbrand identity, 브랜드 정체성로써 소비자에게 안정과 안심을 선사한다.

브랜드는 디자인, 네이밍, 공간의 조합을 넘어 제품과 서비스의 식별Identification, 차별화Differentiation, 고객이 신뢰Endorsement와 가치를 인식하고 느끼게 하는 본원적 기능을 가진 경험적 상징체계로, 광고Advertisement, 자산Equity, 보호Protection, 확장Extension, 상징Symbolism의 부가기능이 있다.

중국 한나라 말기, 지방에서 이름을 날리던 한 의사가 당대 최고의 명의로 소문난 화타에게 의술을 배우러 제자로 들어간다. 10년이 지나도록 화타를 옆에서 보필하던 제자가 떠나면서 화타에게 마지막으로 묻는다.

"스승님, 제가 스승님을 10년 넘도록 옆에서 지켜보았지만 제가 배웠던 의술과 스승님의 의술의 기본이 같은데 어찌하여 환자들은 스승님에게만 찾아오면 완쾌되는지 그 비결을 알려 주실 수 있는지요?"

화타가 하얗고 긴 수염을 쓰다듬어 잠시 생각하더니 한마디를 던진다.

"환자가 나를 만나면 병이 나으리라는 기대를 갖게 하고 안심하게 만드는 것이라네."

피로에 지친 환자가 좋은 영양제가 가득 든 수액을 맞으면 금방 나아질 거라는 의사의 말을 믿고 아무런 영양제가 들어 있지 않은 식염수 수액을 맞고서도 기운을 차려 벌떡 일어난다는 것이 의학용어 플라시보Placebo, '기쁨을 주다'란 뜻의 라틴어 효과다. 보증된 믿음과 긍정적인 기대는 어떤 행위를 하면 꼭 그렇게 될 거라는 안전한 약속으로 브랜드 구축에 있어서도 그대로 적용된다.

브랜드는 가이드guide, 안전장치safety, 브랜드 약속brand promise을 포함한다. 소비자의 제품 정보가 부족할 때 제품 특유의 속성을 암시하며 해당 브랜드로 안내하고, 잘못 선택할지 모른다는 불안한 마음을 안심시켜 준다. 아울러 브랜드 약속은 소비자가 제품 기능과 가능성을 예측하게 한다.

'그런갑다'란 브랜드 연상. '왠지 ○○○', 'TOM'을 만들어야 한다.

가장 이상적인 브랜딩은 브랜드가 카테고리화categorize, 바로 그 자체로 하나의 장르가 되는 것이다. 미국에서 택배를 보낼 때 '페덱싱Fedexing 한다'라고 하는 용어가 생활에 굳어져서 인터넷 사전에 등재되자 페덱스의 주가는 천정부지로 치솟았다. 2014년, 오랜만에 만난 친구끼리 헤어지면서 "문자하자!"에서 "카톡하자!"로 바뀐 순간, 카카오톡은 대한민국을 넘어 전 세계 인수 합병M&A 시장에서 가장 힙hip한 매물이 되었다.

여러 경쟁 브랜드 중 소비자가 맨 처음 떠올리는 브랜드로 'TOMtop of mind'이 실현되면 브랜드 충성도와 함께 브랜드 자산brand equity에 직결되는 결과를 가져온다.

매년 전 세계 브랜드에 랭킹을 매기는 세계에서 가장 저명한 컨설팅업체 '인터브랜드www.interbrand.com'가 발표한 '2019 베스트 글로벌 브랜드' 보고서에서 코카콜라 브랜드의 가치는 '삼성'보다 많은 633억 달러약 75조 원로 1위 애플, 2위 구글, 3위 아마존, 4위 마이크로소프트의 뒤를 이었다. *참고로 페이스북은 14위다.

술이나 음료, 화장품 같은 산업군에서의 브랜드 만들기는 기본적인 효능, 효과와 더불어 제품을 소비하면서 연상되는 이미지의 탄생과 구축, 행위의 신비 같은 스토리텔링, 혹은 스타 마케팅이 주효한 소구 포인트다. 대표적인 예가 눈 내리는 날에 산타클로스와 코카콜라, 지팡이 든 인상 좋은 흰 수염 할아버지와 KFC처럼 결부되는 이미지다.

오리지널 약품의 특허가 만료되거나 특허 만료 전이라도 물질특허를 개량하고 제형劑形을 바꿔 만든 의약품이 제네릭 의약품복제약, generic medicine이다. 제네릭 시장에서 보톡스나 필러는 약효가 대동소이大同小異하지만 심리적으로 보수 성향의 소비층은 조금 비싸더라도 오리지널 브랜드만을 찾고, 이런 충성고객으로 형성된 보수적인 시장은 오리진origin, 근원 기업의 매출을 견고하게 떠받쳐 준다. 이런 연유로 바이오 관련 스타트업의 특허 취득은 기술적 검토와 중장기 재무적 판단과 연동한다.

세기의 발명품 코카콜라는 자사의 레시피를 지키기 위해 콜라 배합의 제조법을 특허 등록해 두었을까?

결론은 'No!'다.

특허 절차를 밟게 되면 자신들의 콜라 제조 레시피를 특허청에 등록해야 한다. 그러다가 특허 만료 시점에 다른 기업들이 비슷하게라도 만들어 그럴싸하고 더 멋진 스토리텔링과 마케팅을 덧씌워 코카콜라의 장기 집권을 무력화시키기라도 한다면, 그동안 쌓아 둔 브랜드 자산2019년 현재 약 75조 원을 갉아먹게 되어 버린다.

이와 비슷한 예로 코카콜라가 독점 납품되고 있는 맥도널드와 함께 현 시대 전 세계 패스트푸드 시장을 지배하고 있는 KFC도 특허 출원을 하고 있지 않다.

브랜드 공룡들이 특허보다는 'TOM top of mind'에 더한 가치를 두고 있는 것이다.

누적 생산량 대비 단위 원가의 경험곡선 효과와 마찬가지로 브랜드도 경험곡선 효과를 나타낸다. X축을 브랜드 인지도, Y축을 투입 에너지로 [그림 4-1]과 같이 표현된다.

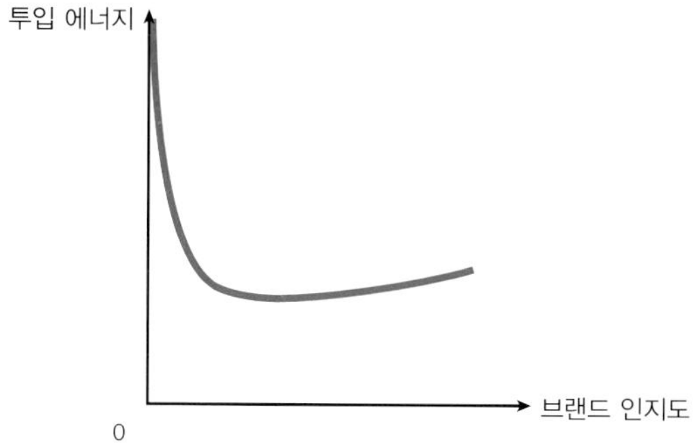

[그림 4-1] 브랜드 경험곡선

[그림 4-1]에서 보듯 브랜드가 학습, 경험되어 유지되는 시점부터 브랜드에 대한 일정의 신뢰와 애착, 브랜드 충성도가 발생한다.

브랜드 충성도는 사용 경험 없이도 생성되는 인지도, 친숙함과 달리 지속적인 제품의 사용 경험과 밀접한 관련을 갖는다. 추운 겨울 아이폰 신제품을 며칠 밤을 세워가며 매장 앞에서 기다리다 구매하듯, 구입 빈도가 낮고 브랜드 접촉관계contact relation가 소원한 뜨내기 고객을 일컫는 '나비butterfly'나 '잠재고객potential customer'과 달리, 시간과 장소를 초월해 얼마의 에너지가 들더라도 허들을 넘어 구매하려는 충성도 높은 열혈 고객은 일단 만족이 누적되는 순간부터 지인으로의 추천을 통해 매출에 적극적으로 기여한다. 이런 고객은 재구매나 재방문을 통해 습관적으로 동일 브랜드를 구매할 확률이 높아 기업이 안정적인 수익을 창출하는 데 이바지하는 브랜드 자산의 소중한 요소다.

캐릭터나 스타의 초기 생성 단계에서부터의 사용 경험을 통해 극단에 가까운 충성도를 보이는 경우도 있다.

일본 장난감 회사 반다이Bandai.Co.Ltd의 휴대용 전자 반려동물 사육기 '타마고치たまごっち'는 1996년 출시 당시 세계적으로 폭발적인 판매고를 올린다. 밥시간에 밥을 주지 않거나 취침 시간에 재우지 않으면 비실비실해지는 캐릭터는 사용자의 애착과 집착을 동시에 생성했다. 소비자는 자신의 존재 자체가 대상 캐릭터의 육성에 건설적이라는 생각에 각종 상황에 적극적으로 개입한다. 내가 키우고 지켜내고 있다는 덕심을 겸비한 팬슈머fan+consumer, 김난도, 2019, 충성고

객이 된다. 오디션 프로그램을 예로 들면, 자신의 투표로 뽑힌 아이돌의 성장을 지켜보며 무한 응원과 지지를 보내다가, 어느새 아이돌 캐릭터의 성장 과정에 밀착해 동참하면서 훈육 교관과 수호천사 자임自任을 반복하는 소비자다. 그러다 '내가 키워서 만들고 지켜낸다'는 자부심이 고착화되면 일정의 충성도를 넘어서 세상의 소리와 상관없이 캐릭터와 브랜드가 중독에 가깝게 뇌리에 강하게 박혀 버리고 만다.

"특허는 만기가 있고 저작권은 언젠가 그 수명을 다한다.
하지만, 브랜드는 우리 뇌의 해마 속에 영원히 살아남아 있다."

-케이트 윌슨-

나이프와 포크가 무거우면 왜
스테이크가 더 맛있을 거라고 생각하는가?

취업을 한 조카를 축하해 주러 가족들과 함께 교외에 위치한 스테이크 전문점에 도착했다. 작은아버지가 트렁크에서 와인병을 꺼내신다. 낮은 1층 건물로 외관이 클래식하다. 실내로 들어서니 정갈한 유니폼을 입은 스텝들이 단정한 미소로 눈을 맞춰 준다. 낮은 천장과 엔티크 가구들로 채워진 홀에 넓지 않은 테이블이 정말 뉴욕에 미슐랭 셰프가 하는 오래된 레스토랑 같다. 눈이 휘둥그레진 조카가 자리에 앉아 좌우로 세팅된 포크 5개와 나이프 4개를 하나씩 들어 보더니 미소를 짓는다.

"삼촌 여기 너무 비싼 데 아니야?"

"?"

조카가 가격이 적힌 메뉴판을 펴보지도 않았는데 비싼 곳일 거라고 느낀다. 여기는 오너 셰프가 경영하는 곳으로 와인 콜키지cork charge도 받지 않아 밥값만 내면 되는, 일반적인 패밀리 레스토랑 체인과 가격대가 비슷하다.

니즈와 원츠를 설명한 챕터에서 '서비스 품질 척도 5가지' 유형성, 공감성, 확신성, 신뢰성, 응답성을 기억할 것이다.

조카는 왜 비싼 데라고 생각했을까? 여기보다 비싼 땅값의 입지, 화려한 장식, 친절한 서비스를 갖춘 곳이 얼마나 많은데….

"반드시 그것들만의 이유일까?"

높은 가격을 형성할 거 같은 기분을 들게 한 오너 셰프의 센스가 먹힌 장치가 하나 더 있는데, 바로 나이프와 포크의 무게다. 식기구의 무게가 가격 단서pricing cue로 등장한 것이다.

오늘날의 마케터라면 간과해서는 안 될 '뉴로마케팅neuro marketing'은 정보 전달 신경인 뉴런neuron과 마케팅의 합성어로 소비자의 무의식에서 나오는 제품에 대한 경험, 감정, 구매 행태를 분석해 기업의 마케팅 전략에 적용하는 기법이다. 인간정보과학, 인공지능, 인지과학, 인지심리학, 생체인식 기반의 빅데이터화를 통한 실전적 방법론으로, 프렌치 레스토랑의 나이프와 포크 무게에서부터, 네이버 검색창의 초록색과 직사각형의 황금 비율, 실리콘밸리에서 개발하는 반려동물과 대화할 수 있는 번역기, 먹방 프로를 볼 때 요리의 향기를 분사하는 TV에까지 적용된다.

가까운 미래의 고등학교 수학여행은 기후, 국제정치 등의 예상치 못한 위험이 조금이라도 감지되면, VRvirtual reality, 가상현실로 가차 없이 대체된다. 세계 각국의 명소를 체험할 수 있는 이 프로젝트의 참가 비용은 무상일 뿐 아니라 VR을 개발한 업체에 들어올 광고와 데이터 분석 용역 수탁으로 벌어들인 수입이 학교에 막대한 기부금을 제공한다.

2030년 프랑스 루브르박물관으로 VR 수학여행을 가보자. 박물관 안을 구경하는 부산의 A학생은 모나리자 초상화 앞을 지나다가 작품 옆에서 자신이 잘하는 F게임을 하고 있는 또래의 흑인 학생 B의 휴대폰을 슬쩍 쳐다본다. 만렙을 가진 것이 자신과 동급의 고수다. 게임하는 휴대폰을 보는 A학생을 마주한 B학생 눈이 A학생이 신고 있는 BTS가 신는 프로스펙스 운동화를 쳐다본다. 곧바로 미국에서 B학생이 쓰고 있는 고글에 달린 Eye Tracking시선 추적 센서가 눈동자의 움직임특정 디자인, 컬러에 멈춰진 동공의 체류 시간별 측정을 읽어 잠재 구매자 B학생의 니즈와 원츠를 분석하고, 검류 장치Galvanometer가 측정한 땀 분비량과 미세한 맥박수 변화가 LS 네트웍스의 브랜드 사업부 프로스펙스 마케팅팀으로 보내져 실시간으로 신제품 개발에 반영된다.

이 기술은 야간 전투 중에 아군我軍 간에 오인사살을 방지하는 피아彼我 인지와, 루게릭병에 걸려 근육이 위축됐음에도 눈동자로 글을 쓸 수 있고, 외과수술을 하는 의사의 사각지대blind spot를 커버하는 환자 생체반응 인식, 졸음 운전자에게 경고 자극을 보내고, 수업을 하다 한눈을 파는 학생의 집중도를 높이는 데 쓰이는 '시선추적' 분석에 특화되어 군수, 의료, 교통, 교육 분야에 쓰여 왔다.

부산과 미국에서 VR 루브르박물관 견학을 마친 A와 B학생은 F게임을 만든 게임업체의 주선으로 한 팀이 돼서 다음 달 '2030년 지구촌 F게임 대회'를 같이 준비하게 된다.

이노베이션 컨설턴트 팀 존스Tim Jones가 『FUTURE AGENDA 2030미래예측 2030』에서 '데이터베이스를 대조하는 기술 혁신으로 익명성 유지가 불가능하다'는 구절에 착안해 필자가 꾸며본 미래다.

뉴로마케팅은 서점의 도서 진열에서부터 '디지털 치료제' 개발에까지 적용된다.

연세대 인지과학연구소HCI Lab는 인간과 컴퓨터의 정보 상호작용 Human – Computer Interaction과 인공지능AI을 연결해 어르신들의 인지력을 강화해 치매를 예방하는 카카오톡 챗봇 서비스를 개발했고, 우울증 문제 해결을 위해 KAIST와 협력해 AI 시대에 '디지털 치료제' 보급을 선도하고 있다.

뉴로마케팅 분야는 미국과 유럽, 아시아가 한 치의 양보도 없이 격돌하고 있는 인간정보과학과 경영이 융합된 사회과학 영역으로, 관련된 최근의 연구실적과 상용商用 적합도에서 아시아에서는 싱가포르의 싱가포르 경영대학SMU을 필두로 중국의 칭화대학, 홍콩과기대, 일본의 와세다대학과 한국의 연세대학교와 KAIST가 경쟁력을 보유하고 있다.

현대의 마케터라면 강점을 강력하게 어필하고 약점을 모호하게 희석하기 위한 테크니컬한 마케팅 차원을 초월해, 제품 개발과 마케팅이 동시다발적으로 이뤄지는 유용한 뉴로마케팅이란 신기술을 통해, 우리 브랜드를 시장의 표준체로 일반화해 고객의 브랜드에 대한 신념과 충성도를 높여 최대한 오랫동안 유지할 수 있어야 한다.

“왜 신호등의 초록불을 다들 파란불이라고 하지?”

행동경제학에서 정보를 가지고 있지 않은 상태에서 오로지 다수의 사람이 하는 선택을 따라 하는 현상을 군중심리Herd mentality , Mob mentality 혹은 모방심리라고 한다.

군중, 모방심리란 ‘다수이거나 사회적으로 월등한 능력을 가진 사람을 따라 하는 게 나을 거야’라는 회색 믿음 위에 서 있다.

퍼레이드에서 대중의 관심을 끌기 위해 시끄럽게 쿵짝거리며 연주를 하는 밴드를 싣고 다니는 마차, 밴드왜건. 이 마차를 아이들이 춤을 추며 따라가고, 아이가 노는 것을 봐야 하는 부모와, 많은 사람이 모이는 것에 관심이 쏠린 대중이 뒤를 따른다. 이 현상을 전형적인 군중심리로 밴드왜건 효과Band Wagon effect라 하고, 경제학에서는 다른 사람의 구매 행위를 맹목적으로 따라서 하는 모방소비를 말한다.

현장 짬밥만 있거나 아카데믹한 고즈넉만으로 곧 사그러질 트렌드에 기대어 신규 용어를 남발하는 강의 앱. SNS 광고에서 ‘10만 명이 선택한 온라인 강의!'란 문구로 고객을 유인하는데, 정말 10만 명이 돈을 내고 구매해 듣고 있는 강의인지, 아니면 이 광고를 클릭한 횟수가 10만 번이니 10만 명이 선택한 거라고 적어 놓은 건지 알 수가 없다. 또한 등록자 한 명이 다수의 이성과 만나는 결혼 정보 업체 버스 광고에 매칭 성사 건수란 것도, 결혼 성사가 아니라 일단 만나기만 해도 매칭이 성사된 거니 수십만, 수백만의 매칭 성사라는 게 얼마가 실효가 있었는지는 퀘스천이다. 애매모호한 문구로 일단 주위를 끌려는 밴드왜건의 활용 예들이다. 일부러 고객 줄을 길게 늘어서게 하는 맛집 전략이나, 목욕탕에서 세신 할 때 다음 대기 손님이 없으면 때를 밀고 있는 손님을 5분이라도 더 오래 서비스해 시연 효과로 손님을 부르려는 것도 매한가지다.

언론정보 쪽에서는 권력에 몰리는 심리를 이용해 "정통한 소식통에 따르면…"이란 글을 본 독자가 확인되지도 않은 권위를 얹은 기사에 고개를 끄덕이며 동조하거나, 정치공학적으로는 대중이 정치를 소비하는 대표적인 형태인 선거 여론조사에서 특정 정당의 지지도를 보고 요즘 분위기가 그런갑다며 자신도 모르게 조사 결과가 뇌리에 박히는 현상을 들 수 있다. 정치인들은 이 민감한 '그런갑다 현상'의 심각성을 알기에 조사 기관의 결과가 "맞다", "아니다"며 조사 대상인 모집단의 대표성에 의문을 제기하곤 한다.

우리는 누가 봐도 빨간색과 초록색인 신호등을 왜 빨간불과 파란불이라고 말할까? 어릴 때부터 수많은 사람과 책들이 신호등이 파란불일 때 손을 들고 건널목을 건너야 한다고 했기 때문에 이 말도 안 되는 명백한 거짓말에 저항이 없는 것이다.

정보과학적 탐색을 통한 뉴로마케팅뿐만 아니라, 군중심리 같은 집단무의식Collective Unconscious에서 나오는 태도와 행동을 분석하고 활용해 유니크한 제품과 브랜드를 유효적절하게 개발, 관리할 수 있다.

어떻게 보면 '보고 싶은 것을 보여주고 믿고 싶은 것을 믿게 하면 된다'는 말처럼, 본질적 기능을 전제로 한 제품과 브랜드의 출산과 양육에 있어 무엇이 맞고 틀리고는 크게 중요하지 않을 수 있다.

제품과 서비스란 생명체의 운명론

다음으로 생산운영관리의 시간축 두 개념. 'TTMtime – to – market'과 PLCProduct Life Cycle, 제품 수명 주기다.

로트lot, 1회 생산되는 제품단위 개수당 재공품在工品, work in process, 생산과정에 있는 제품의 리드 타임lead time, 물품이 발주되어 나오는데 걸리는 시간을 계산해, 개발에서 출시까지 걸리는 시간을 TTM이라고 한다.

철저한 표적 시장조사와 QC품질 관리에 대응하면서 TTM을 줄일 수 있는데까지 줄이는 것이 기업의 원가, 제품, 서비스뿐 아니라 브랜드 구축에 있어서도 강력한 경쟁력이 된다.

서비스를 생멸生滅의 생명체로 보면, 갓 태어나 시장에 얼굴을 내밈과 동시에 도입기에 접어든 제품은 성장기와 성숙기를 지나 쇠퇴기에 이르게 되는데, 이러한 4단계 수명 주기를 PLCproduct life cycle, 제품 수명 주기라고 한다.

단계별로 매출과 이익이 다르고 스테이지stage마다 상이한 기회와 이벤트, 이슈가 따른다. 이에 기업은 현재 제품이 어느 스테이지에 놓여 있는지를 냉철히 파악해 마케팅 전략을 단계별로 세워야 한다.

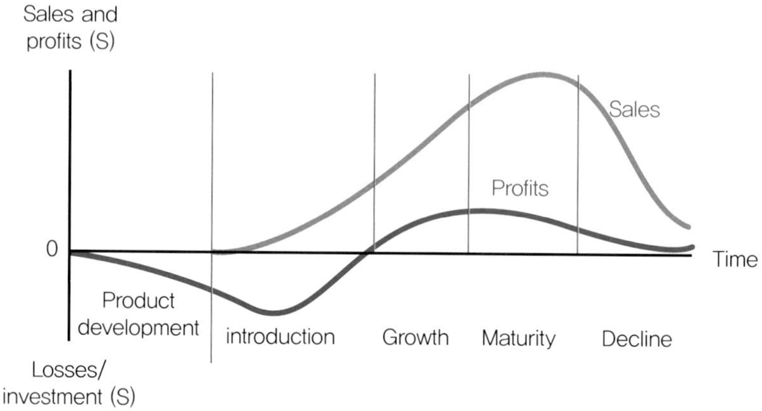

[그림 4-2] PLC(product life cycle, 제품 수명 주기)

제품이 태어나 맞이하는 도입기introduction stage는 브랜드 인지도가 낮고 유통 개척과 판촉에 에너지비용과 시간가 많이 들어 이익이 아예 없거나, 있어도 매우 저조한 추이를 보인다.

혁신 소비자층이 꿈틀대기 시작하면서 마케팅 믹스 전략을 수립해 마케팅에 치중해야 하지만, 진입 초기의 예상치 못한 상황을 대비해 생산 본부와 운용 파트의 호흡을 조절해가며 생산운영관리에 집중해야 하는 시기다.

특히 도입기에는 경쟁적 평형점POP, Point of Parity 확보로 같은 카테고리에 있는 타사他社 제품서비스이 공통적으로 갖는 특징을 우리도 똑같이 가지고 있다는 것을 소비자에게 알려야 한다. 기존 선점 업체의 대중적 기득권을 최대한 무효, 무력화하고 자사 제품을 최소한의 시장 기대 수준에 충족시키는 것이다. 일단 진입에 성공했다면 슬슬 우리만의 경쟁력 있는 차별적 특이점POD, Point of Difference을 시장에 각인시킨다. POP와 POD 적용의 예로, 저가 항공사의 초기 진입 시기에는 안전과 서비스에 고개를 갸우뚱할 잠재 고객들에게 대형 항공사와 동일하게 적용되는 엄격한 기체 점검을 통과한 국제 라이센스 취득이나, 기존 항공사와 동급의 서비스 품질의 POP유사성 접근 후, 고객들이 고개를 끄덕일 즈음에 비교할 수 없는 저렴한 가격과 격식에 치우치지 않고 친근하게 다가가는 서비스 등의 POD차별성를 들이대는 것이다.

성장기growth stage에는 어닝 서프라이즈깜짝 실적, earning surprise가 일어나며 시장에 우리 제품의 우호적인 소문이 나면서 매출과 이익 모두 대폭 증가한다. 맛있는 먹잇감은 다른 이에게도 맛있어 보이는 법. 스물스물 경쟁자들이 등장한다. 이에 눈치를 보거나 주눅들 필요 없다. 표적 시장 개척자pioneer로서의 자부심을 가지고 치고 나가는 전략을 택해야 한다. 정보 제공에 그치던 소비자에게로의 발신을, 공격적인 '제품 푸시push'형으로 전환해 차별화와 시장 세분화 전략에 박차를 가해야 한다.

우리 제품과 같을 수 없는 약간 다른 형태의 제품을 시장에 들이민 경쟁자 덕에 유통 채널은 자연스럽게 확대되지만 가격은 살짝 하락할 수 있다. 판촉에 쓰는 비용이 만만치 않지만 아까워 마라. 마케팅으로 지출되는 비용 이상으로 판매량이 급증하고 이익도 상승한다. 이때 모인 자금을 바탕으로 곧 있을 성숙기를 지나 맞이할 암흑의 쇠퇴기를 대비해 신제품 개발과 제품 다양화를 통한 제품 확장product extension을 준비할 시기다.

성숙기maturity stage에는 판매량이 절대적으로 증가해 최대의 매출을 올리기는 하지만 매출액 성장률은 지속적으로 둔화 양상을 띤다. 그러다 보니 잉여생산물이 발생해 경쟁이 격화되면서 라이벌들끼리 제 살 깎아먹듯 마진을 줄이면서도 적극적으로 기술개발과 판촉활동을 할 수 밖에 없다. 침체기가 드리워지고 약체 경쟁자들은 툭툭 떨어져 나간다.

신규 고객을 창출하기 위해 고민과 고생을 하는 대신, 잠금 효과lock – in effect가 먹히고 있다고 착각하고, 방심 좀 해도 되는 호갱단골에 의지하고 만족하며 한낱 안개 같은 얕은 리피터repeater, 재구매자 유지를 위한 우선 정책으로 영원무궁하게 날로 먹으려고 했다가는 큰코 다치는 시기다. 새로운 고객에게 애걸하고 충성고객에게 복걸해야 한다. 살아남기 위해 필사적으로 신규 고객을 창출하고, 기존 소비자의 사용 빈도가 늘 수 있도록 마케팅 믹스를 전면 수정한다.

사업은 배구가 아닌 농구다. 상대가 실수해서 얻어지는 것이 아니라 우리가 골을 넣어야 살아남는 게임이다. 잘 나갈 때를 회상하며 시장 흐름에 맡겨 기다려서 될 게 아니다. 어그레시브aggressive한 굶주린 야수가 되어야 한다. 펩시가 코카콜라에 도발해 '펩시 챌린지 블라인딩 테스트' CF를 동시다발적으로 전 세계에 내보낸 거처럼 경쟁 제품과의 비교 광고든, 노이즈 마케팅이든 간에 합법적인 범위 안에서라면 가능한 모든 수단을 모색할 수 있다. 당장 캐시카우

cash cow, 수익창출원를 점검하고 매달 지불되는 고정비와 변동비가 그려내는 BEPbreak – even point, 손익분기점를 머릿속에 그려봐라. 그윽했던 과거를 청산하고 치졸하다 여기며 그동안 안 하던 것을 하더라도 어쨌거나 견뎌내는 게 중요하다.

쇠퇴기decline stage에는 철수divest할지 부활할지의 중차대한 결정이 필요하다. 새로운 트렌드가 도래한 시장의 수요는 포화 상태고 매출과 이익 모두 급감한다. 고난의 행군이 시작된다. 제품 가격을 내리고 유통을 간소화하고 마케팅 비용을 삭감해야 한다. 그나마 보수적인 소비자들이 구매를 유지해 줘서 딱 먹고 살 만큼 간당간당하게 매출이 유지될 뿐이다.

앞서 소개된 3C와 4P를 PLC제품 수명 주기 이론에 대입해 보면 다음과 같다.

분석툴	대상		도입기	성장기	성숙기	쇠퇴기
3C	company	매출액	저조	급성장	최대 매출	급감
		이익	저조	증가	증가	증가
	customer		혁신가	선각 수용자	전기 다수 수용자/ 후기 다수 수용자	지각 수용자
	competitor		거의 없음	점차 증가	점차 감소	급감
4P	product		생산운영 중점	제품 확장, 차별화 및 시장 세분화	신제품 개발, 품목/ 상표 다양화	취약 제품 철수
	price		원가 가산 가격 (원가+이익률)	시장 침투 가격	시장 침투 가격	시장 침투 가격
	place		선택적 유통	집중 경로	집중 경로 강화	선택적 유통/ 폐쇄
	promotion	광고	제품 인지화 (정보 전달형, informative)	대중시장 인지화 (설득형, persuasive)	차별화 강조 (비교형, comparative)	최소화 (상기형, reminder)
		판촉	강력한 판촉	판촉 둔감화	타사에서 자사로의 상표 전환 (brand switching) 유도	최소화

[표 4-3]

PART 5

組, 짤 조
(조직행동, 인사관리)

QR코드를 찍으면 저자
강의 동영상을 볼 수 있습니다

경영은 세세력, 勢의 싸움이다

"세가 다스려져 있으면 어지럽힐 수 없고,
세가 어지럽혀져 있으면 다스릴 수 없다."

勢治者则不可亂. 勢亂者则不可治

-한비자-

조직 경영을 포함해 국가 경영에 있어 정치와 외세外勢와의 전쟁.

이 모든 것이 '세의 싸움'이라는 해석에 반론을 재기할 수 없다. 예컨대 정치판의 정당 활동의 목적과 방법을 구구절절 설명해 봐야 연역적, 귀납적 해석에 의한 언어유희일 뿐. 차 떼고 포 떼고 결론부터 말하면 '세를 불리기 위한 활동' 그 이상도 이하도 아니다.

'세勢를 불린다'

'불린다'는 '질량'이 아닌 '부피'의 개념을 목적어로 쓸 때 사용하는 동사다.

'세'는 나를 믿고 따라 주는 단 한 명의 사람일 수도 있고, 정당 정치에서 복수의 특정 다수일 수도 있다. 크게는 삼국시대 나당연합이나 6. 25전쟁 때 인해전술을 편 중공군같이 국가가 되기도 한다.

'세'는 '사람'이 만들고 그렇게 만들어진 '세'는 '사람'으로 이루어져 있다.

어쨌든… 결국엔 '사람'이다.

소도 수레를 끌 수 있고 말도 수레를 끌지만, 동시에 같은 수레를 소와 말이 끌게 하면 수레가 움직이지 않는다는 『탈무드』 가르침처럼, 리더가 '세'를 이뤄 병력을 적재적소에 배치하려면 민음의 용병술用兵術을 능수능란하게 구사할 수 있어야 한다.

해군 특수전여단UDT/SEAL이 구출작전 돌입 직전에 하는 일

2011년 1월 21일, 일출을 1시간 남짓 앞둔 새벽. 소말리아 근해를 날듯이 내달리는 RIB고속보트.

"집중! 현 시간부로 작전에 돌입한다. 현재 시각 04시 58분 18초, 19초, 20초…"

대원들이 일제히 손목에 찬 작전용 시계의 시간을 맞춘다.

청해부대 소속 해군 특수전여단UDT/SEAL은 쥐도 새도 모르게 쏜살같이 해적에 납치당한 삼호주얼리호號의 선체를 은밀히 타고 올라 갑판에 진입한다.

작전명 'Dawn of Gulf of Aden, 아덴만의 여명'.

인질 21명은 전원 구출되고 우리 해군 사망자는 없다. 해적이 8명 사살, 5명 생포된다. 복부 여러 곳에 총알이 관통해 심한 장기 손상을 입은 석해균 선장은 아주대 이국종 교수의 헌신의 집도로 살아난다.

특수부대가 목숨을 건 일촉즉발의 임무 작전 개시 직전에 하는 일은 무엇일까?

바로 시계를 맞추는 일이다. 그들에게 '시간 동기화同期化'란 민간의 단순한 그것과는 차원이 다르다. 어떤 돌발 상황이 발생할지 모를 실전에서 사활을 가늠할 시그널signal 공유로, 생生과 사死의 접점이고, 서로의 생명을 지켜줄 동료와의 믿음의 시작과 끝dead line이다. 이를 토대로 돌격 타이밍 결정 시의 변수로 아군과 적군의 생체리듬 비대칭까지 고려한다.

적진에서 생존을 논하는 경영조직에서도 공동 목표 탈환을 위한 계량metrology적 접근으로 주파수를 맞춘다.

조직은 구성원의 롤role, 역할과 캡퍼capability, 역량와 무관하게 중심이 같아야 한다. 중심을 맞춘다는 것은 곧 조직 동기화synchronization를 의미한다. 동그라미 크기가 천차만별이라도 중심이 같으면 모든 원이 동심원concentric circle인 것처럼, 조직은 한 점을 초점으로 영육이 결집할 때 외부 변수를 효율적으로 통제할 수 있고, 그러한 조직유산의 공유 가치가 정점에 달했을 때의 파급력은 가히 폭발적으로 주위로 퍼져 나간다.

조직 고유의 동기화를 이룬 조직은 모두가 같은 곳을 바라보며, 시장이란 전장에서 시시각각으로 튀어나오는 돌발 변수 앞에서 자발적으로 사고하고 행동하며, 서로를 백업back-up하고 살려가며 문제를 하나하나 풀어나갈 수 있다.

스타트업 기업에 입사를 지원하는 진짜 이유

스타트업의 경력 채용에 지원자를 보면, 이런저런 분야를 일관성 없이 넘나든 경우가 많다. 낮에 택배 알바로 자신의 꿈을 키워가던 공대생이기도 하고, 방학이면 가로수 길에서 머리핀을 직접 만들어 팔아본 경험이 있는 경영학도이기도 하다. 남들이 보기엔 산만하고 서로 관련이 없어 보이는 제각각의 경력들이 근간이 돼서 스타트업을 지탱한다.

스타트업 기업의 지원 대비 입사율은 비교적 높은 편이다. 중견 이상 대기업에서 넘어야 할 스펙이나 레퍼첵reference check, 평판 조회 장벽보다는 직무 역량을 중시하기도 하거니와 무엇보다 하고자 하는 의욕, 열정을 높이 사기 때문이다.

리더는 이러한 다양성의 창의가 확보되고 열정 충만한 특장점을 가진 구성원들을 조직 플레임이란 실로 단단히 꿰어서, 지키고 관리해 가며 난개한 구성원이라는 하나하나의 구슬들로 소중히, 보란 듯이 멋진 목걸이를 만들어야 한다.

이토록 감사한 인재들이 스타트업에 지원하는 이유를 살펴보자.

크게 5가지다.

첫째, 조직문화다.

모든 직원을 비롯해 대표이사에게도 별명이 있어서 직책 대신 '닉네임'에 '님'을 붙여 부르는 회사, 그룹웨어 속 '반려'의 역습 없는 고요한 세상에 정해진 책상이 없이 언제, 어디서나 마주치면 의사를 타진해가며 자연스러운 회의가 되는 베가본드vagabond, 방랑자 리더가 있는 회사, 동료들만 OK 하면 언제든 휴가를 쓸 수 있고, CEO, CFO, COO 그런 거 말고! 직원들의 애로사항을 완전 해결해 주는 'CLOChief Life Officer, 최고 회사생활 책임자'가 있는 회사.

이런 동화 속에 나오는 조직이 있기는 한데 정말 보이는 대로 믿어야 할지는 천천히 들여다볼 일이다. 그래도 어쨌거나 최소한 스타트업이라면 수평적이고 자율적이며 빠르고 유연한 의사결정 구조를 가지고 있을 거라는 뒷짐 진 고매하고 고결한 생각을 한다. 하지만 현실에선 경험이 적은 사람들이 모이다 보니 심리적으로 위축, 경직되어 결과적으로 한쪽으로 치우치거나 독선적일 때가 있다. 쿨한 척하기만 할 뿐 '기성 기업 따라하기' 스타트업도 적지 않다.

게다가 차별 없이 냉정해야 할 각종 인사평가에서 인맥이나 성골로 규정된 1세대 개국공신開國功臣들에게 치우친 편파적인 주관이 절차적 공정성과 기회의 평등을 무시하고 과도하게 개입되어 공정하게 처리되지 않기도 한다.

둘째로 일과 삶의 균형, 워라밸Work – life balance이다. 호텔 뷔페 같은 직원 식당, 창의를 위해 당구대와 다트대, 옆방에 침대와 마사지 체어가 놓인 휴게실, 회의실 냉장고 안에 비치된 세계 맥주들, 빵빵한 자기계발 지원비, 한 달짜리 장기 휴가와 회식은 점심에만 하고 퇴근 후 남아도는 저녁이 있는 삶. 잘 나가는 몇몇 스타트업을 제외하고는 이런 환경은 크게 기대하지 않는 것이 좋다. 스타트업도 기업이고, 기업은 워라밸에 집중하기보다 인적 자원을 업무 가동률에 근거한 효율적 운용을 통해 이익을 내야 먹고산다. 글 초반에 얘기했듯 기업의 존재 이유는 그 무엇도 '살아남는 것'에 우선될 수 없다.

세 번째로는 다양한 업무를 경험할 수 있을 거란 거다. 맞다. 대기업의 2, 3년 주기의 순환보직제보다 훨씬 빠른 인터벌로 여러 가지 일들이 닥쳐온다. 일은 많고 그만큼 책임도 꼼꼼히 묻는데 대접은 고만고만하게 느껴진다. 윗선에서 멀티태스킹multi – tasking, 다중처리능력, 멀티태스킹 노래를 불러대는데 내 몸은 번아웃burn out 된 시궁창이다.

네 번째로 기업의 성장 가능성이다. 내가 지원한 스타트업이 백년기업이 되어 창업 1, 2세대로서 창업 공신의 기득권을 맛보고 싶다거나, 주식투자의 일환으로 우리사주 배당을 기대하기도 한다. 하지만 잘 알다시피 리더가 자신의 잇속만 챙기려는 꼰대 스타일이라면 일장 연설로 말만 번지르르하게 그럴싸하지, 보상은 대기업에 턱도 없고 스톡옵션을 절대 먼저 제안하지 않는다.

마지막으로 자기 신념, 소신이다. 리더의 인품을 존경하거나 가치관에 동화될 때, 혹은 보람이나 스스로가 다짐한 사명감이 그렇다.

이처럼 스타트업에 지원하는 현실적인 이유를 살펴보면 리더의 절차적 공정성과 역량, 역할, 책임이 얼마나 중요한지 절실히 느껴온다. 여기까지가 그래도 수위가 조절된 얘기다.

다음의 "왜 일을 할 만하면 회사를 떠나는 걸까?" 챕터에서 살벌한 얘기 좀 해보자.

왜 일을 할 만하면 회사를 떠나는 걸까?

문화 콘텐츠 투자 전문가 과정에서 인플루언서 마케팅 스타트업 D사를 운영하는 K를 알게 되었는데 알고 보니 학교 후배였다. 그에게 전화가 왔다.

"형, 제 회사 이번에 제주도로 워크숍 가는데, 지난주 협회 연례회에서 하셨던 '소통과 협업' 특강 좀 부탁드려도 될까요? 컨펌 주시면 편하실 때 회사 오셔서 저희 인사교육팀이랑 내용 조율하시고 나서 저녁 하면서 말씀 좀 듣고 싶어요."

"언젠데?"

"3월 첫째 주 금요일에 갔다가 토요일 돌아오는 1박 2일 일정이에요. 도대체가 요즘 회사가 소통이 안 돼요, 소통이. 그래서 그런지 일 좀 할 만하면 툭하고 포스트잇에 사표 써서 모니터에 붙여 두고 나가고, 카톡으로 사표나 보내 놓고 출근 안 하고."

"직원들 쉬어야 하는 토요일에 워크숍 해도 괜찮아?"

"까라면 까야죠. 평일 이틀이나 비우게 되면 소는 누가 키워요?"

"인마, 인사팀 안 만나도 소통 안 되는 이유를 뻔히 알겠다. 직원들한테 문제가 있는 게 아니라 네가 문제네. 그리고 '제 회사'가 뭐냐? '우리 회사'지!"

"…."

워크숍에 참석하는 직원들에게 대체 휴가를 하루 주는 조건으로 특강을 수락했다. 교육 자료를 준비하면서 대표이사인 K와 임원진 전원을 동참시켰다. '이해와 화합, 수직 수평 사일로Organizational Silos Effect, 계층 간 쉴드, 부서 이기주의 폭파'로 테마를 바꾼 내용은 교육팀 강의평가에서 지금까지 강연 중 최고점을 받았다. 사람은 쉽게 바뀌지 않는다는 말이 있듯, 1년이 지난 지금 K는 직원에게 여전히 '까라면 까야지'라고 말한다. 하지만 이제는 왜 까야 하는지에 대한 이유를 곁들여 말해주고 있고, 서로 납득이 안 갈 때면 공청회도 서슴지 않는 친절한 CEO가 되었다. 잡플래닛 '기업 리뷰'에서 D사는 좋은 회사로 회자되고 있고, 턴오버turnover, 이직률는 현저히 줄었다. 성숙한 CEO가 된 K대표이사는 코스닥 상장을 준비하고 있다.

많은 CEO들이 묻는다.

"왜 일을 할 만하면 회사를 떠나는 거죠? 다시 뽑고 교육하는데 또 얼마나 많은 시간과 돈이 드는데."

이탈 비용을 차치하고라도 일은 사람이 하는 거라서 사람을 복제하면 모를까 완벽한 인수인계란 있을 수 없다. 그래서 유능한 구성원의 이탈을 방지하는 것은 리더의 핵심 사안이다.

no	이유	내용
1	보상이 괜찮다	연봉, 월급으로 생계 유지와 기초 문화생활 영위
2	워라밸이 훌륭하다	저녁이 있는 삶, 자율 퇴근 혹은 칼퇴, 자기계발 시간, 복리후생, 근무환경
3	미래 성장 준비	'내가 이 회사에서 성장하고 있는가?' 기술 습득, 경력개발, 이직이나 창업을 위한 발판
4	프라이드를 느낄 수 있다	좋아하는 일, 가치 있는 일, 높은 직무 만족도와 직무 자존감, 사회공헌, 사명
5	관계에 의지할 수 있다	존경하는 리더의 존재, 비공식 조직의 결성, 희망이 수용되고 있다는 심리적 안정감, 회사 공동체 안에서 존중, 의존의 관계 형성으로 인한 커밀리(회사 가족, comilly, company+familly) 구축

[표 5-1]

일을 할 만하면 그만두는 이유를 알아보기 전에, 구성원 입장에서 회사를 다녀 주는 이유가 뭔지를 먼저 파악하자. [표 5-1]의 5가지다.

회사를 다니는 '이유' 1, 2, 3, 4번은 우측의 '내용'에서 쉽게 풀어져 있는데, 5번 내용의 처음 보는 단어 '커밀리'가 생소하다. 여기서 현시대에 대두되고 있는 회사와 가족의 밀착 개념인 '커밀리Park, 2019'에 대해 잠시 살펴보자.

회사는 생산성 향상을 위해 조직 구성원 간의 소통과 협동을 강조한다. 이는 이미 100년 전 하버드대학의 조직 이론가 조지 메이오George Elton Mayo가 웨스턴 전기회사Western Electric의 호손 공장에서 실시해, 생산 능률에 있어 작업장 환경이나 임금 등의 객관적인 조건보다 인간관계의 중요성을 규명한 호손실험Hawthorne experiment에서 밝혀졌다.

생물학, 사회학적으로 1인 가구가 늘면서 회사 조직과 구성원의 물리적, 감정적 유착이 강한 사회관계로 발전했다. 일반의 사회 모임에서 연계하는 구성원 간에 가취관가벼운 취향 중심의 관계을 넘어, 사적이고 공적인 삶의 막대한 시간과 '핵심경험' 공유와 함께 서로에게 직간접적으로 지대한 영향을 미치게 된 것이다. 회사와 삶을 분리시키기보다 업무와 개인 생활을 융합시킨 통합적 가치가 개인과 조직에 유익하다는 '워라인work–life integration' 개념도 등장했다. 업무를 통해 찬사와 존중을 받는 자신의 능력에 대한 기대와 신념인 자기효능감self–efficacy을 고양하는 것을 말한다. 이렇다 보니 회사 공동체 내에서 심리적인 위안과 안정감을 느끼고 의지하게 되면서 직장 동료에게 사실 인식보다 수긍과 이해가 앞설 때가 있다. 이러한 '가족으로서의 회사 동료', 전통적으로 정서를 중시하는 사조思潮인 정서주의emotionalism에 속하는 커밀리 개념comilly, company+familly은 '스톡홀름 신드롬'으로도 이해되는데, 1973년 스웨덴의 수도 스톡홀름에서 벌어진 은행 강도극에서 인질들이 잡혀 있는 시간이 지나면 지날수록 인질범에게 뭔지 모를 애착을 느끼게 된 심리 현상이다.

조직 성과관리 측면에서 보면, 커밀리 개념으로의 진화가 신뢰 감정의 강한 연대로 생성된 자율적이면서도 전면적인 협업을 유발해 조직 몰입에 긍정적인 효과를 가져오기도 한다.

조직문화는 무의식적으로 작용하며, 당연하게 받아들이는 공통의 인식consensus이자 기본적인 신념이다. 여기에 커밀리 개념을 대입해 보면, 구성원들이 교감하는 가치관과 태도가 조직문화를 형성하고 그러한 조직문화가 조직유산으로 남아 다음 세대next generation 구성원에게 영향을 주는 것이 반복된다. '구성원→구성원→조직문화→조직유산→구성원→구성원….'의 순환 구조다.

스타트업에서 일하려는 인재들뿐 아니라 모든 취준생들은 입사 지원과 동시에 다닐지, 안 다닐지 모를 회사의 스캔을 뜨기 시작한다. 입사 전부터 인터넷으로 회사에 대한 정보와 평판을 조회하기 시작해, 소속되어 다니면서도 수시로 조직과 리더의 행태를 유심히 관찰한다.

[표 5-2]는 스타트업에 다니는 이들에게 인기 있는, 스타트업 코칭을 하는 심리앱 개발업체 현업 스타트업 대표가 운영하는 블로그 내용 중 "이런 스타트업 다녀도 될까? 문제의 대표이사가 문제 조직을 만든다"를 참고해 만들어 보았다. 이 책에서 규정한 대표이사CEO를 포함한 조직의 리더를 시야에 두고 첨언을 더해 5~8점 척도의 진단표로 정리했다.

no	명제	척도
1	연간 매출에 비해 사무실의 내외관이 화려하고 뭔가 들뜬 느낌이다.	6
2	명품 브랜드 로고가 빤히 보이는 패션(시계, 옷)을 하고 있다.	6
3	'나 때문에 회사가 성장했다', '나는 특별하다' 식의 콤플렉스형 교주 성향을 보인다.	6
4	인맥을 자랑하거나 쓸데없는 모임 참석으로 인맥 형성에 혈안이 되어 있다.	7
5	사사로운 상대에게 대하는 태도에 겸손이나 진정성이 안 느껴진다.	7
6	규율에 엄격하고 원칙주의자 같아 보이지만 본인과 관련해서는 한도 끝도 없이 너그럽기 그지없다.	7
7	대표를 포함한 임원진 일부가 외제차에 집착한다.	7
8	사람 눈을 보고 얘기하지 않고 표정 변화가 심하며 다리를 떨고 손짓을 애용한다.	5
9	현실과 미래를 교묘히 교차해 사실화해 말한다.	5
10	"잘 되면 미친 듯이 잘해줄게" 같은 '희망고문'의 두리뭉실한 표현이 익숙하다.	5
11	자기 유익에 따라 주어와 목적어를 명료하게 쓰지 않는다.	5
12	얘기 도중 '내가, 나는, 나를, 나의'를 과하게 사용한다.	7
13	대화로 시작하다가 어느새 설교, 훈계, 훈육으로 바뀐다.	7
14	질문에 대한 대답이 아니라, 유체를 이탈해서 그냥 자기 하고 싶은 말만 한다.	6
15	'근데, 아니, 어쨌든, 여하튼, 어쨌거나, 그나저나' 를 유창하게 구사하는 'anyway 화법' 의 달인이다.	6
16	"이따위로 밖에 일을 못 하냐"는 식의 주눅을 들게 하고 자존감을 짓누르는 고압적 어법에 능숙하다.	8
total		100

[표 5-2]

합산된 점수 결과는 다음에 해당한다.

- 49점 이하 : excellent! 믿고 따를 만하다.
- 50~69점 : so so. 설득이 가능하므로 원하는 리더의 모습을 갖출 수 있도록 다른 구성원들과 협력해 구제해 줘야 한다.
- 70~89점 : not bad! 확증 편향이 시작된 상태로 조심스럽게 접근해 이 책을 선물해라.
- 90점 이상 : oh, my god! 지금 있는 자리에서 뛰쳐나와 개인과 가족, 국가와 민족을 위해 어서 빨리 그만둬라!

앞의 진단표에서 리더의 가치관과 세계관에 있어 핵심 사항을 두 가지 꼽을 수 있다.

먼저 6번의 '규율에 엄격하고 원칙주의자 같아 보이지만 본인과 관련해서는 한도 끝도 없이 너그럽기 그지없다'라는 항목이다.

리더는 조직의 지배구조를 통치하는 사람이다. 통치자 'ruler'는 절대선으로서의 'rule규칙, 원칙'이 수호될 때 본연의 자리를 굳건히 세울 수 있다. 이 'rule'의 적용은 간섭과 개입의 대상이 타인이기 이전에, 자신 스스로에게 가장 엄격한 잣대를 들이대면서 시작된다. 그래야 흔들리지 않는 통치의 권위가 바로 설 수 있는 것이다.

두 번째는 14번의 '질문에 대한 대답이 아니라, 그냥 자기 하고 싶은 말만 한다'이다. 이런 리더를 '멘뱀멘탈 뱀파이어'이라고 명명해 본다. 모든 상황에 일희일비하는 유리멘탈, 혹은 정반대로 초울트라 매직파워 멘탈을 가지고 남의 기운을 빨아 마시는 박쥐 같은 놈이다. 기본적으로는 힘들지만 이를 악물고 해내고 있다는 감언이설을 남발하고 피해자인 양 동정을 사려 한다. "너한테만 얘기하는데…", "이 말은 아무한테도 하지 마."라며 남에 대해 비방과 모함, 험담, 축소, 과장, 일반화의 오류로 흑백논리와 양비兩非론을 착종해 상황을 섞어서 말하고, 음습한 속내를 숨겨가며 뒤통수치기 다반사다. 자신의 이득을 위해서나 스스로를 방어하기 위해 3인칭 전지적 작가시점도 아닌, 0인칭 유체이탈 화법을 구사한다. 이들과는 시공간을 공유하고 대화를 하면 할수록 피해를 입게 된다. 왜냐하면, 이상한 논리로 기운을 빠지게 하는 것도 모자라 남의 말을 각색하고 편집한 왜곡된 내용을 다른 사람들에게 저의를 숨기고 옮기기 때문이다.

이쯤이면 회사를 떠나는 이유가 다 나왔다.

'스타트업을 지원하는 진짜 이유' 5가지와 '회사를 다녀 주는 이유' 5가지에 부합 항목이 적고, '이런 스타트업 다녀도 될까?' 진단 [표 5-2]의 16개 항목에 해당사항이 많기 때문이다. 결과적으로 조직, 보상, 워라밸, 성장, 프라이드, 관계 의지에 있어 상호교환trade off에 입각해 구성원을 대우해 주지 않는다는 반증이다.

"나쁜 날씨는 없다. 코트를 잘못 입었을 뿐이다"라고 한 영국 시인 윌리엄 워즈워스William Wordsworth 말처럼, 원래부터 문제적인 조직 환경이란 없다. 유일한 문제의 요인은 단지 '잘못된 생각'이란 쓰레기 옷을 걸친 리더다.

문제의 리더가 문제 조직을 만든 건데, 왜 문제의 이유를 다른 데서 찾으려 하는가? 나쁜 팀이란 없다. 오직 나쁜 리더가 있을 뿐이다. 일을 할 만하면 떠나는 유능한 인재에 불만을 토해내기에 앞서, 이직이나 진로 변경으로 경력단절과 물경력을 각오하고 퇴사하는 입장을 생각해 봤는가? 재취업에 불안해하며 실업급여 교육받는 심정을 알기나 하는가?

모든 것을 만족하는 직장을 다닌다는 것은 불가능하지만, 특정 부분의 만족도가 높다면 충분히 다닐 수 있다. 리더라면 구성원의 안정감, 비전, 프라이드pride 셋 다 잡으면 좋겠지만, 어렵다면 하나라도 잡아야 할 거 아닌가.

이도 저도 아닐 거면 그냥 팀킬team kill, 자신이 속한 팀을 말살시킴 이다.

"조금만 참아. 임원 시켜 줄게."

이미 마음이 떠난 마당에, 일단 잡아두려고 하는 면담에서 헛물을 켜며 요설饒舌로 안간힘을 쓴다.

'임원 시켜준다고? 제발 입원이나 시키지 마라! 여기서 누가 임원하고 싶대? 벌써 다른 데 이력서 내고 있는 데… 미리 잘할 것이지.'

장황한 산파産婆술을 섞은 뒤늦은 '희망고문'의 꽃길 얘기를 믿을 바보가 있을까? 열정페이의 으샤으샤 시기는 이미 지났다. 뒤늦은 후회와 노력이 물거품일 뿐이다.

'사전 신뢰presume trust'가 서야 말빨이 먹히는 법이다. '太上不知有之태상부지유지', 지도자가 사탕을 흔들든 안 흔들든 리더를 향한 백성의 믿음에 동요가 없어야 한다.

역량 평가를 포함해 직원들을 측정하고 평가하는 수많은 툴tool들이 있다. 세간에서 일명 'Killing People Index'라고 해서 '사람을 죽을 만큼 지치게 하는 지표'라 불리는 KPI핵심성과지표, Key Performance Index가 대표적이다. KPI를 효율적으로 달성하기 위해 전략적 경영관리 차원에서 재무파트로의 편중을 보완해 고객과 내부 프로세스, 학습과 성장을 지표화한 '균형성과표BSC, Balanced Score Card'를 사용한다. 이와 함께 "측정할 수 없으면, 관리할 수 없다! (If you can't measure it, You can't manage it!)"는 명언을 남긴 실전형 경영학자 피터 드러커Peter Ferdinand Drucker 박사가 제시한 SMART 요건을 적용한 목표관리제MBO, Management by Objectives가 있다. 여기서 SMART란 1950년 발간된 그의 저서 『경영의 실제(The Practice of Management)』에서, 설정된 목푯값을 탈환하려는 MBO는 구체적이어야 하며Specific, 측정 가능하고Measurable, 실현 가능하며Affordable, 현실적이고Reallistic, 한정된 시간 구간을 정해 놓고Time–bound 해야 한다는 것이다.

평가의 툴은 이뿐만이 아니다. 구성원 개인 간의 성향을 항시적으로 점검하기 위해 성장 가능성과 조직 적합성 측정에서 신뢰긍정, 적극, 가치정직, 성실, 책임, 관계수용, 친화, 존중, 열정성취 갈망, 불굴성, 자신감을 평가하고 불안, 우울, 스트레스 같은 신경질과 충동, 부정, 적대감, 긍정의 소화성까지 전문기관에 의뢰해 검사한다.

이 외에도 CSFCritical Success Factor, 핵심 성공요인 도출법, BARSBehaviorally Anchored Rating Scale, 행동기준 평정척도법, BESBehavioral Expectation Scale, 행동기대 척도법, OKRObject Key Results 등 조직 구성원의 성향을 관리하고 성과와 목표를 평가, 달성하기 위해 무수한 기법들이 도입된다.

그런데 말이다. 직원들도 똑같이, 아니 더 가까이서 더 세밀히 조직과 열일하신다는 리더를 관찰하고 평가하고 있다는 걸 알아야 한다.

뒤에 나오는 '채용이 아닌 인재 이식移植의 시대' 챕터에서, 그래서 어떻게 해야 하는지에 대한 방법을 같이 숙의熟議해 보자.

백 년 기업을 만들려는 CEO vs 팔아먹고 내뺄 CEO vs 유명해지면 갈아탈 CEO

"띠링!"

5년차 스타트업 R사 L대표이사님이 전 직원에게 이메일을 보냈다.

> *다음 주 우리 회사에 중요한 손님들이 오십니다. 우리들 옷차림새와 달리 회사 배지를 달고 수트를 말끔하게 차려입으신 분들이라 쉽게 알아채실 수 있을 거예요. 항상 저희 모습 그대로 생기 있고 힘찬 미래의 비전으로 가득 찬 좋은 인상이 심어졌으면 좋겠습니다.*
> *사랑하는 R 가족 여러분, 오늘도 파이팅입니다~~~ ^^*

평상시 대표님의 이미지를 생각하면 오그라드는 메일이 아닐 수 없다.

다음 주에 R사를 인수할 상장사와 VC 관계자들 방문이 잡혀 있다. 이번 M&A가 성사되면 K대표이사는 80억 원을 현찰로 손에 쥐게 된다.

"우리 대표는 이 회사로 하고 싶은 게 뭘까?"

CEO가 딴 주머니 찰지, 좋은 날을 같이 맞아 영원히 함께할지는 구성원들에게 영원한 화두다. 줄곧 비가 오나 눈이 오나, 기쁠 때나 슬플 때나 천년만년을 줄기차게 함께 만들어 가자며 감정선을 건드려 심금에 터치하는 CEO라면 더할 나위 없이 훌륭하고, 팔아먹으면 배신, 배반이고, 갈아타면 쓰레기인가? 내가 속한 스타트업의 리더가 팔아먹고 내뺄 생각을 하고 있다면 딴 주머니를 몰래 차서 튈려고 꼼수를 부리는 걸까?

평생 직장의 개념은 리더와 구성원들에게 사라진 지 오랜데 리더에게만 강요할 수 없다. 그에게 엑시트는 무한 책임과 두려움을 가지고 여태껏 스타트업을 영위한 가장 큰 이유 중 하나일 수 있다. 팔아먹고 빠지는 게 맞다 틀리다가 아니라, 그게 원초적인 목표였고 창업 이념이었을 수 있다는 거다. 직원 입장에서 좀 싸할 수 있어도, 업계 입장에서는 오너의 기업공개IPO와 M&A를 통한 엑시트이익 실현가 시장에 공헌함과 동시에 또 다른 창업을 독려하고 모색하게 하는 토대를 마련해 주어 스타트업 생태계를 선순환시키는 긍정적인 역할과 구실을 한다. 게다가 현시대에 기업을 경영하는 자체가 외화를 벌어들이고 고용 창출을 하며 법인세를 내는 애국이고 사회 공헌이다.

유명해지면 갈아탈 CEO는 어떤가? 매스컴과 유튜브에서 강의를 하고 책을 쓰고, 소위 잘나가는 CEO로 사회 지도층에 진입하고 있다. 회사 일보다는 외부 강연과 방송 출연에 더 혈안이 되어 있는 것 같다. 배신감이 드는가? 하지만 그런 리더는 유명세와 더불어 자신을 공인의 세계로 집어넣으며 묵중한 책임감 안기를 주저하지 않고 있다. 청년들에게 기업가 정신과 창업을 펌프질하고, 기업에는 사회적 책임을 설파하고 있으며, 정부를 향해서는 모험 자본 육성과 스타트업의 법제 정비, 개선을 요구하며 신제품이나 서비스가 출시되면 일정 기간 규제를 면제해 주는 '규제 샌드박스sandbox, 넘어져도 다치지 않는 모래 상자'를 통과시켰다.

문제는 이런 로드맵을 직원들은 알 필요 없다고 생각하는 리더다. 생사고락을 같이한 공동운명체는 당연히 궁금해할 수 있고, 그럴 권리가 넉넉히 있다.

서비스가 시장에 안 먹히고, 경쟁사가 불량스럽게 등장해 가격을 후려쳐 힘들 때 근무 시간 상관없이 그렇게 회의하자고 졸라대던 대표이사가, 회사를 팔아 자기 수중에 현금 80억 원이 당장 들어오는 시점에서는 왜 조용히 혼자 미소 지으며 의사결정을 내리는가? 리더는 좋든 싫든, 좋은 일이든, 그렇지 않은 일이든 간에 조직이란 공동운명체와 미래를 공유하고 비전을 제시해야 한다.

구성원 간에 건강한 텐션 유지를 위한 캐치볼catch ball로 '대표 간담회'란 좋은 제도가 있다. 회사 가족들에게 치열하게 털리고 털리면서 공유하라. 비싼 호텔 빌려서 '무슨 무슨 비전 선포식' 이런 거 정말 진부하다. 한적하고 허름한 펜션 앞마당도 상관없다. 삼선슬

리퍼에 양반다리를 하고 캔맥주에 새우깡이면 충분하다.

리더가 어떤 결정을 내리든 자신 스스로를 낮추고 공유하고 또 공유하는 것은, 백 년 기업을 하든 엑시트를 하든 개인적으로 갈아타든, 같이 만들어갈 사람을 얻을 수 있는 또 다른 연결선상의 과정이 된다.

반대로, 구성원 입장에서는 스타트업에서의 시작은 남이 뽑아 줬다기보다 내가 선택해서 결정되었다는 데 의미가 강하다. 그렇기 때문에 리더의 인생 최대의 의사결정에 딴지를 걸고 게정을 부리기보다는 자신이 선택한 조직의 운명 주기에서 나의 존재에 대한 이유와 업무의 가치를 파악해 스스로 존재감을 가지고, 이 책의 '스타트업을 지원하는 진짜 이유'와 '회사를 다녀 주는 이유'를 교차 검열해 가며 스스로의 역량을 키워나가 진정한 핵인사핵심가치가 인생에 녹아든 사람가 되기 위해 노력해야 한다.

주주이자 CEO인 최상위 리더와 소속 조직원의 권한과 책임의 궁극적인 입장 차이이자 연결선상의, '오너십'과 '파트너십'.

이 글을 읽고 있는 이가 리더이든 조직의 구성원이든, 나에게 다가와 주었고 지금 내 옆에 있는 상대를 존귀하게 대하고 항상 감사하라. 인연은 끊기가 어렵다는 말들을 많이 하는데, 그에 비할 확률로 본다면 인연이 맺어진 건 기적 중의 기적이다.

“원년 멤버는 언제쯤 내치면 좋을까요?”

M&A 관련 협회의 특강 초청으로 제주도에서 진행된 2박 3일 리더십 교육 마지막 날. Q&A 시간에 에너지 중견기업 3세로 그룹 자회사 VC 투자심사역인 H가 아버지 운전기사로 근무하고 그만두시는 직원분의 퇴사에 관해 토로한다.

“아무리 우리 아버지와 30년 넘게 일하다가 정년퇴직한다지만, 학교 졸업식도 아닌데 꽃다발 증정식에 송별회까지 해 줘야 하나요? 아랫것들은 호의가 계속되면 권리인 줄 안다니까요.”

회사를 그만두는 게 탈출을 축하해 주는 것도 아니고 주위 직원들에게 좋지만은 않은 영향을 끼칠 수도 있어서라는 이유다. 사회심리학에서 무의식적으로 주변 사람들의 상호 전이되는 감정을 살피고 모방하려는 본능으로, 물결처럼 흐르는 ‘정서 전염 Emotional Contagion’을 우려한 것이다.

그래도 그렇지. ‘아랫것?’ ‘호의가 계속되면 권리인 줄 안다?’ 아직 젊은 3세 오너에, 주변에 인성을 잡아줄 멘토가 없어서 저런 달나라 얘기를 하는 거라고 내 스스로 가까스로 심호흡을 조절하며 자비로운 어른의 눈으로 봐주려 했지만, 시종일관 거만한 태도를 보이는 악惡의 축인 그는 내 안에 나도 모르게 잠복해 있던 수구守舊 꼰대 DNA를 자극하기에 충분한 능력을 지니고 있었다. 결국, 그는 슈퍼 울트라 꼰대의 지知적인 무차별 린치에 쥐구멍을 찾고 싶을 정도로 혼쭐이 난다. 그 후로 협회 활동을 하는 중에도 그의 오만한 태도에는 변함이 없었고, 회원들은 그를 공기空氣 취급했다. 결국, 그에게 협회 약관의 품위 훼손 페널티가 적용되어 다음 분기에 강제 탈퇴당하고 만다.

참석자 중 한 스타트업 대표이사 P는 내치고 싶은 직원의 이탈을 가지고 묻는다. 처음에 같이 창업했던 멤버들이 자신을 간섭한다는 것이다. 3명이서 시작한 스타트업이 50명으로 늘고 투자도 잘 받아 어느 정도 안정 가도에 이르렀다고 생각하는 P대표. 그는 자신이 오너라는 이유로 법인카드를 마음대로 긁고, 전날 술자리가 늦어지면 출근도 늦어지고, 면담을 앞두고 연락이 끊긴 채로 예고 없이 결근하는 것을 창업 공신들이 어떻게 알아채고는, 출퇴근만은 제발 좀 지켜달라는 말에 스트레스를 받는다고 했다. 누구 때문에 여기까지 왔는지 초심을 잃어버린 원념 멤버들이 건방져졌다며 조심스럽게 물어본다.

"원년 멤버는 언제쯤 내치면 좋을까요?"

P대표 질문에 즉답하지 않고 교육 마치고 따로 얘기를 하자고 했다. P대표와 그가 이끄는 조직 존립에 직접적인 영향을 끼칠 문제가

보였기 때문이다.

'조직과 모시는 리더를 위해 창업 멤버로서 바른 쓴소리를 하는데 내치겠다고?'

네덜란드 심리학자 홉스테드가 말한 '권력 거리power distance'는 "부하 직원이 리더의 견해와 다른 의견 말하기를 두려워하는가?"라는 설문으로 시작한다. '권력 거리'란 조직에서 부하들을 그들의 상사들로부터 격리시키는 감정적 거리다.

조선 시대 사간원은 당대 학문이 가장 뛰어나고 인품이 강직한 인재만을 추려 구성했다. 고려 때부터 계승되어올 정도로 위상이 남달랐던 국가 최상위 기관이다. 당시 임금은 신적인 존재, 절대 권력 그 자체다. 그런데 그런 국왕의 그릇된 판단에 대해 공격을 하라고 만든 기관이 사간원이었다. 국왕 자신에게 쓴소리를 하라고 만든 초엘리트 집단인 것이다.

지혜로운 사람의 책망을 듣는 것이 우매한 자들의 노래를 듣는 것보다 낫다. 우매한 자들의 웃음소리는 솥 밑에서 가시나무가 타는 소리 같으니 이것도 헛되다.

필자가 진행하는 조직 인사문화 교육 프로그램에, 미 해병대 훈련에서 가상의 적을 일컫는 'Red Team조직 내 취약점을 발견해 공격하는 팀'에서 따온 언더커버undercover를 활용한 스트레스 테스트stress test 수법을 운영하고 있다. 의뢰해온 기업과 기관으로부터 독립적인 지위를 부여받아, 분기마다 신입, 경력, 부서 구분 없이 가능한 랜덤하게 차출된 한시적인 mystery watcher암행 관찰자 그룹을 만들어 조직에 대한 불만 사항을 진단해 무기명으로 보고하는 '우리 회사 까기 프로그램'이다. Red Team은 선의의 비판 그룹으로 일상의 업무를 하면서 발견해 낸 적대적 불평을 의도적으로 쏟아낸다. 이지메, 태움, 텃세, 알박기와 복지부동, 짱 박히기, 파벌, 부서 간 이기주의Silos, 과도한 사내 정치 같은 인사조직상의 이끌지도, 따르지도, 비키지도 않는 이도 저도 아닌 박쥐들을 솎아낸다. 또한, 워라밸과 복리후생, 리더의 조직 내외 평판과 불합리를 파악하는 미션으로, 선제적인 리스크 매니지먼트의 일환으로 진행한다. 딴지를 위한 딴지를 찾아내는 일이 마쳐지면 개선안이 타진되고 필요에 따라 공청회나 대표이사 간담회를 연다. Red Team 도입 후 피드백되는 개선안의 적용 여부에 따른 조직 변화에 해당 기업 인사 담당자들과 리더들의 반응이 뜨겁다.

사간원이 됐건, Red Team이 됐건 간에, 이러한 TF 구성에 대한 의식을 가지고 있다는 것만으로도 리더와 조직을 나락으로 빠뜨리는 권력 거리 퇴출의 초석이 다져진다.

조선 시대 얘기를 한 김에 하나 더 하자.

14대 선조 임금이 피난길에 너무 맛있게 먹은 생선 이름을 물어보니 '묵'이라는 이름이었다. 너무도 훌륭한 맛에 비해 볼품없는 생선 이름을 왕의 은혜를 입은 생선이라는 뜻의 '은어'로 명명한다.

임진왜란이 끝나고 궁궐에 돌아와 피난 때의 그 생선 맛을 잊을 수 없어, 다시 먹어 보니 그때처럼 맛있지 않았다. 이때 선조가 생선 이름을 도로 '묵'으로 하라고 명했던 것이 지금의 도루묵 생선이 되어 '말짱 도루묵'이란 표현으로 쓰이고 있다.

리더의 덕목 중 중시되는 것이 일관성과 예측가능성predictability이다. 최종 의사결정권자의 매 순간 판단과 한마디의 지시는 회사 정책이 급변하고 속도가 결정되며 협력사가 바뀌는 무게감을 지닌다. 이 점을 곰곰이 생각해 보면 신중하지 못한 리더의 근거 없는 변덕은 조직의 지속가능을 저해하는 요인으로 조직 성장에 정면으로 위배될 수밖에 없다.

전문성이란 지식, 경험, 문제 해결 능력의 3가지 요소로 구성되는데, 스타트업계에서는 이를 '스스로 학습법'으로 키워가야 한다. 스타트업 인사조직 구성의 특성 중 하나가 사수가 없는 경우가 많기 때문이다. 만기 이탈자든, 쓴소리를 하는 창업 멤버든 간에 자력갱생으로 수많은 장벽을 넘어가며 오늘의 하루하루를 만들어 가기 위해 꾸역꾸역 옆의 동료들에게 군소리 않고 함께한 끈끈함과 의리는 높이 평가되어 마땅하다. 텃세나 알박기로 위세를 떨거나 팀워크에 치명적 이슈가 없는 한 멤버의 노고를 인정해야 하고 충동적인 사심으로 내쳐서는 안 된다.

회사라는 한배를 탄 고달픈 선원들과 어떻게 배를 끌고 왔는지를 기억하라. 힘든 시기를 지나, 그때 거기에 누가 나와 같이 있어 주었는가를 잊지 않는 것은 리더의 도리다.

조직의 구성원들은 힘들 때 그토록 소중했던 멤버를 버리는 일관되지 않고 예측불가능한 리더의 변절에 치를 떤다. 서로를 섬길 때 나뉨이 아닌 나눔으로 서로를 귀하게 섬기는 역사가 선다. 리더는 이를 가슴에 새겨, 끝까지 같이 갈 사람, 생사고락을 함께할 수 있는 단 한 명의 동지라도 있다면 "미친 거 아냐?", "허황된 꿈꾸지 마라!"며 비웃는 세상과 맞짱을 떠볼만하다는 사실을 명심해야 한다.

개인적인 컬러 복사를
회사에서 해야 하는 'steal훔치는' 심리

신숙주는 조선 전기 도승지를 시작으로 지금의 국방부 장관에 해당하는 병조판서를 거쳐 40세 나이에 우의정에 오른 뒤 최고의 자리인 국무총리 격인 영의정을 지낸 문신이다. 세종대왕이 성삼문과 같이 가장 아끼던 학자로 계유정난 당시 삼족이 멸족할 위기에 처하자 단종을 저버리고 세조를 선택한다. 단종을 배신하고 조선왕조 500년 역사 속 변절의 대명사로 불리며, 사육신이 되어 충신으로 추앙받는 성삼문과 달리 세간은 금방 쉬어버리는 녹두나물에 그의 이름을 따서 숙주나물이라고 붙였다.

조직행동론Organizational Behavior에서 변절의 최고봉은 'steal훔치는' 행동이다.

유명인이 소개하는 방송에 나와 실검 1위 맛집이 된 강원도 산골 깊숙이 있는 비빔 메밀국숫집 '평창맛 메밀국수'에는 전국에서 모여드는 손님으로 밤낮으로 인산인해를 이룬다. 평일이고 주말이고 간에, 이 집의 3대째 내려오는 양념장의 신비스러운 맛을 보러 밀려

드는 식객으로 가게 앞 계곡을 한참 지나서까지 차량 행렬이 줄을 서 있었다.

예전의 10배가 넘는 주문량에 맞춰 반나절 이상 숙성시켜야 하는 특제 양념 만들기를 감당할 수 없게 된 주인아저씨는 주방에서 일하시는 아주머니 두 분께 레시피를 알려주고 나서야 가까스로 손님들을 받아 내고 있는 실정이다. 주방 아주머니들은 넘치는 손님으로 방송에 나오기 전보다 일이 서너 배 많아져 피곤했다. 하지만 주인이 돈을 많이 버니 월급을 올려 줄 거란 기대에 가게 마치면 군소리 없이 교대로 다음 날 나갈 특제 소스를 만들기 시작해 밤을 새워가며 숙성시킨다.

가게는 떼돈을 버는 데 주인이 월급 올려줄 기미가 보이지 않는다. 급기야 주방 아주머니들이 일비를 좀 올려줄 수 없냐고 주인에게 말한다. 주인아저씨는 알겠다며 기존 월급 100만 원에 10%를 더 얹어 110만 원을 주겠다고 했다. 매출은 10배로 뛰었는데 기껏 하루 4,000원 더 주겠다는 것이다.

아주머니 둘은 바로 그만두었고 메밀집은 양념장을 제대로 만들어 낼 수 없어 매출이 급감하게 된다. 두 달 뒤 '평창맛 메밀국수' 가게 옆 가정집에 '평창 메밀 막국수'라는 간판이 달린다. 원조집에서 그만둔 주방에서 일하시던 아주머니 둘이 대출을 받아 가게 옆에 집을 사서 똑같은 맛의 비빔 메밀국수를 내놓는다.

사적인 컬러 복사를 회사에서 한다거나, 눈에 보이는 물질은 아니지만 퇴사 예정자가 인수인계해야 할 데이터를 지워버리고 회사의 정보를 자신의 노하우로 들고 나가는 등의 믿음과 약속을 저버리는 행위를 'steal' 행동이라고 한다. 경영학에서 이직에 따른 비용의 하나로 해석되며, 사회적으로는 홧김 비용이라고 해서 어떠한 일로 화가 나서 미용실에서 머리를 자르고 트리트먼트와 파마로 예정에 없던 비용을 지출하거나 백화점에 가서 충동 구매를 하는 행위 등이 여기에 해당한다.

인사조직 관리자는 'steal' 행동의 전후를 면밀히 예측하고 관찰해 가며 리스크 매니지먼트 차원에서 조직의 일관되고 단호한 메시지를 관리해야 한다. 이에 앞서 조직의 리더가 명심하고 행해야 할 중대한 책임은 예찰자豫察者로서 'steal' 행동의 전조가 있기 전에 직원이 억하심정을 가지고 몸보다 마음이 먼저 떠나지 않도록 미연에 전심 어린 방지책을 강구해 두는 것이다.

채용이 아닌 인재 이식移植의 시대

*"당신은 평생 검정 설탕물을 팔고 살 생각인 겁니까?
혹시 나와 함께 세상을 바꿔보지 않겠습니까?"*

영원한 '2류 브랜드' 인식을 깨뜨리고 독주하는 코카콜라의 유일한 추격 경쟁자로 글로벌 입지를 굳히게 한 서른 살의 펩시PEPSI 부사장 존 스컬리John Sculley 천재 CEO의 가치를 사기 위해 던진 스티브 잡스의 유명한 러브콜이다.

황금연휴 막바지에 제주도에서 리조트 호텔을 하는 친구한테 연락이 왔다. 주말이면 제주도로 내려가 업무를 봐야 하는데 갑자기 불어 닥친 태풍으로 비행기가 뜨질 못해 서울에 머물러 있다며 차나 한잔 하자고 한다. 연구실 근처 커피숍에서 기다리는 친구 표정이 별로 안 좋다.

"연휴에 태풍이 와서 괜찮을 텐데 얼굴이 왜 그래?"

"응, 이번 시즌 들어 매출은 최고를 찍었어."

객실, 식음료, 행사가 메인 수입인 호텔업에서 연휴 기간의 예기치 않은 악천후는 투숙객들과 행사 단체들이 호텔에서 나가지 않고 부대시설만 이용하는 데다가, 연휴 끝나는 평일까지 비행기 뜰 날씨 예보가 없으면 손님들이 숙박을 연장하기 때문에 호텔의 수입이 평균을 넘어선다.

"호텔은 너무 잘 되는데 사람이 문제야. 내 업무의 반 이상은 퇴사하려는 직원들 잡아두는 데 쓰는 것 같아."

인사人事가 만사萬事다.

많은 리더는 구성원의 이탈에 엄청난 스트레스를 받는다.

"회사 들어가면 거기에 뼈를 묻어라!"라는 옛 어른들 말은 어디로 갔는지, 2019년 입사 1년 이내 신입사원 퇴사율은 48.6%이고, 한 회사에서 3년 이상 근무하는 직장인은 약 50%에 불과하다. 한국경영자총협회, 고용노동부

회사는 '우리 사람' 만들기를 목표로 유능한 직원에게 '너를 향한 마음은 언제나 변함없어'라며 지속적인 구애 행위를 한다.

기업의 인사 업무HR, Human Resources는 크게 HRMHuman Resource Management과 HRDHuman Resource Development로 나뉜다. HRM은 인적 자원관리로 채용, 평가, 승진moving up, 보상, 배치, 복리후생의 관리에 관한 것이고, 인적 자원개발인 HRD는 인적 자본의 확충을 목표로

직원의 능력과 역량 강화를 위해 교육, 훈련, 육성, 개발하는 것이다. 여기서 역량은 행동하는 비용 대비, 가치 있는 성취의 비율Gilbert, 1996을 말한다.

인사 시스템은 1명일 때 10명을, 50명일 때 500명의 확장성을 미리 읽어야 한다. 그래서 간혹 이를 미리 내다본 글로벌이나 중견 이상의 기업을 경험한 노련한 인사담당자가 있는 스타트업에서는, 스타트업 기업이란 포지션을 불안해하는 입사 지원자들에게 회사가 커 보이고 안정감 있다는 것을 어필하기 위해 일부러 공채 형식을 빌리기도 한다.

기업은 현재와 미래에 부가가치 높은 자원인 핵심 성장 동력이 될 인재 발굴에 막대한 예산과 에너지를 아낌없이 쏟아 부어가며, 선별된 교육 콘텐츠 주입과 현장 훈련OJT, on the job training을 통해 '우리 사람'으로 만들어 간다. '우리 사람'이란, 댄서로Dansereau, 1975 연구진이 주창한 '리더-부하 교환 이론LMX, leader – member exchange theory' 관점에서, 상호 교환된 리더의 신뢰와 존중, 부하의 책임감으로 결속된 내집단in – group의 멤버를 말한다.

이런 '우리 사람'을 만들려는 갸륵한 정성에도 불구하고 어떤 인재는 어느 날 '개인 사정을 이유로'라는 단출한 사직서 한 장을 조직 앞으로 쓱 들이민다. 리더는 이탈을 서슴지 않는 '우리 사람'이라고 생각했던 이에게 배신감을 느끼게 된다. 인사人事라는 게 무엇인가라는 딜레마와 함께 조직 전체에 감도는 미묘한 기운까지의

'이탈 비용'을 온전히 감수해야 한다. 하지만 조직 이탈을 단순히 퇴사율 상승에 따른 비용 증가로만 받아들여 낙심만 하면 안 된다.

이런 국면을 접하게 되면 순간적으로 무한한 허무에 빠지게 되지만, 한편으로는 '우리 사람'을 규명할 명확한 정의와 '뽑기'가 아닌 근본적인 인사 접근을 통해 조직 이탈의 해법을 고민해야 한다. 조직의 문화 개선과 비전 제시를 넘어선 보다 본질적인 조직유산 차원의 '인재 이식'으로의 접근 모색이다.

'탑승시킨다'는 뜻의 '온보딩On boarding'은 UI, UX 관련해 유저가 새로운 인터페이스에 가벼운 학습과정을 통해 단계별 프레임워크에 접근해 지속적으로 이용할 수 있게 하는 유도 전략이다. 인터넷 마케팅에서 LPOLanding page optimization, 랜딩페이지 최적화에 쓰이는데, 원래 의미는 외부로부터 유입된 새로운 구성원이 옮겨온 조직에 적응할 수 있게 돕는 것을 말한다. 이 과정에서 그레이스 피리어드grace period라는 입사 후 6개월 간 기업문화 적응과 안착Landing을 위한 유예기간을 갖는 소프트 랜딩과 그렇지 않은 하드 랜딩으로 나뉜다.

인사관리 측면의 온보딩에서 '인재 이식'이라는 기업조직의 신新문화 메커니즘 창출은 인재 이탈의 난국 타개에 유효한 아이디어를 제공한다. 이는 조직에 뿌리내리게 하는 실증 개념으로 조직문화 동화뿐 아니라, 작은 성공Small Success의 톱니 효과Ratchet effect를 통한 축적으로 자기 효능감을 고취시켜 인재의 이탈 장벽을 높이는 실질적 솔루션이 될 수 있다.

'우리 사람'을 만들기 위한 인재 이식은 다음 4가지 특성에 기인한다.

먼저 '사회적 링크social link'다.

사회적 연결social ties 이론에 따른, 자신이 조직에 소속되어 있음으로 앞서의 커밀리p. 188를 포함해 형성되는 대내외적 네트워크다. 일례로 언론사 근무자들은 담당 기관에 출입하면서 자신의 개인적 인맥을 형성할 수 있다. 조직 구성원은 업무를 하면서 덤으로 얻은 알토란 같은 인맥에 대해 조직에 고마워하며 끈끈하고도 지속적인 충성심을 보인다.

기업은 구성원이 조직의 네트워크를 자율적으로 공유할 수 있게 해 가능한 다양하고 유용한 대내외적인 사회적 링크란 자산을 가지게 할 수 있다.

둘째, 안정감이다.

복리후생, 급여, 업무 환경 같은 일반의 측면에서 느끼는 동질감과 함께 소속, 유대, 동화로부터 오는 감정이다.

어떤 특정 조직에 속해 있는 사람들을 외부에서 보면 모두 다른 옷을 입고 있지만 비슷한 옷차림과 태도를 보이는 것을 볼 수 있다. 비단 옷차림뿐만 아니라, 대화 톤이나 현상을 바라보는 사고 패턴도 특정 조직의 특유 성향이 반영되어 있고 이러한 동질화는 소속 구성원에게 왠지 모를 안도감을 선사한다. '현대맨', '삼성맨', '엘

지맨' 같이 특정 기업명이 붙어 '무슨 무슨 맨'으로 불리는 것도 이런 연유다. 이런 특유의 동질감은 왠지 이 조직에 있음으로 인해 소속 구성원들이 나를 지켜줄 것 같고, 여기에 있어야 안전할 것 같다고 인식하게 된다. 이는 구성원을 조직에 뿌리내리게 하는 뚝심 좋은 동인動因, drived 이 된다.

셋째로는 시너지 효과다.

1+1의 총량이 2를 초과하는 것이다. 다시 말해 자신이 특정 조직에 속해 있음으로 얻는 효익이다. 이는 기술의 습득, 명성reputation 의 나눔, 경력career 의 축적으로 대변될 수 있다.

한국 CF 업계에서는 광고 제작사 B필름에 입사하기만 하면 CF를 체계적으로 배우고 업계에서 성공할 수 있다는 것이 보편적으로 인식되어 있다. 이는 B필름 대표가 발전 가능성이 있는 '좋은 모종인재'을 정확히 볼 줄 아는 안목이 있다는 것과 B필름이 견고하고 공정한 경영 시스템이 갖추어진 '옥토'라는 것이 업계에 인지, 회자되고 있기 때문이다. 좋은 모종이 비옥한 토양에 심어진다면 모종의 입장에서 시너지 효과를 기대할 수 있는 이보다 더 훌륭한 환경이 어디 있겠는가?

현대 인재 집약적 기업의 인사관리는, 잠재적인 '우리 사람'들이 일단 입사하게 되면 일을 제대로 배울 수 있고 자신이 설정한 꿈에 시너지 효과를 내줄 옥토 같은 조직이라는 인식을 각인시키는 것이 요체다.

마지막으로 조직유산organizational heritage이다.

어떠한 조직이든 시시각각으로 변하는 변수로 인해 부침浮沈이 있기 마련이다. 조직유산은 기업이 직면할 위기에 묵직하게 조직 안정화와 성장을 도모할 수 있는 원동력이 된다.

지하철 플랫폼에는 매일 수많은 열차와 승객들이 지나간다. 또렷하고 강렬한 의식으로 가야 할 목적지를 향해 또박또박 걷는 사람들과, 이들에 밀려 자의 반 타의 반으로 조용히 어딘가로 흘러가는 사람들. 기업 또한 초단위로 수많은 위기와 기회, 고객과 조직원이 공존한다. 공동의 목적을 위해 모인 기업이 무언가로 결속되어 있지 않으면 지하철 플랫폼의 스쳐 지나가는 조용한 유출silent spill과 다름없다.

기업은 조직유산이라는 든든한 촉매제를 플랫폼에 설치할 필요가 있다. 오랜 세월 공을 들여 이룩한 조직유산은 인재란 구슬들을 꿰어줄 튼실한 고리이자 훗날 조직원들이 유산 형성에 기여하려고 하는 충성심을 유도해 낼 원인이고 결과이다. 그럼으로써 기업은 조직유산으로 인해 조직 이탈을 희석시키고 승화시킬 수 있다.

인재 채용이 아닌 '인재 이식'의 시대. 기업은 전술한 4가지 차원을 명심해 좋은 모종을 붓대에 몰래 숨겨와 비옥한 옥토에 심는 심정으로 인재 이식을 고민해야 한다.

이런 마음가짐이 되어 있지 않아 소중한 '우리 사람'을 빼앗기는 일은 다반사다. 인재를 영입하기 위해 회사를 통째로 매입하는 '애퀴하이어acqui – hire'가 경영전략으로 일상화된 지는 이미 오래전 얘기다.

"내 자산을 모두 가져가는 대신에 지금의 조직을 나에게 넘겨라.
그러면 5년 후 내가 다시 모든 것을 가져갈 것이다."

– 알프레드 M 슬론 –

모두에게 주홍글씨는 있다 Nobody is perfect

메이플라워may flower호를 타고 미국으로 이주한 청교도들이 여자가 간통죄를 지으면 '간통'을 뜻하는 단어 'Adultery'의 앞 글자 'A'를 주홍색으로 가슴에 새기는 형벌에서 유래한 표현, '주홍글씨'.

가슴에 주홍글씨를 안은 여인들은 인생을 자포자기해 살아갔고 그로 인해 더 심각한 범죄에 노출되고도 죄책감을 느끼지 못하게 된다. 스티그마 효과Stigma effect, 한 번 나쁜 사람으로 찍힌 사람은 스스로 나쁜 행동을 하는데 거리낌이 없어지게 되는 낙인 이론Labelling theory의 탄생 배경이다.

우리 주위에서 쉽게 마주칠 수 있는 부지런한 리더가 있다. 직원들에게 잘할 때는 논공행상으로, 실수했을 때는 읍참마속泣斬馬謖의 심정으로 일벌백계를 하는 신상필벌이 확실한 리더다. 그런 그는 부단한 노력으로 성공 가도를 달리기 시작한다. 그토록 사리 분별 바르고 성실했던 리더가 신기루 같은 성공의 단맛을 맛본다. 어느새 중앙집권화centralize를 내세우게 된 궤격詭激한 자기 과시형 리더는 자신도 모르게 강퍅해져 버려 대중의 존경은 통치자가 원한다고 얻을 수 없지만, 두려움은 언제라도 피치자被治者에게 가할 수 있으니 대중을 공포로 다스리라는 마키아벨리Niccolò Machiavelli의 『군주론』과 로버트 그린Robert Greene의 『권력의 법칙』 힌트를 따른다.

조급한 마음에 본인의 시기와 분노를 통제하지 못해 실수한 직원을 비꼬고 비하해 자존심을 깔아뭉개며 오욕과 경멸의 고압적인 태도로 심하게 호통을 쳐 겁박하고, 구성원을 불명예스럽게 사직시킬 때 과감하게 내치는 자신의 행동을 카리스마 넘친다며 감성 자위emotional masturbation를 한다. 당장의 기분이 당연한 태도가 되어 나타난다. 급한 마음에 노怒를 발發하면 안 됨에도 분노는 우매한 자들의 품에 머무를 따름이다.

힘은 섬기라고 부여된 것이지 누리라고 얻어진 게 아니다.

전쟁터에서 말 눈의 양옆을 가려 한눈팔지 않고 앞만 보고 적을 향해 내달릴 수밖에 없게 한 데서 유래된 경주마에 씌우는 눈가리개. 신기루 위에 앉은 인격장애 리더는 사이코패스psychopathy와 소시오패스sociopath 사이를 오가면서 부하 직원에게 공포란 눈가리개를 씌운다. 자신이 조직을 쥐고 흔드니 팽팽한 긴장감이 유지되고, 자신을 모두가 무서워하며 말을 잘 듣고 일을 더 열심히 하고 있다고 생각한다. 여기서 중요한 게 하나 있는데, 그건 부하 직원은 사람이지 네 발로 걷는 말이 아니라는 거다. 무지한 데다 몽매하기까지 한 조직이라면 일정 기간 공포정치가 뜻대로 먹히겠지만, 모든 구성원이 얼간이들로만 채워지기는 쉽지 않다.

노하기를 더디 하는 자는 크게 명철하여도 마음이 조급한 자는 어리석음을 나타낸다. 자신의 오만을 다스리지 못하고 조직을 꾸리겠다는 건 똥 묻은 손으로 새하얀 순백의 눈사람을 만들겠다는 것과 같다. 공포가 막강한 지휘 수단인 조직은 결국에 구성원들의 '스틸steal 행위'를 거쳐 시한폭탄이 언제 터질지 모른 채 자체 붕괴 수순을 밟게 되어 있다.

1971년에 스탠포드대학교 심리학과 필립 짐바르도Philip George Zimbardo 교수는 '감옥 실험'을 디자인했다. 평범한 대학생 24명을 선발해 랜덤으로 죄수와 교도관으로 역할을 나누고, 이들을 학교 건물 지하에 진짜 감옥과 똑같이 꾸민 곳에서 지내게 한다. 얼마 뒤 교도관 역의 학생들은 진짜 교도관처럼 권위적으로 행동했고 심지어 가혹 행위를 일삼기도 했다.

조지 오웰George Orwell이 쓴 『동물농장』에서 독재자로 군림하는, 머릿속에 권세의 기름기 가득 낀 완악한 수퇘지 나폴레옹은 "모든 동물은 평등하지만, 어떤 동물들은 다른 동물들보다 더 평등하다. (All Animals Are Equal. But Some Animals Are More Equal Than Others)"란 현란한 수사修辭, 말장난를 동원해 세상을 지배하려 한다.

책임과 사명을 강조하는 '자리가 사람을 만든다'는 말의 용례가 탕자의 방종인 '교만'과 '세상 권세'로 치부되는 순간 왠지 짙은 페이소스pathos, 연민가 느껴진다.

내 앞에 놓인, 내가 통제할 수 있을 것이라고 생각하는 잔을 내 뜻대로 옮겨선 안 된다. 자기 눈에 들보가 있는데 남의 눈의 가시를 빼려는 격이다. 사람을 플라톤의 성선설과 성악설의 단순 이분법으로 구분할 수 없듯 인간이 인간을 선악 간에 말할 수 없다.

인사권을 남용해서 사람들을 쉽게 자르고, 새 선수는 언제라도 얼마든지 기용하면 된다는 식의 용병술을 남발하는 거만한 리더들이 간혹 있다. 절대 그래서는 안 된다. 사람은 존귀하게 대해져야 한다. 구성원은 직원이기 전에 사람이지 소모품이 아니다. 그래서 조직의 구성원을 경영학에서는 내부의 고객, '내內고객'이라고 해 소중하고 더없이 가치 있는 존재로 표현한다. 일천한 내 경험을 빌어 감히 말하면 오만과 교만과 거만과 자만은 직간접적인 자기 자랑에서 시작해 자신을 높이고 작위적으로라도 높임을 받으려 한다. 허탄한 자랑을 자랑하니 이러한 자랑은 다 악한 것이라. 힘이 있을 때 자고自高하면 추락의 쓴맛을 보지만, 약자를 높이면 지혜롭고 은혜로운 자신을 만날 수 있다.

당신이 누군가를 높여 믿고 지지한다면 그들은 실로 상상하지도 못한 놀라운 일을 해낼 것이고, 당신이 지금 누군가를 미소 짓게 하고 있다면 세상에서 가장 행복한 사람은 바로 당신이다.

희미하게 비춰 보이지만 분명히 존재하는, 애써 찾아내려 하지 않아도 인간에게 투영된 숭고한 펜티멘토pentimento, 유화에서 덧칠을 하더라도 보여지는 본연의 흔적는 언제 어디서나 실체가 드러나게 되어 있다. 온유하고 경건하며 거룩한 존재인 인간은 용서를 오마주Hommage하고, 은혜를 우러러 그리워한다.

독일의 관념 철학자 헤겔G. W. F. Hegel은 남의 죄를 용서하면 동시에 자기의 죄가 용서되는 것을 화해和解, Versöhnung라고 했다.

'용서容恕'를 한자로 풀면 '받아들여 상대의 입장이 되어 본다'로 '단념'의 뜻을 지닌 독일어 'Verzichten'과 어원이 같다. 영어 '용서하다forgive'는 'for+give'='주기 위한'으로 '용서'는 시대를 초월해 인류가 축복권으로 부여받은 원초적인 진리다. 진리가 우리를 자유롭게 한다. 예수님이 간음한 여인에게 그러했고, 빅토르 위고의 『레미제라블』에서 절도범 장발장에게 은촛대를 덤으로 준 성직자가 그러했다. 누가 누구를 돌팔매질로 강팍한 정죄를 할 수 있을까?

정도의 차이가 있을 뿐 누구에게나 주홍글씨가 있고Nobody is perfect 의인은 없나니 하나도 없다. 우리가 우리에게 잘못한 사람을 용서하여 준 것 같이 우리 죄를 용서받아 허물을 고백으로 걷어내고, 속죄, 회개의 박힌 가시를 두르고 긍휼, 자비, 은총으로 살아간다.

약리학에서 두 가지 약물이 투여되었을 때 서로 효과를 소멸시키는 '길항拮抗, antagonism 작용'.

마음속에 갇혀 있는 포로들을 얽매고 있는 빗장을 책임을 묻지 않는 '용서'란 열쇠로 하나하나 풀어주다 보면, 마지막 방에 자석처럼 웅어리져 갇혀 있던 '나'와 '남'을 옥죄던 족쇄가 풀려 '내'가 자유롭게 되고 분노와 증오가 떨어져 나간다. 결국 은혜가 밀려와 상처난 곳을 덮어 치유하고, 구원의 용서가 빛을 발해 주위로 흘려보내져 모든 것을 회복시킨다.

평가evaluation는 상대의 가치valuation를 밖으로 드러내게e, ex=out 하는 것을 전제로 하지, 깎아내리고 짓이기는 데 초점을 두지 않는다. 수직과 수평의 경천애인, 마음을 감찰하는 절대적인 알파와 오메가의 가르침이다. 조용한 침묵으로 안고 감으로써 절망의 사람을 소망의 사람으로 만들어 보배롭게 쓰임 받게 하는 축복의 관문이 된다.

meditation : 팀장님 제가 리더십이 많이 부족하죠?

비가 억수같이 쏟아지는 밤이었다. 다음 날 신규 거래처에 제출할 최종 제안서와 새벽까지 씨름을 하고 있었다.

새벽 2시 35분, 이젠 됐다고 생각해 컬러 프린트로 출력해 놓고 보니 페이지 순서를 바꾸는 게 나을 것 같다. 순서를 바꿔 '이젠 다 됐겠지?' 생각해 출력해 보면 이번엔 문장의 순서를 바꾸는 게 훨씬 더 설득력 있을 것 같다. 이젠 정말 마지막이라고 출력한다. 웬걸? 분기별 재무 시뮬레이션에 보완할 부분이 노란 형광펜으로 칠해 놓은 듯 선명히 보인다. 모니터에서 안 보이던 머리털 굵기의 오차가 왜 출력한 페이퍼에서는 이리도 선명하게 보이는지 모를 노릇이다….

대박이 터질지 안 터질지, 언제 끝날지 모르는 제안서 최종 수정 작업으로 씨름하는 데는 이골이 나 있다. 새벽 동이 틀 때까지만 끝내면 된다는 생각에 차분히 한 장 한 장 다시 확인하고 점검해 가며 정리해 나간다.

그러다가 문득 작년에 이번 제안과 유사한 기획안을 만들었던 기억이 났다.

'작년에 만든 T사 제안서가 있었지! 그걸 찾아봐야겠다.'

참고하면 좋은 것 같아 당시 프로젝트를 담당했던 팀장 책상으로 가 PC를 켜고는 파일명을 생각해 봤다. 그럴 법한 몇 가지 검색어를 입력했는데 좀처럼 나오질 않는다. 파일명을 뭐라고 해두었는지 팀장에게 전화를 해볼까도 생각했지만, 새벽 3시가 다 된 시간에 자고 있을 사람을 깨우느니 그냥 '내가 30분 더 고생하고 말지.' 하는 마음이 들었다. 일단 '제안서'라고 적혀 있는 파일은 모조리 클릭해서 열어보았다. 졸음은 밀려왔고 빨리 제안서 작업을 마무리하고 싶었다.

그렇게 20분쯤 지났을까? 제안서 모음 폴더에 엉뚱하게 '클래식 모음'이라는 파일이 들어 있다. 별생각 없이 음악이라도 들으면서 머리 좀 식힐까 해 그 파일을 더블클릭하고는, 바지런히 다른 파일들을 열어 확인을 해 나갔다.

그런데 뭔가 이상한 것이 모니터에 떴다. 노래 제목들이 나와야 할 클래식 모음 파일은 음악 파일이 아닌 PPT파워포인트 파일이었다. 파일이 꽤 무거운지 다 열리는 데 1~2분이 걸린다. 첫 장이 백지로 되어 있는 파일은 둘째 장부터 우리 회사의 모든 거래처 목록이 들어 있고, 원가 내역부터 납품가, 연간 거래 내역과 회사의 세무 자료까지 총망라되어 있다. 그리고 마지막 장에는 우리 회사의 라이벌 회사로 보내는 팀장의 이력서가 붙어 있었다. 그의 업적 포트폴리

오에는 지금까지 우리 회사의 대표적인 실적들이 PDF 파일로 붙어 보기 좋게 나열되어 있었다. 옆에 써 놓은 것을 보니 이 모든 실적이 마치 자기가 진두지휘해서 이루어낸 성과인 것처럼 설명해 놓았다. 팀장이 경쟁사로 보내려는 전직 지원서였다.

순간 잠이 확 달아나면서 속에서 분노가 부르륵 끓어올랐다.

'내가 이제까지 어떻게 해줬는데….'

그간 나의 배려가 영화필름처럼 빠르게 스쳐 지나갔다. 바쁘고 정신없는 중에도 팀장이 결혼하기로 한 여자 친구와 함께 식사도 하고, 회의실에서 캔맥주를 마시며 사적인 고민까지 같이 나누던 부하 직원이었다. 나를 숨김없이 보여주고 내어주며 거짓 없이 대했는데, 그는 내 뒤통수를 치며 다른 진로를 모색하고 있었던 것이다. 기분 같아서는 당장 해고하고 싶었다. 나이는 나보다 훨씬 많은 그였지만, 욕이라도 실컷 퍼부어주고 쫓아버리고 싶다. 너무나도 격분해서 나는 제안서도 잠시 잊고, 내 방 책장 뒤에 깊숙이 숨겨두었던 잭 다니엘 병을 꺼내 마시던 커피잔에 콸콸 들이부었다.

잠시 심호흡을 몇 번 하고는 생각을 가다듬는다.

'침착해야 하는데…, 침착해야 하는데…. 이럴 때 다른 경영자들은 어떻게 했을까?'

내가 존경하는 기업인들, 정주영 회장님이라면 어땠을까? 록펠러? 이병철 회장님이셨다면?

답은 심플했다. 충격으로 정신이 다 멍해질 지경이었지만, 놀란 가슴을 진정시키며 아침까지 생각하고 또 생각했다. 실망과 분노는 천천히 가라앉았고 이 사태를 어떻게 할 것인가에만 집중했다.

어느덧 날이 밝아왔고, 아침 8시다. 간밤의 비가 그쳐 맑은 아침이다.

막 출근해 자리에 앉은 팀장을 내 방으로 불렀다.

따뜻한 커피 두 잔을 사이에 두고 팀장의 눈을 찬찬히 들여다보았다. 4년 전 처음 만나서 잘해보자고 의기투합했던 그때 그 눈빛만은 그대로였다.

나는 용기를 내어 입을 떼었다.

"팀장님, 제가 리더십이 많이 부족하죠?"

팀장은 멍하니 나를 바라본다. 나는 그의 입에서 나의 의심을 증폭시킬 만한 더 심각한 얘기가 나올까봐 두려워서, 그의 대답도 듣지 않고 먼저 얘기했다.

"우연치 않게 팀장님이 전직하려는 회사에 보낼 파일을 열어 봤어요."

팀장의 눈은 고정되어 있었다.

그가 나에게 더 이상 거짓말하지 않길 바라며, 새벽에 봤던 파일을 그대로 모니터에 띄워두었으니 출근해 자리에 앉는 순간 지금의 상황을 짐작했으리라.

"내가 먼저 사과할게요. 자초지종을 얘기해 주세요."

팀장은 고개를 떨군다.

그는 우연히 업계 파티에서 라이벌 회사 부장과 만났다고 했다.

그 부장의 제안에 혹하는 마음에 이력서를 준비하게 됐다고 한다. 그리고… 미안하다고 했다.

"고마워요. 솔직히 얘기해 줘서…. 자 그럼, 나도 새벽에 그 문서들을 비공식적으로 본 거니까 공식적으로는 없었던 일입니다. 그리고 팀장님은 아직 엄연한 우리 회사 식구니까 자리에 돌아가서 서로 맡은 바대로 일합시다. 그리고 정 이직하고 싶다면 정정당당하게 다시 말해 주세요. 정식으로요."

팀장이 나를 붙잡고 다른 말을 더 하지나 않을까 가슴이 조마조마했다. 다행히 팀장은 아무 말 없이 방을 나갔고 한 시간 후에 시말서를 써 가지고 왔다. 나는 내용도 안 보고 그가 보는 앞에서 시말서를 찢어버리고는, 오늘 새벽부터 한 시간 전까지의 내 기억을 깡그리 누군가에게 소매치기당했다고 말했다. 그러고는 거래처까지 운전해 줄 수 있냐고 물었다. 거래처를 오가는 동안 한마디 말도 없던 팀장은 퇴근길에 고맙다며, 다시 초심으로 돌아가서 더 열심히 하겠다고 얘기했다.

그 후로 팀장은 우리 회사의 인쇄 부문 신규 사업을 성공시켜 황금알을 낳아주었고 3개월 뒤 부장으로 승진했다. 만약에 내가 순간적인 감정을 주체하지 못하고 부하 직원을 마냥 다그치고 몰아붙이기만 했다면 어떻게 되었을까? 팀장이 만들어준 황금알도 없었을 것이고, 만약에라도 그가 경쟁사로 이직을 했다면 우리 회사의 노하우와 기밀이 모조리 경쟁사로 넘어갔을 것이다. 게다가 공백이 생긴 팀장 자리를 채우기 위해 내외부에서 적합한 사람을 찾느라 또 다른 에너지를 소비해야 했을 것이다.

어느 늙은 해녀가 평생 힘들게 물질을 하고 살아가다가 깊은 바다 속에서 여지껏 보지 못했던, 인생에서 가장 커다란 진주를 머금은 조개를 발견한다. 진주를 캐서 집으로 가져가 기쁜 마음으로 진주를 자세히 들여다보니 진주에는 작고 검은 점이 박혀 있었다. 해녀는 이 조그만 점만 없다면 진주의 가치가 더 나갈 것이라고 생각한다. 점을 없애기 위해 얇은 칼로 커다란 진주를 매일매일 조금씩 깎아나갔다.

어느덧 커다랗던 진주는 자그마한 알갱이가 되어 있었고, 결국에는 형태를 알아볼 수 없을 정도로 작아지고 말았다.

해녀는 진주의 작은 점이 진주의 한 부분이란 걸 몰랐던 것이다.

-『미친 꿈은 없다』 중에서-

"믿지 못하면 아예 쓰지를 말고
일단 썼으면 모든 것을 믿고 맡겨라."

-조조-

PART 6

商, 장사 상
(협상)

QR코드를 찍으면 저자
강의 동영상을 볼 수 있습니다

최고의 승리는 안 싸우고 이기는 것이다

경영학에서 협상을 커리큘럼에 별도로 두지는 않지만, 협상은 리더가 조직을 꾸리고 외부와 협업하며, 펀딩을 받고 M&A와 매각 등의 엑시트를 하는 경영 전반에 걸쳐 수행해야 하는 필수불가결한 일상적인 업무다. 언제나 상대가 있고 협의를 해야 하는 현장에서 협상은 '일방의 설득'보다는 '같이 하는 것'에서 그 의미가 시작된다. 그래서인지 필자는 장사라는 뜻의 상商을 쓰는 협상協商보다는, '서로 상相'자를 써서 '서로에게 협력한다'는 '협상協相'에 실전감을 더 느끼는지 모르겠다.

할리우드 영화와 미드에서 FBI나 CIA의 프로파일러 출신 협상 전문가들이 자주 등장한다. 테러와의 협상은 절대 없다는 미국에서조차도, 극단적으로 시퍼렇게 선 '양날의 칼' 협상의 원칙은 단 하나, 피를 안 흘리는 것이다. 흥정을 당장의 유불리有不利 위주의 접촉이라면, 협상은 서로에 대한 분석을 통해 냉철한 비즈니스로의 승화 과정이다. 그래서 협상에 들어가기에 앞서 내가 할 얘기는 3분의 1,

상대가 할 얘기는 3분의 2로 시뮬레이션해야 한다. 협상을 잘하면 양쪽 다 피를 안 보고도 모두 이길 수 있고, 만약 피 보기를 각오하고 들이대기로 한다면 협상 우위를 점유한 쪽이 바위로 달걀을 깨는 수월한 싸움을 할 수도 있다.

언제라도 사활을 건 협상에 나서야 하는 리더는 누구보다도 제일 먼저 전장으로 뛰쳐나갈 수 있어야 한다. 뒤에서 "돌격 앞으로!"를 외치는 겁쟁이 장군은 필요 없다.

우리 역사상 최고의 협상가는 서희 장군으로 역사책에 기록되어 있다. 복잡한 협상론의 상황과 대처, 전략을 역사 속에서 들여다보자.

"제가 비록 불민하나 어찌 감히 왕명을 받들지 않겠습니까?"

동북아시아의 패권을 송나라와 거란이 좌지우지하던 고려 성종 후기, 거란군의 총사령관 요나라 소손녕은 80만 대군을 이끌고 고려를 침공한다. 침공의 목적은 거란이 고구려의 후예인데 신라에서 일어난 고려가 고구려의 땅을 왜 차지하고 있느냐며 서경지금의 평양 이북 영토를 내놓으란 것과, 고려와 거란이 접해 있는데도 불구하고 고려가 거란과는 교류하지 않고 거란과 적대 관계인 송나라를 섬긴다는 이유를 들며 송나라와의 친교를 파기하라는 것이었다.

고려의 조종은 투항파와 할지파割地派로 나뉘어 패닉에 빠진다. 투항파는 위력적인 거란의 군대와 맞서다가는 패하는 게 불을 보듯 뻔하니 일찌감치 항복하자고 주장하고, 할지파는 거란이 원하는 땅을 그냥 내어 주는 게 항복하는 것보다는 실리적이라는 것이었다. 갑론을박이 오가던 조정은 점차 거란에게 아무런 이유도 없이 땅을 내어 주자는 할지론으로 굳어가고 있었다.

하지만 문신 서희의 생각은 달랐다.

"종묘사직의 안위와 화평을 구하고자 한다면 마땅히 전쟁을 준비하여야 할 것입니다."

조정 내에서의 탁상공론으로 부화뇌동을 그만하고 적장 소손녕을 직접 만나 침략의 저의를 정확히 파악하고 담판을 지은 후 항복을 하든 땅을 내어주든 결정해도 늦지 않다고 설파했으며, 그러한 결정조차도 일단 싸워 보고 결정해야 한다고 주장한다. 나중에 서희에게 조정의 상황을 보고하게 되는 민관民官, 호조의 수장 이지백이 서희의 주장에 동조하였다.

성종은 서희의 말에 고개를 끄덕였다. 그렇다면 누가 거란이 80만 대군과 함께 보낸 소손녕을 만날 것인지 중신들에게 물었지만 중신들 사이에서는 긴 침묵이 흐를 뿐이다. 그 누구도 대답을 안 한다. 오만한 소손녕에게 자신의 영내로 들어온 고려의 대신을 죽이는 것은 너무나도 간단한 일이기 때문이다.

그때 한 중신이 말한다.

"제가 비록 불민하나 어찌 감히 왕명을 받들지 않겠습니까?"

문신 서희의 자장격지. 自將擊之, 스스로 장군이 되어 적을 치러 가다

서희는 소손녕이 있는 영문으로 향하였고, 성종은 개성의 예성 강변까지 가서 서희의 손을 잡으며 배웅한다.

서희가 소손녕의 군영에 들어서자 중무장한 거란의 장수들이 서희를 에워쌌다. 멀리서 소손녕이 고함에 가깝게 엄포를 놓는다.

"나는 대국의 귀인이니 고려의 사신 서희는 경내에 들어오기 전에 나에게 예의를 갖추고 절을 해야 할 것이니라."

이에 서희는 대쪽 같은 준엄함으로 맞선다.

"서로의 나라를 대표하는 사신으로서 동등한 지위에서 자리가 된 외교 협상에 어찌 소손녕은 이리도 태도가 무례한가?"

불같은 기세로 되레 소손녕을 꾸짖는다. 소손녕은 서희의 태산같이 묵직한 기운과 침착한 의연함에 압도되어 더 이상 절을 하라고 도저히 강요할 수 없었다.

국가를 위해 살아 돌아가기를 바라지 않고 자신의 목숨을 이미 초개草芥같이 내놓은 서희에게 소손녕의 위협은 공허한 메아리에 불과했다. 밥 짓는 솥을 깨고, 되돌아갈 배를 가라앉힌다는 파부침주破釜沈舟. 서희의 살아 돌아가기를 기약하지 않고 결사적으로 싸우겠다는 결의다.

서희는 무려 7일간 소손녕의 군막軍幕에 기거하며 협상에 임하기로 한다.

소손녕과의 불편한 식사를 거부하지 않고 동석하는 서희, 그에겐 협상 전략의 일부였다. '런천 테크닉Luncheon Technique'. 허기질 때 음식을 나눠 먹으면 위가 채워지는 쾌락중추 반응에, 같이 먹고 있는 사람과의 대화가 나쁘지 않게 들리면서 무의식중에 대립을 피하고 싶어 하는 심리다. 서양의 스톡홀름 신드롬p. 189의 '밥정情'버전으로 동일 시공간에서의 인지적 직결 심리를 활용하는 협상술이다.

서희가 군영에서 5일을 거하자 초반에 강압 일색이었던 소손녕의 태도가 종용으로 변한다. 하지만 고려 서경 이북을 내놓고 송나라와의 외교를 단절하라는 취지는 여전했다.

순해진 소손녕에게 서희는 '이때다!' 싶어 더 강력하게 명확하고 명료한 논리와 논조로 소손녕을 단호하게 압박했다.

"고려는 신라의 땅에서 나온 것이 아니라 고구려의 후예이다. '고려'라는 국호만 보더라도 우리가 고구려의 후예임을 알기란 어렵지 않다. 또한, 고려와 접경해 있는 거란과 통교通交하지 못한 것은 고구려의 땅인 압록강 주변을 장악하고 있는 여진족 때문에 거란과 육교陸橋를 맺지 못하고 있는 것이다."

자신의 주장을 소손녕이 요나라 왕에게 전해 주면 왕도 자신의 뜻을 헤아려 줄 것이라 했다. 서희는 한마디 한마디에 외교관으로서의 품위를 담고 있었지만, 단전에서부터 피를 쏟아낼 기세의 강변이었다.

소손녕은 서희의 뜻을 요나라 왕에게 전하였고 중신들과 며칠을 고민한 요나라 왕은 서희의 주장을 받아들였다.

서희와 소손녕이 체결한 강화협정 화친으로 고려는 여진족이 차지하고는 있었지만 요나라의 영향력이 지배적이었던 압록강 주변의 300리에 달하는 강동 6주 홍화, 용주, 통주, 철주, 구주, 곽주를 얻게 된다.

오늘날 역사는 서희가 80만 대군으로 고려를 위협한 거란군의 총사령관 소손녕을 굴복시키고 나라를 구한 것으로 기록한다.

바둑판의 돌을 버릴지언정
선제적 지위를 잃어서는 안 된다

(棄子爭先, 기자쟁선)

강동 6주 획득의 협상 성공 요인으로 5가지를 꼽을 수 있다.

첫째로 국가 절대절명의 위기 상황에서도 궁극의 해결안 모색을 위해 단계적으로 접근한 전략적 사고strategic thinking다.

조정 내 중신들이 잔뜩 겁에 질려 항복하자, 땅을 내어 주자는 아비규환 속에서 서희는 일단 소손녕과 직접 만나 상대의 의도를 알아내야 하고 파악된 의도를 분석해 담판을 지어야 한다. 만약 협상이 안 통하면 전쟁도 불사해야 하고, 투항이든 땅을 내어 줄지 그때 결정해도 늦지 않다고 주장한다. 이는 어차피 잃을지언정 가능성이 1%라도 있다면 한 단계, 한 단계씩 점진적으로 프로세스를 밟아 나가면서 성공의 확률을 차근히 높여가겠다는 고도의 리스크 매니지먼트Risk Management 전략이다.

두 번째 성공 요인으로 대세를 읽고 상대의 저의를 간파해 낸 통찰력이다.

당시 거란과 송나라는 중국 대륙을 두고 쟁탈전이 한창이었다. 소손녕은 고려에 신라가 고구려의 후예가 아니라는 논리로 고려의 영토를 내놓으란 강수를 둔다. 하지만 서희는 거란의 강요의 이면에 다른 의도가 있다는 것을 협상에서 알아챘다. 바로 지정학地政學 적으로 고려와 송나라의 샌드위치 상태에 놓인 거란이 고려가 송나라와의 관계를 단절하길 절실히 바라고 있다는 점을 간파해낸 것이다. 협상 상대의 아킬레스건을 아는 서희는 '고려'라는 국호를 들어 고구려의 정통 후예임을 명시함으로써 고려의 영토를 지켜냄은 물론, 거란과의 수교를 명분으로 여진족을 몰아내고 강동 6주까지 얻는 쾌거를 이루어 낼 수 있었던 것이다. 이는 치밀한 대외 정세를 거시적인 관점에서 정확히 파악하지 않고서는 해낼 수 없는 일이다.

대세를 읽는 방대한 시각과 치밀한 외부 분석으로 대응과 설득 논리를 십분 발휘해 명분과 실리를 얻은 공격과 방어를 동시에 행한 것이다.

셋째, 서희의 주장을 소손녕이 거란의 요나라 왕에게 전해 준다면 왕도 고려의 뜻을 헤아려 줄 것이라며 담판의 당사자들끼리 협상의 결과를 논하지 않으면서 소손녕이 임금에게 보낼 협상 내용 전달의 명분을 안겨 주었다.

서희의 주장을 전달하는 행위가 이번 협상 결과의 최종적인 보고가 아니라 협상 과정에서의 연결선상에 있는 진행 보고이기 때문에 협상에서 지고 온 것 아니냐는 혹여 있을지 모를 질타로부터 소손녕은 면피할 수 있다. 또한, 소손녕은 강경한 거란의 요구를 고려에 고압적으로 분명히 통보하였고 협상에서의 결정을 자신의 주군인 임금에게 물음으로써 신하의 도리를 충분히 다한 것이었다.

이 또한 놀라운 서희의 계책이 아닐 수 없다. 쥐도 막다른 길에서는 고양이를 문다. 길을 열어 놓고 몰아쳐야 물리지 않는 이치다.

넷째로 협상의 주도권을 지속적으로 유지하고 있었다는 사실이다.

협상 초반부터 서희와 소손녕의 '기 싸움'에서 모든 것이 불리한 상황에서도 서희는 단 한 번도 기선을 제압당하지 않고 치킨게임을 방불케 하는 팽팽한 긴장감을 대등하게 유지한다.

그 기개에 눌린 소손녕은 마치 노련한 최면술사의 최면에 걸린 듯 서희의 전략에 말려들게 된다.

자청해 소손녕의 군영으로 들어가겠다고 한 순간부터 이미 서희의 목숨은 국가의 운명과 동일체였다. 국운과 사활이 자신에게 달려 있다는 엄중함은 전쟁도 불사할 기세의 서희가 80만 대군의 위협에도 눈을 부라리고 소손녕을 호되게 꾸짖을 수 있었던 원천이 되었다.

사명감을 가지고 분석적 통찰과 냉철한 판단, 그리고 집중력과 열정을 토해낼 기개로 협상 테이블에 앉는다면 이미 이긴 싸움을 하고 있는 것이다.

왜 달걀로 바위를 치려는가?
바위로 달걀을 치는 게임만 해라!

서희 협상의 마지막 다섯 번째 신의 한수는 고려 조정 내부의 정보 수집과 정치적 관계에도 소홀치 않았다는 데 있다.

이미 송나라와 외교관계를 맺고 있던 당시의 고려 조정은 친송파親宋派의 파벌이 주류를 이루고 있었다. 그런 조정에서 서희의 파격적인 행동이 달갑게 받아들여졌을 리 만무하다. 이에 서희는 자신의 뜻에 동조해준 이지백으로부터, 자신이 소손녕을 만나러 가는 순간부터 협상을 마치고 강동 6주를 획득하기까지 조정의 상황을 보고 받으며 조정과의 관계를 긴밀히 조율해 간다.

'위협적인 적일수록 옆에 두고 관찰하라'는 말처럼 내부의 적들이 득실대는 조정과 물리적으로 멀어져 있는 서희는 자신의 정보원을 조정에 꽂아 두는 지혜를 발휘한 것이다.

현대 정보기관의 첩보 수집 방법은 크게 두 가지로 '휴민트HUMINT:human intelligence'와 '시진트SIGINT:signal intelligence'가 있다. 휴민트는 간첩, 정보원 등 사람을 이용하는 방법이고, 시진트는 첨단 장비로 첩보를 수집하는 것이다.

도청 기술이 전무했던 당시에 이지백은 휴민트로서 조정의 분위기를 서희가 감지하고 관계를 조율할 수 있도록 해 주었다.

현대에도 기업에서 장기간 외국 지사로 나가 있는 동안 본사의 기류를 알려 줄 '자기 사람'을 심어두고 가는 것과 매일반이다.

야전에서 목숨 걸고 전쟁에만 올인하다가 중앙정부와의 관계가 악화되어 낭패를 봤던 역사는 동서양을 막론하고 비일비재하다. 우리의 이순신 장군이 그러했고, 5세기경 페르시아와의 전쟁에서 스파르타가 그러했다. 문신이자 외교관인 서희의 명민함이 다시 한 번 발현되는 대목이다.

서희의 협상을 염두해 가며 다음에 순서대로 나오는 두 그림을 설명이 나오기 전에 유심히 한 번 들여다보자.

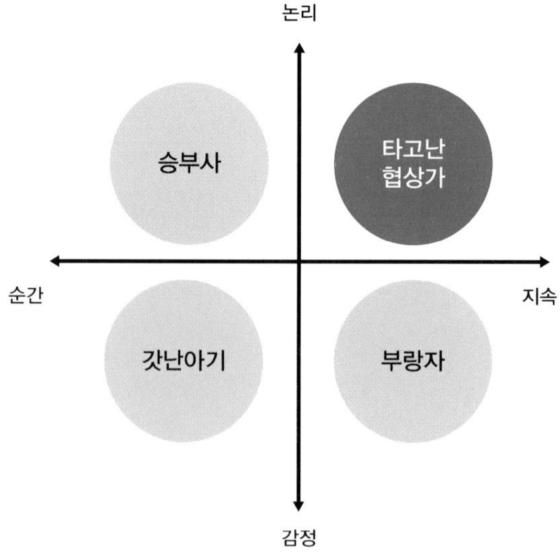

[그림 6-1] 사고와 행동에 따른 협상 type

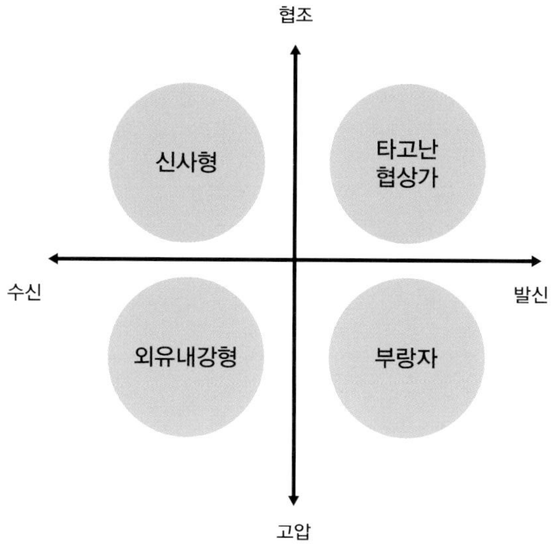

[그림 6-2] 관계와 대화 방향에 따른 협상 type

협상 타입은 크게 '사고-행동 특성'과, '관계-대화 방향 특성'으로 나눌 수 있다.

'사고-행동 특성'에서 사고 특성은 논리적, 감정/정서적으로 나눌 수 있고, 행동 특성은 순간/순발적, 지속적으로 나뉜다. 이에 [그림 6-1]에서 보듯 1사분면은 논리를 바탕으로 지속적인 협상을 하는 '타고난 협상가', 2사분면은 나름의 논리를 가지면서도 DTR Distrupt – then – reframe, 혼을 빼놓고 재구성하기 기법을 활용해 순발력으로 타이밍을 포착하는 '승부사', 3사분면은 감정적인 데다가 성격만 급해서 앵앵거리고 찡찡대며 떼를 쓰는 '갓난아기', 4사분면은 상대의 입장은 상관없이 지속적으로 말도 안 되는 것만 요구하는 '부랑자'다.

[그림 6-2]는 '관계-대화 방향 특성'에 따른 협상 타입이다. 1사분면은 협조적인 스탠스stance, 입장를 견지하면서도 자신의 의견을 당당히 제시하며 give & take의 상호주의에 입각해 결과를 도출해 내는 '타고난 협상가', 2사분면에는 자신의 얘기를 하기보다는 귀를 열고 공감해가며 협조적인 태도를 취하는 '신사', 3사분면에는 남의 입장을 잘 헤아려 주는 듯하지만, 자신의 goal목표을 성취하기 위해서라면 제압에 가까운 태도로 설파하는 셀피시selfish한 '외유내강형', 마지막으로 4사분면에는 앞도 없고 끝도 없이 오로지 자신의 목적을 관철하기 위해 고압적인 태도로 일관하는 '부랑자'다.

[그림 6-1]과 [그림 6-2] 둘 다 2사분면은 협상에 있어 리스키risky하다. [그림 6-1]에서 2사분면의 '승부사'는 단발적이고 피상적인 결과에 집착해 장기적으로 협상 당사자 쌍방에 좋지 않은 영향을 끼칠 성급한 결론을 도출할 확률이 높고, [그림 6-2]의 '신사'는 협상의 카운터파트counterpart와 너무 많은 공감대를 형성한 나머지 자칫 사안에 단호하지 못한 태도가 위험을 감수risk taking하지 않는다는 우유부단한 인상을 줄 수 있다. 자칫 친구도 적도 아닌 프레너미Frenemy, friend+enemy가 되어 버리고 만다.

협상에 관해 서희 장군의 케이스처럼 고전에서 영감을 얻거나, 위와 같이 객관화된 타입에 대입해 얼마든지 분석해 볼 수 있어도, 어쨌거나 리더는 협상 테이블에서 '전략적 모호성strategic ambiguity'을 겸비한 변칙 복서여야 한다.

카덴짜cadenza, 클래식에서 작품 말미에 뮤지션이 기교를 보이며 변칙적으로 마무리하는 고수들의 테크닉처럼, 무수한 변수가 도사리는 협상의 영역에서는 그 어떤 정석의 케이스도, 모듈화된 공식도 있을 수 없다. '전략적 모호성'을 견지하며 핫hot한 듯 달려들다가도, 갑자기 쿨cool하게 물러날 수 있는 카멜레온의 변색과 변온 전략은 가치교환의 등가식을 교란해 협상의 레버리지Leverage를 가진다. '지붕 위에 올라가게 한 뒤에 사다리를 치워 버린다'는 삼십육계 가운데 28번째 계책, 상옥추제上屋抽梯. 적의 루틴을 깨서 코너에 몰아 상대방이 옴짝달싹하지 못하는 상황에서 린치를 가하는 협상술이다. 주의할 것은 '전략적 모호성'을 '모호한 전략ambiguous strategy'으로 둔갑시켜 개념 없이 구사하면 서막에서부터 끝까지 전혀 엉뚱한 결과가 도출될 수 있다는 것이다.

‘명분’이란 ‘샅바싸움’

씨름 경기를 보면 모래판 위에서 덩치가 산만한 양측 선수가 무릎을 꿇고 샅바를 잡는 과정에서 샅바를 잡으려는 손을 꼼지락 꼼지락거리고 어깨와 상체를 들썩인다. 순간에 결정 나는 씨름 경기 시간을 생각하면 꽤 많은 시간을 할애하고 있는 것이다. 그런데 이 덩치 큰 운동선수들의 쪼잔해 보이는 ‘꼼지락’과 ‘들썩거림’의 ‘샅바싸움’이 승자와 패자를 가르는 가장 근본적인 우위 선점의 스타트 라인start line이다.

협상은 경청으로 시작해야 한다고 협상을 가르치는 많은 책들이 얘기하고 있지만, 막상 진짜 협상에 들어가며 일단 ‘기氣 싸움’으로 시작된다.

‘기 싸움’은 유형과 무형의 두 요소로 나뉜다. 유형적인 요소로는 협상자의 옷차림이나 목소리, 혹은 협상 장소의 위압감 등이다. 회의를 하러 대형 로펌 회의실을 방문해 보면 쉽게 알 수 있는데, 협상 테이블에서 엄숙하게 보이기 위해 두꺼운 뿔테 안경을 쓰거나, 훈련된 중저음의 목소리가 그렇고, 협상하러 간 상대방 회사의 규모를 짐작하게 하는 소재지나 자사 빌딩, 혹은 인테리어와 접객 직원의 서비스 태도가 그러하다.

서희를 에워싼 중무장한 장수와 80만 대군이 거처하는 거대한 군영이란 유형 요소로 소손녕은 기 싸움에서 우위를 선점하려고 했다.

무형의 요소로는 '명분 잡기'란 '살바싸움'에서 누가 우위를 점하느냐는 것이다. 서희는 외교상 관례를 이유로 소손녕에게 태풍 같은 호통을 쳤고 일관된 단호한 대응과 명료한 설득 논리는 강동 6주 획득이라는 실리를 이루었다.

협상자는 '기 싸움'에서 이기기 위해선 이 두 가지 유무형의 요소를 적절히 융합해 협상 테이블에 앉아야 한다.

‘똘끼’도 전략이다

항상 키맨만이 우리를 분석하고 공격할 수 있는 것은 아니다. 코어의 실체를 파악하고 내외부 요소의 페이스pace를 주도해 도저히 피할 수 없이 강력하고 끈끈한 거미줄을 스파이더맨처럼 단번에 키맨에게 날릴 수만 있다면, 철옹성같이 닫혀져 있을 것 같은 마음의 무게 중심을 컨트롤할 수 있다.

잽만으로는 녹다운을 뺏을 수 없다. 글러브 사이로 상대의 움직임을 읽어가며 한 방의 카운터펀치로 승리의 실체를 노려야 한다.

클라이언트를 설득하거나 프로젝트를 따와야 하는 경쟁 상황에서 키맨을 파악하는 것은 매우 중요한 일이고, 똑같은 시간과 정성을 들였다 하더라도 접근 방법에 따라 성공과 실패가 가려진다.

연구원 옆방 동기 M은 중견 광고회사의 기획팀을 퇴사해 나와 같이 와세다에서 MBA를 취득하고 영국계 증권사 애널리스트 경력 특채로 들어간 케이스다.

그가 미국 뉴욕으로 날아가 최종 임원 면접을 봤을 때다.

통보된 면접 시간과 장소는 아침 7시, 본사 1층의 사장 전용 엘리베이터였다. M은 이른 면접 시간과 장소에 의아해했다.

면접 날 찾아간 엘리베이터 앞에서 사장인 윌리엄과 간단히 인사를 한다. 엘리베이터에 들어서면서 사장은 M을 등진 채로 말을 내뱉는다.

"내 방이 35층에 있는데 엘리베이터가 도착해 문이 열리기 전까지 내가 당신을 뽑지 않으면 안 될 3가지 이유를 말해 보세요. 채용인지 탈락인지는 내리기 전에 말해 줄 테니."

M은 자동반사로 엘리베이터 층수를 확인했다.

벌써 3층에 불이 반짝인다.

'침착하자. 생각해 내자.'

M은 사장의 말이 시작된 순간부터 MBA에서 익히고 실습한 협상술을 순간 뇌리에 되새김질한다.

등진 키맨key man 윌리엄 사장 앞으로 가서 그의 눈을 응시하고는 목을 가다듬고 차분히 말한다.

"사장님이 저를 뽑지 않으면 안 될 첫 번째 이유로 전 지리학과를 졸업한 파이넌스 전공의 MBA 출신으로 자연과학과 사회과학의 두 가지 시야로 시장을 분석할 수 있는 능력을 가지고 있습니다.

둘째, 금융계는 아니었지만 이전 회사에서 탁월한 실적과 리더십으로 최우수 팀장에 선정되어 사내는 물론 업계 내에서도 인정받았습니다.

그리고 마지막으로, 사장님께서 저를 뽑지 않으시면 절대 안 될 이유로는…, 만약 저를 탈락시키겠다고 하신다면 사장님을 완력으로라도 엘리베이터에서 못 내리게 해서 다음 스케줄에 차질이 빚어지실 것이기 때문입니다."

유머와 위트가 비즈니스의 유용한 툴로 작용하는 미국이라 가능했는지 몰라도, M은 MBA에서 배운 협상술에 재치와 기지를 가미해 윌리엄 사장으로부터 채용을 허가받아 지금은 월스트리트의 마천루에서 포마드 머리 스타일에 귀에는 몽블랑펜을 꽂고 영어와 일어를 자유자재로 구사하며 수백만 달러를 주무르고 있다.

"세상은 누군가의 간절함으로 돌아간다."

-『미친 꿈은 없다』에서-

키맨key man과 나를 도저히 피할 수 없는 강력한 끈으로 휘감아 버려라

무수한 정보와 무한 경쟁 속에 수많은 제안과 설득은 반복되고 또 반복된다. 그렇다면 설득의 타이밍과 초점은 어디에 맞춰져야 할까?

바로 코어핵심, core로의 집중이다.

키맨에게 순간적으로 집중해 자신을 어필하는 것은 물론 시간과 물리적인 공간까지 협상의 도구로 삼은 코어로의 집중. 엘리베이터 면접의 모르모트marmotte, 프랑스어로 실험용 생쥐였던 M은 단 수십 초라는 한정된 시간 안에 자신을 뽑지 않으면 사장의 옷자락이라도 잡겠다는 집념과 각오를 표명하여 자신의 취업 의지뿐 아니라 상대를 '피식' 미소 짓게 만든 유머러스한 재치로 키맨인 사장의 코어에 파고들었다.

M은 미사여구의 끈적한 자기 자랑만 늘어놓지 않고 자신의 시공간의 사정권에 들어선 키맨을 블랙홀처럼 순간적으로 자신과의 둘만의 차원으로 빨아들여 키맨이 피할 수 없는 강력한 끈으로 서로의 몸을 하나로 휘감아 버린 것이다.

meditation : 히든 피겨스 Hidden Figures

흑인은 백인들이 다니는 학교로의 진학이 금지되었던 1960년대 초 미국. 흑인 여성 메리 잭슨은 백인 남성들만의 전유물인 NASA의 엔지니어가 되기 위해 백인 학교로의 진학을 청구한 재판장에서 판사에게 말한다.

메리 세상은 '최초의 중대함'에 경의를 표합니다.

판사 그게 어떻다는 거요?

메리 판사님은 가족 중 최초로 해군에서 복무하셨고, 최초로 조지메이슨대학에 입학했습니다. 또한, 버지니아의 주지사가 세 명을 거치는 동안에도 지금까지 재임용된 최초의 판사님이십니다.

판사 흠…. 많이 준비했네요.

메리 판사님 버지니아주 역사 이래 흑인 여성이 백인 학교에 다닌 적은 없습니다.

판사 잘 아네요! 전례가 없습니다.

메리 존경하는 판사님, 저는 NASA에서 엔지니어가 되고 말 겁니다. 그러기 위해서는 백인 학교를 다녀야만 합니다. 그런데 제 피부색을 바꿀 수는 없습니다. 저에게는 선택권이 없습니다.

하지만 최초로…,

최초로… 판사님의 판결이 있다면 가능한 일입니다.

판사 ….

메리 판사님께서 오늘 판결하실 그 많은 재판 중에 100년 후, 후세는 어떤 재판을 기억할까요? 어떤 판결이 판사님을 '최초'로 만들까요?

판사는 잠시 생각에 잠기다가는 이내 옅은 미소를 짓는다.

메리는 백인들만이 다니는 학교에서 아인슈타인의 이론을 배울 수 있게 된다.

실화를 바탕으로 한 영화 「히든 피겨스Hidden Figures, 2016」에서 미국 최초의 NASA 흑인 여성 엔지니어 메리 잭슨의 이야기다.

PART 7

財, 재물 재
(재정, 회계 & 재무)

QR코드를 찍으면 저자
강의 동영상을 볼 수 있습니다

벤츠를 탈 것인가?
벤치 위에서 노숙할 것인가?

스타트업을 마음먹었다면 태생이 금수저든 흙수저든 무無수저든 당사자가 사업을 진행하면서 겪어야 하는 '자금 조달'은 스타트업 관계자들이 숙연해지는 대목이다. 일단 돈이 있어야 친척이든 후배든 같이 일할 사람을 뽑을 수 있고, 파일럿pilot, 시범개발 제품이든 플랫폼이든 만들 수 있기 때문이다.

"돈 벌어서 폼 나게 살아야지!"

중요한 동기다. 미국의 심리철학자 매슬로우Abraham Maslow의 욕구 5단계설 중에서 상위 레벨인 존경받고 싶어하는 욕구에 따른, 어쩌면 이보다 솔직, 담백, 단순한 대답이 없다. 하지만 '경영'이란 유기체는 한 끗발 차이로 벤츠 뒷좌석과 공원 벤치 노숙이란 카드 두 장을 흔들어 대며 경영자를 들었다 놨다 한다.

'525 법칙'이라고 해서 창업해 5년간 살아남는 기업은 25% 미만이다. 이는 빚이 많아져서 살아남지 못하면 벤츠가 아닌 벤치로 가게 될지 모를 냉혹한 스타트업 시대의 현실적인 숫자이고, '경영'이란 냉혈한의 본모습이다.

타잔은 다음 줄을 잡기 전에 먼저 잡은 줄을 절대 놓지 않는다

영화에서 타잔이 제인을 구하기 위해 아무리 급하게 이 나무에서 저 나무로 옮겨 가더라도, 다음 줄을 잡으려고 무리하게 점프해서 공중에 불안하게 떠 있는 경우는 없다. 타잔은 리듬감 좋은 시계추, 박자를 맞춰가는 메트로놈처럼 에너지 보존 법칙에 따라 위치 에너지와 운동 에너지를 반복해 바꿔가며 주위의 장애 요인을 면밀히 살피며 피해 나간다. 당황하지 않고 자신의 몸을 중력과 관성에 맡겨, 다음 줄에서 그다음 줄로 차근차근 이동한다. 타잔은 자신이 새가 아니라는 것과, 뉴턴의 제1 법칙인 '관성의 법칙'과 제2 법칙 '동역학 법칙'이 슈퍼맨을 제외한 지구의 모든 움직이는 물체를 지배한다는 것을 알고 있다.

"재무팀장은 어떤 사람을 뽑아야 할까요? 믿을 사람이어야 하니 친척이나 지인?"

벌써 이런 질문을 하고 있다면 그는 이미 스타트업의 대표 루저다. 재무팀장의 스펙은 10억짜리 회사, 100억짜리 회사에 따라 이미

사이즈가 정해져 있다. 중요한 건 재무관리에 대한 인식이다 .

회계와 재무를 처음부터 민감하게 여기지 않고 '나중에 자리 잡히면 제대로 해야지'라는 식의 어림없는 생각으로 방치한다면 운이 좋아 매출이 기하급수적으로 일어나 봤자, 회계상의 정리가 안 되서 정작 돈이 정말로 필요할 때에는 깔딱 숨을 몰아쉬며 연명이 목표가 되는 형국이 되어 버린다.

VC업계 용어인 나이스한 돈, '좋은 돈'을 받기 위해서는 시간이 좀 걸리더라도 이 챕터 앞서의 분석, 전략, 혁신, 생산, 조직, 협상을 본인이 속해 있는 조직 나름의 논리와 해석으로 체계적으로 조합해 자신의 것으로 만들어 재무, 회계, 총무의 재정財政 영역으로 신중하게 어프로치 해야 한다. 그래야 뱃심이 생기고, 뱃심이 있어야 좌로나 우로나 치우치지 않고 투자도 잘 받고 사업도 잘 된다. 다시 강조해 말하지만 조직의 재정관觀 정립을 확고히 해 두어야 투자자 앞에서 작아지지 않는다.

'좋은 돈'을 잘 받아, 잘 써서, 좋은 결과를 내야 궁극에 이해 당사자 모두 해피하게 된다.

좋은 돈, 나쁜 돈, 이상한 돈

자금이 절실한 회사가 투자가 그리워, 갈 곳을 몰라 정처 없이 떠도는 투자금을 만난다. 비상장 기업의 보통주 발행이라면 그야말로 피를 섞는 거다. 그렇게 우여곡절 끝에 엑시트라는 하나의 사이클까지 엔딩을 친다는 것은 벤처투자의 기저基底에 아무리 금융공학이 깔려있다고는 하지만, 벤처캐피탈리스트는 Art에 가깝다는 말에 더 공감한다.

투자금은 어떤 데에서 쏠까? 그 종류에 뭐가 있는지 알아보자.

먼저 정부 지원이다. 말 그대로 국가가 필요한 자금을 대준다. 단, 페이퍼워크와 정해진 보고 날에 해야 할 대응이 좀 많다.

둘째로 대출이다. 이건 사실 내공 짱짱한 건실한 회사의 영역이다. 담보가 확실할수록 이자가 싸니 스타트업에게는 언감생심이다.

그 외에 기관투자자인 VC가 있고, 사모펀드, 엔젤, 공모펀드, 벤처펀드 등 종류만으로는 돈 대줄 데가 참 많아 보인다. 각각의 장단점이 있지만, 일반적으로 자금 조달뿐 아니라 중장기 전략 수립, 판로 개척, 기술개발 등 회사 성장에 부가적으로 도움 줄 수 있는 VC를 많이들 선호한다.

시장에서 '펀드'라 칭하는 VC와 사모펀드의 대략적인 조직과 역할을 알아보자.

먼저 대표펀드매니저가 있다. 딜사이즈Deal size, 거래액 규모와 딜스트럭처Deal structure, 거래 구조를 의결하고 투자심사를 총괄하는 대표자다. VC의 대표이사인 경우도 있고 그렇지 않은 경우도 있다. 일반적인 자격 요건으로는 투자 심사와 회수 관련 업무 5년 이상의 경력과 모태펀드 운용력을 본다. 영어 외 다른 언어를 구사할 수 있고 국내외 비즈니스 네트워크가 갖춰진 변호사, 회계사, 변리사, 상경 계열 박사 라이센스를 가지고 있다면 더할 나위 없다.

다음으로 투자심사역은 투자 심사를 담당하며 투자 분석과 보고서를 작성해 투자자가 의사결정을 내릴 수 있도록 서포트한다. 동종 업계 3년 이상 경력 보유자를 선호한다. 주 업무는 투자안 발굴, 검토 및 기업 평가와 산업 분석뿐 아니라 투자 실사보고서와 계약서 작성, 사후 관리 및 회수, 펀드 기획, 결성 및 운용업무 외에 대외 협력 네트워크를 유지하고 관리할 수 있어야 한다. 자격은 회계법인 출신이거나 애널리스트 등 투자 및 기업금융 경력자로 CPACertified Public Accountant, 공인회계사, CFA Chartered Financial Analyst, 공인재무분석사, MBA 출신을 우대한다.

이런 전문가들이 수익률을 가늠해 돈을 투자한다. 투자 대상 기업의 비즈니스 모델을 철두철미하게 분석해, 기업 수명 주기 내에서 '훅'이 있을 한 방을 날리기 위해 밤낮 없이 일한다.

벤처 캐피탈리스트라고 자타가 공인하는 사람에게 펀드의 자금을 쏠 회사를 확정 짓는다는 것이 얼마나 고역인지 두말할 필요가 없다.

'Track Record', 벤처캐피탈리스트의 필로그래피이자 성적표다. 보통 totally 통산 1,000억 원 규모라면 표면에 노출되고 싶지 않은 이유로 레코드 공개에 인색한 경우가 있지만, 투자역으로서 직간접적으로 관여한 투자 거래 이력은 업계에서 소리소문없이 영원히 따라다닌다. 그래서 허투루 심사를 하려야 할 수가 없다.

다음으로 '나쁜 돈'과 '이상한 돈'이다.

부사어는 두 개인데, 그냥 같이 'black money'로 불린다. 기업과 투자자를 연결할 때 간혹 부작용으로 출현하는, 꽃에게 화분을 나눠줄 꿀벌을 가장한 똥파리를 조심해야 한다. 한국에서는 부정적으로 쓰이는 실체도 없고 자격도 갖추지 않은 브로커, 속칭 '업자'다. 투자 알선을 미끼로 기업과 투자자 모두를 수렁의 함정을 파 놓고 기다리는 제3자로, 이들은 미리 자신들의 룸 room, 이권 을 만들어 두고는 거저 주려는 듯이 접근해 온다. 양쪽에 공수표를 남발하고, 당사자 간에 문제가 생기면 그 틈을 노려 자신의 지분을 확충하려고 하는 원초적인 기생 본능을 가지고 있다. 세상에서 제일 비싼 건 공짜다. 근묵자흑 近墨者黑, 아예 처음부터 온갖 감언이설로 홀리는 악인의 꾀를 좇지 아니하며 오만한 자의 자리에 앉지 않아야 한다.

여기서 잠깐, 스타트업의 인프라 형성의 조력자이자 VC, 사모펀드PE, 엔젤로의 초반 핵심 매개체인 인큐베이터incubator, 엑셀러레이터accelerator의 경계가 모호한 경우가 있어 이를 구분해 두었으면 한다.

인큐베이터는 아기가 갓 태어나 병원 인큐베이터에서 케어를 받는 것에 비유해 만들어진 용어다. 사업 초기 단계에 스타트업에 사무 공간과 집기 등 최소한의 하드웨어 및 필수적인 멘토링과 컨설팅을 제공함으로써 사업화를 지원해 산부인과에서 신생아를 보육하는 듯하다고 해서 인큐베이터로 불린다.

엑셀러레이터는 초기 단계를 지난 스타트업에 기본적인 네트워크와 자문으로 사업의 가속화를 돕는다. 자동차의 속도를 높이기 위해 밟는 엑셀 페달을 생각하면 이해하기 쉽다. 기수별로 스타트업 기업들을 모집하고, 데모데이사업설명회나 국제 금융 도시를 돌며 투자를 유치하는 로드쇼를 기획한다. 보통 seed money 투자로 사업지분의 7%를 보수로 책정한다.

"얼마나 필요하세요?"의 유혹, 흔들리지 않고 무너지지 않기

스타트업 기업이 펀딩을 목적으로 개최되는 피칭pitching, 투자 설명에 심사위원으로 참석해 보면 나를 포함한 모든 투자 심사위원들이 유사한 일정의 행동 패턴을 보인다.

발표를 듣기 전 준비된 자료의 키워드를 훑어보고는 발표가 시작되고 3분 정도 지나면 발표자에게 크게 집중하기보다는 질문할 사항의 요점을 빠르게 메모하기 시작한다.

이는 발표가 시작되어 3분 이내에 이미 심사위원의 판단이 50% 이상 끝났다는 것을 의미한다. 제목과 순서, 그리고 각 장의 키워드, 발표자의 복장과 눈빛만 봐도 무슨 얘기를 얼마나 효과적으로 할지 예측이 가능하기 때문이다.

일부러 발표 내용이나 서류를 누락시켜 심사위원의 질문을 유도했다가 '짜잔' 하고 준비한 카드를 보이는 능숙한 프레젠터도 있지만, 보통의 경우에는 발표가 끝나기도 전에 바코드 읽힌 편의점의 콜라 캔처럼 발표자는 심사위원들의 눈에 이미 200% 스캔된 상태에서 날카로운 질문 공세에 녹다운되고 만다.

투자 현장에서 뉴로마케팅에 등장하는 인지심리학 게슈탈트 이론이 의외로 애용된다.

게슈탈트 법칙Gestalt Laws은 막스 베르트하이머Max Wertheimer가 제시한 용어로, '게슈탈트'라는 형태form 또는 양식pattern을 의미한다.

예를 들어 달리는 기차의 창가 프레임이 밖의 경치를 부분적이 가리고 있음에도 불구하고 창틀이 배재된 풍경 전체가 보이는 현상이다. 이는 눈으로 수용된 단순 형태가 신경을 통해 뇌에 전달되면서 완결 형태로 지각되는 것이다.

이 이론이 스타트업 투자와 무슨 관련이 있는 걸까?

'풍경ground'과 '도형figure'

스타트업 투자에서 보인다고 생각되는 것만 보면 안 된다. 결과적으로 창가 밖의 풍경이 인식됐다고 해서 기차의 창을 구분 짓는 창틀, 다시 말해 도형을 무시해선 안 되는 것이다. 표면이든 이면이든 열세화劣勢化된 것도 세심히 봐야 한다. 풍경이 '비즈니스 모델'이고, 도형은 '리더'다.

투자기관에 있다 보면 헐레벌떡, 얼렁뚱땅 투자를 받으려는 재무적으로 병목bottle neck 상태에 처해 있는 CEO를 의외로 많이 본다. 일단 마이너스 100만 점이다. 기술도 훌륭하고 시장성도 좋은데, CEO도 조직도 뭔가 안정적이지 않은 데다 불안과 초조에 급함까지 더해 신뢰가 안 느껴진다. 투자를 받고자 한다면 벤처캐피탈리스트는 멋지고 매력적인 풍경BM, 비즈니스 모델이 뇌에 닿기 전에 먼저 도형인 '리더'를 파악한다는 것을 명심해야 한다.

삼성동 테헤란로에 위치한 미국 사모펀드PE, private equity, A캐피탈 대회의실. 아침 8시, 통통한 남자가 투자 미팅 시간 직전에 땀이 송글송글 맺힌 부은 얼굴로 허겁지겁 들어온다. 16인용 회의 테이블 맞은편에 투자 설명서를 검토하고 있던 리걸체크legal check를 위해 배석한 고문변호사와 변리사를 포함한 2대 8 가르마에 얼굴빛 좋은 깔끔한 수트 입은 신사들이 원두커피를 앞에 두고 있다. 그들은 새벽에 미국 LA 본사와의 컨콜conference call에서 오늘 미팅 후 별문제가 없으면 '메자닌mezzanine, 이태리어로 1층과 2층 사이의 공간으로 채권과 주식 중간 정도에 투자하는 금융기법'으로 결론을 도출했다. 회의실에 들어선 자금이 필요한 남자에게 집에서 손님을 맞을 때 부엌이 아닌 편한 응접실에서 맞는 것처럼, 눈인사와 날씨 얘기를 건네며ice breaking 편안한 분위기를 조성해 주는 것이 중요하다는 것을 알고 있다.

남자가 사업 설명을 하다가 가방에서 루비 빛깔의 가면 같은 것을 꺼내 시연을 해 보이고 싶다고 한다. 얼굴 모양의 루비색 기기를 회의를 기록하던 직원 얼굴에 가져다 대자 2, 3초 후에 피부 나이, 유 · 수분량, 모공과 각질의 취약점과 맞춤 스킨 케어 방안이 앱을 통해 심사역들의 스마트폰에 전송된다.

투자심사역들의 특허 관련 질문이 시작된다.

투자 미팅에서 기술에 관한 창과 방패의 우위는 그 분야만을 죽어라고 팠던 개발자에게 있다. 그 이유는, 심사역은 사실 개발자만큼 기술을 잘 알 수 없기 때문이다. 개발자는 자신만만하게 심사역들이 주섬주섬 공부해 온 내용을 일반인이 충분히 가질 수 있는 궁금증이라며 하나하나 클리어 해 나간다.

잘하고 있다. 빔프로젝터로 쏘아올린 사업계획서 워딩wording은 섹시하고 엣지edge 있고, 설명 마지막에는 시연까지 하는 훅hook도 빼놓지 않았다. 사업계획서의 섹시함은 꼭 타깃 고객이 아니더라도 대중이 관심을 보이는 높은 매력도를 말하고, 엣지란 이 사업이 기존과 뭐가 다른지, 왜 성공하는지, 왜 계속 성공해야 하는지가 잘 녹아 있는 것을 말한다.

그런데 문제는 재무 이슈에 대한 디펜스defence, 방어다. 'cook the books'는 회계장부를 칭하는 'book'을 요리한다cook는 뜻으로, 투자를 받기 위해 재무 관련 서류의 시점이나 계상 항목을 조작하는 것을 말한다. 번 레이트cash burn rate, 통상 한 달간 쓰이는 현금를 여러 달에 나눠 쓴 듯이 기장하거나, 개인 술값으로 쓴 돈을 전체 회식비로 돌리거나, 대표이사가 마음대로 들고 간 돈을 회사에서 정식으로 빌려간 것으로 해 두는 등이다. VC업계에서는 투자자가 장부를 받아볼 때 회사의 재정 상태를 예쁘게 보이도록 화장시킨다고 해서 '분칠한다'는 표현을 쓴다. 분칠의 반대 예로 특정 연도 이익을 줄여 다음 연도의 성과를 좋아 보이게 하거나, 새로 부임한 CEO가 과거 누적 손실을 극대화시켜 장부에 반영해 경영 실수를 전임 CEO에게 독박을 씌우는 행위를 일컫는, '큰 욕조에 담아 한꺼번에 처리한다'는 '빅 배스big bath'가 있다.

순진무구한 CEO들이 벤처캐피탈리스트에게 메타포metaphor, 은유스러운 신박한 숫자들을 가지고 오지만, 보수적이고 눈치 빠른 프로가 복수의 동일시료同一試料를 뒤섞어 묻는 날카로운 크로스 체크cross check에 투자자를 향한 분칠된 장부는 부메랑이 되어 척박한 CEO에게 다시 돌아올 뿐이다. 벤처캐피탈리스트가 재무상태표와 손익계산서를 분석해 보면 단번에 자금의 체력과 사업의 성적, 예상 현금흐름J커브을 훤히 꿰뚫어 회사의 어제와 오늘, 내일이 머릿속에 일목요연하게 그려진다.

사업 초창기 투자 유치에서 투자자들은 사업화 가능성과 함께 구성원, 특히 리더의 학력, 경력, 인성을 유심히 체크한다. 가시적인 숫자로 사업 성과를 확인해 결정하는 성장기의 투자 관전 포인트와는 사뭇 다르다. 이는 학벌과 출신, 투자자와의 케미를 보려는 것이 아니라 자금 조달이 이루어져 서로 한 배를 탔을 때, 파트너로서 사업의 성공적인 수행을 위해 서로가 나눌 무수한 대화에서 '말이 통하는' 상대인가를 확인하기 위함이다. 진입하려는 산업의 전반적인 지식이 부족한 데다가 스마트하지도 못하면 사안을 대하는 집중도가 떨어지고, 사회 경험이나 인성이 모자라면 독불장군처럼 자신의 얘기만 해대다가 논의의 접점을 놓치고는 결국 서로에 대한 진정성의 부재만 생기기 때문이다.

매의 눈을 가진 깐깐한 금융전문가 심사역의 재무현황 체크를 통과하면, 다음으로 CEO의 집중도와 진정성이다. 이제부터는 잘하는 사람이 아닌, 믿을 사람의 영역으로 이동한다. 이때 발표자는 투자액이라는 미혹迷惑에 흔들려 무너져서는 안 된다. 오로지 자신의 제품을 믿고 조직 구성원들을 머리에 새겨가며 집중해야 한다. 미팅 중에 심사역들은 나쁜 형사와 착한 형사로 나뉘어 일부러 딴지를 걸기도 하고, 칭찬하고 어르면서 CEO의 감정선을 건드린다. 리더의 안정감이나 인내심은 투자에 있어 중요한 체크 포인트가 되기 때문이다. CEO가 미팅 시 회의 석상에 무심코 올려놓은 휴대폰의 깨어져 방치된 액정 화면으로 정서 사태를 가늠함은 물론, 성향과 성격을 알기 위해 VC가 투자를 요청한 회사, 공장 실사를 나가 체크하는 실사표Due Diligence Sheet에는 화장실 청결, 화분의 상태, 직원 휴게실의 냉장고까지 체크하는 항목도 있다.

전 세계 벤처캐피털 운영 자산의 27%를 차지하는 손정의 회장의 '비전펀드'. 두 달 만에 소프트뱅크 비서실로부터 손정의 회장에게 간신히 10분의 투자설명 기회를 허락받은 중국 항저우 변두리 좁은 아파트에서 친구들과 스타트업을 시작한 병아리 창업자. 그는 혼신의 힘을 다해 자신의 사업에 대한 집중과 진정성으로 피칭pitching에 임한다. 신중하기로 소문난 손 회장이지만 자신 앞에서 혼신의 힘을 다한, 생명까지도 토해낼 것 같은 스타트업 창업자의 집중력에 탄복하게 된다. 회장은 약속된 10분이 채 되지 않아 그 자리에서 300억 원의 투자를 결정한다. 하지만 스타트업 대표는 의외의 반응을 보인다. 그는 회장에게 "지금 우리 회사에 필요한 것은 200억 뿐

입니다."라고 단호하게 잘라 말했고, 손 회장은 그의 진정성에 재차 탄복해 추가로 600억 원을 더 투자한다.

그때의 대찬 병아리 창업자는 시가총액 550조 원이 넘는 공룡기업 알리바바 제국을 건설한 마윈Jack Ma 회장이다.

어릴 적 볼록렌즈로 먹지를 태워 본 적이 있을 것이다. 햇빛이 렌즈를 통해 만드는 너무도 작은 점이지만 깊고 조용히 집중하면 불이 붙어 활활 타오른다. 마찬가지로 투자를 받기 위한 기술과 시장에 자신이 있다면 다음으로 중요한 것은 무서울 정도의 집중력과 고요하리만치 조용한 진정성이다.

100억, 1000억 기업의 가치를 매기는 법

우리나라에서 중·고등학교 여학생들이 집이나 학교 밖에서 앞머리 롤을 말고 거리를 활보하듯, 동남아 국가의 소녀들은 가짜 치아교정기를 하고 다닌다. 자기들 나름에는 대면하는 상대에게 현재의 모습보다 치아가 가지런하게 되고 나서 하얀 이빨을 보이며 환하게 웃어 보일 수 있게 될 거란 기대감, 미래 가치를 보이기 위함이다. 시작한 지 얼마 되지 않은 스타트업도 장래의 시장 점유율과 매출액 숫자를 들이대며, 팩트 이상의 미래 가치로 투자자를 설득한다.

투자를 받고자 하는 스타트업 기업은 목표 투자금을 유치하기 위해 투자자와 줄다리기를 해야 한다. 투자 사이즈를 결정하려면 성장 잠재력을 어필해 '미래'라는 조절변수를 개입시켜 돈으로 환산하게 되는데, 이를 벨류에이션valuation, 가치산정이라 하며 투자에 있어 상당 부분 에너지가 쏠리는 과정으로, 기업이 보유하고 있는 자원의 특성에 의거해 평가받게 된다.

기업의 벨류에이션을 외부 환경에 치중한 사업다각화에 혈안이 되었던 미국이 일본 기업을 벤치마킹한 자원 기반Resource – based 설에 입각해 알아보자.

개별 제품이나 서비스가 아닌, 메타 수준의 형이상학적인 기업 특유의 자산, 기술 또는 능력, 경쟁우위를 가져오는 힘을 '핵심 역량 core competence'이라고 한다. 이는 3가지 특징인 가치성value, 희소성 rarity, 비모방성inimitable를 고려한 분석 틀을 통해 해당 기업의 경쟁력과 성과를 확인할 수 있다.

정리하면 아래의 테이블로 나타낼 수 있다.

기업 유형	자원의 특성			경쟁적 시사점	성과
	가치성 (value)	희소성 (rarity)	비모방성 (inimitable)		
A	○	○	○	지속적 경쟁우위 (sustained competitive avantage)	지속적 고수익 (Above Normal)
B	○	○	×	항시적 경쟁우위 (Temporary Competitive Advantage)	한시적 고수익 (Above Normal)
C	○	×	×	경쟁 등위 (Competitive Parity)	평균 수익 (Normal)
D	×	×	×	경쟁 열위 (Competitive Disadvantage)	저수익 (Below Nomal)

[표 7-1] The Theory of the Growth of the Firm, by Edith T. Penrose

※ 조직, organization까지 넣어 VRIO 분석 틀이라고도 하며, 자원 기반 이론(resource based theory)에서는 대체 불가성(non-substitutability)을 포함합니다.

투자자의 본성은 제품에 대해 고객이 인식하는 가치 증대에 기여하고, 쉽게 구매하기 어려운 공급 불균형의 희소성을 가진 제품과 서비스를 갈구하며, 가능한 모방하기에 난이도 높은 자원을 가진 기업을 추구한다.

상기 테이블 A형의 기업은 고객 충성도, 차별화, 선점성, 지속 가능성 모든 측면에서 투자자에게 최상위 매력을 가지는 기업이다. 다음으로 B형, C형 순으로 투자 매력을 느끼고 D형 기업은 투자 대상에서 제외된다.

이 외에도 "급성장하는 시장에 있는가?", "상용도商用度와 진입장벽은 높은가?", "인적 구성은 어떠한가?", "주식 가격은 낮게 형성되어 있는가?" 등이 투자처의 매력도 측정에 주요 포인트다.

기업가치 평가에는 정성定性과 정량定量의 두 가지 평가 방식이 있다.

정성 평가는 경영진을 포함한 핵심 인력의 이력이나 평판 등이 포함된다. 기술 스타트업의 경우, 인적 자원이 해당 산업의 화학이나 공학, 물리학 관련 자격증이나 특허를 보유한 구성원이면 가점이 반영되는 이치다.

투자자 입장에서 기술은 기술이고, 경영은 경영이란 논조로 리더가 이공학 출신이더라도 MOT기술경영학, Management of Technology를 취득한 구성원을 선호하기도 한다. 미국, 영국, 일본 등 선진국의 의료 거버넌스를 관리 운영하는 1인 체제 전문경영인들이 의사이면서

MBA를 취득했거나, 투톱일 경우에는 경영학을 전공한 MBA 출신 전문경영인이나 회계사가 의사와 같이 운영하는 것도 같은 이유에서이다.

간혹 펀딩 시점에 인재풀을 떠받치기 위해 외부에서 급조해 무리하게 인적 구성을 채우기도 하지만, 노련한 투자전문가의 간단한 인터뷰로 금세 들통나고 만다.

정량 평가는 유저수, 매출액 등으로 도출할 수 있고, 내재가치 평가 기법으로는 많이 사용하는 DCF Discounted Cash Flow, 현금흐름 할인법 모형, PEG 주가 수익 성장성 비율, PER Price earning ratio, P/S 주가 매출 비율, EBITDA Earnings Before Interest,Taxes,Depreciation and Amortization, 현금 창출력 지표 마진, 단/중기 매출액 성장률 growth rate of sales 같은 여러 밸류에이션 지표를 활용하는데, 투자처가 수주受注업이 아닌 이상 EV/EBITDA 배수를 주로 사용한다.

이러한 각종 지표로 나온 숫자가 수북이 담긴 서류들도 결국 엑셀 위에 검은색은 흑자요, 빨간색은 적자로 귀결될 뿐이다.

'혁신'을 모토로 시작한 스타트업을 상대적 가치 기준으로 평가하려 해도 비교 기업이나 산업군을 찾기 쉽지 않고, 기성 회사들과 비교했을 때는 발행 주식 수가 적어서 미래 가치를 주식 수로 나누게 되면 주당 가격이 터무니없이 높아진다. 이런 모호한 기준 때문에 [표 7-1]의 최상위 매력을 가진 A형 기업은 적자가 나고 있어도 기업가치는 별도로 평가받을 수도 있다.

아이디어만 가진 스타트업은 MVP Minimum Viable Product, 최소기능제품를 만들고 생산하기 위해 돈이 필요하다. 그런데 어찌된 일인지 처음에 짜둔 예산은 모자라기만 하고, 부어도 부어도 자금이 부족할 뿐이다. 수익은 아예 꿈도 못 꾼다. 이런 뻔한 스타트업의 상황을 아는 투자자는 '미래의 수익률'이란 환상을 불러온다.

자산가치 + 수익가치 = 기업가치
자산 - 부채 = 자산가치 or 순자산 앞으로 벌 돈 = 수익가치

[표 7-2] 기업가치와 수익가치

[표 7-2]의 박스에서 보는 바와 같이 창업 초기 스타트업은 '자산가치'와 '수익가치'로 나뉘는 '기업가치' 중, 청산할 기업에나 적용하는 '자산가치'에 비중을 두기보다, 자산이 열악하다는 전제하에 미래에 발생할 '수익가치'에 중점을 두고 기업가치를 평가받는다.

한국의 대표적인 유니콘 기업, '우아한 형제들'은 창업 6년간 영업이익을 단 한 번도 내지 못했고, 부동산 앱 '직방'도 7년 동안 적자를 면치 못했지만 기업가치는 조 단위 넘게 평가되었다. 보유 경영자원의 강점을 지닌 가치성, 희소성, 비모방성과 미래의 수익가치를 높이 산 것이다.

매출 규모가 커지면 커질수록 이익이 자연스럽게 따라올 것이라는 '규모의 경제scale merit'를 잘 아는 투자자는 안정된 수익성만을 원하지 않고 뭔가 치고 나가는 것이 있기를 바라고, 단기간에 흑자로 턴어라운드Turn around되기보다는 적자를 각오해서라도 일단 매출액

상승을 기대한다. 이에 스타트업은 최우선 목표가 된 매출 증대를 위해 전사적인 노력을 경주해야 한다. 일단 매출이 오르면 누적된 적자에도 불구하고 이익이 개선될 거라고 평가한 수익가치만큼 기업가치가 인정된다.

밸류에이션을 돌리면서 유의해야 할 것 두 가지가 있다. 첫째는 투자금을 많이 유치하면 유치할수록 좋은 것만은 아니라는 거다. 자금이 넉넉하면 집행에 여유야 있겠지만, 투자 진행과 조건의 합의문인 텀시트term sheet 작성 시에 베스팅vesting, 소유권 이전의 소요기간 등의 협상선 수용에 난항을 겪거나 지분율 등의 조율에 불리하게 적용될 수도 있기 때문이다. 신축성을 가지고 예비비까지 충분히 상정해 예측한 필요 자금이 도출되었다면 그 선에서 투자받는 것이 타당하다. 과도한 펀딩을 받는 것이 기업가치와 직결된다는 생각은 오산이다.

둘째로 앞서의 스타트업 정의에 나온 기업가 정신과 구성원들의 도전과 열정, 개인의 창의와 팀워크의 가치를 금액으로 정확히 산출해 낸다는 것은 불가능하다. 왜냐하면, 보는 각도와 측정하고 해석하는 방식에 따라 스테이지별 밸류에이션이 상당 부분 다르게 보일 수 있기 때문이다. 그런 이유로 펀딩은 투자자와 투자를 받는 쪽의 상호 작용이 무엇보다 중요하다. 그래서 스타트업 전문가의 중재나 자문을 구하는 것이 유효한 방법으로 거론된다.

투자자는 사업을 삼킬 약탈자인가?
회사를 키울 동역자인가?

투자자와의 동침.

"투자자는 사업을 삼킬 약탈자일까? 회사를 키울 동역자일까?"

정답은 둘 다다.

실제로 중견이나 대기업에서 투자를 받으려다 기술만 뺏기는 사례는 허다하고, 스타트업이 투자회사에 제안한 아이디어가 얼마 지나지 않아 이름만 바뀌어 생뚱맞은 신생 기업이 출시해 대박을 치는 일도 부지기수다. 그뿐 아니다. 출처 모를 물타기 한 자금을 잘못 받아 몇천억 원대의 반도체 회사가 듣보잡 회사에 넘어가는 일도 있다. 심지어 'pay to play돈을 내야 게임을 할 수 있다'라는 VC 업계의 불문율을 무시하고, 태핑tapping, '붙인다'는 뜻으로 피투자처와의 초반 접촉을 말한다단계에 '배타적 협상권'을 들이대서 투자 협의 진행 중 다른 투자사를 못 만나게 하다가 투자가 결렬되고 나서 이를 위반했다며 책임을 묻기도 한다.

하지만 대다수의 스타트업이 투자를 받는 이유는, 그 반대의 경우로 회사를 같이 키워나가는 동역자로서의 투자자가 더 많기에 벤처

생태계가 유지되는 것이다.

그래도 왠지 불안하다. 좋은 거야 기대하면 되지만, 혹시 모를 리스크는 한 방에 우리 꿈을 정체시켜 버릴 수 있기에 투자자 선정 시 극도의 주의를 기울여야 한다.

피 한 방울로 치매 등급을 측정해 단계별 예방책을 유전변이 분석 AI로 제시하는 진단용 키트 업체, 전국 30여 개 병원 안에 진단센터를 두고 있다.

작년에 이 업체에 5억 원을 투자해서 지분 10%를 확보한 투자자가 밤 놔라 배 놔라 간섭이 이만저만 아니다. 처음 투자받을 때 법무와 회계 비용을 내라는 건 그렇다 치고, 자금 관리직이라며 투자자의 백수 남동생을 부장으로 낙하산 채용하라더니, 이제는 지역 각 센터 입구에 놓는 발판 카페트 렌탈 업체 선정까지 관여하려고 한다. 항의를 하자 지난주 회의에서 풋백옵션put – back option, 일정액에 되팔 수 있는 권리 부여 계약을 포함해 보증과 담보를 추가적으로 요구하고 있다. CEO뿐 아니라 본사 직원들 모두 정말 미치고 팔짝 뛴다. 지분율이 33% 이상이어야 주총에서 거부할 수 있는 권리가 있는데도 불구하고, 고작 10%를 가지고 별의별 월권을 행사하고 있는 것이다. 돈이 급했을 때 어쩔 수 없이 투자자의 추가 요구 조항을 계약서에 달아둬서 이 사달이 난 거다.

지분율을 얼마나 보유해야 할까? 51% 지분이면 과반수의 의사결정권을 갖는다. 하지만 나머지 49% 지분과 거의 동일한 수준으로, 의사결정에서 결정적인 주도를 위해서는 전체 지분의 3분의 2인 66% 이상을 유지하는 게 좋다.

이미 투자를 받았더라도 물갈이라고 해서 지분율 환기를 시킬 수 있다. 이때에는 투자전문가 멘토가 절실한데, 투자의 약탈자와 동역자를 가리기 쉽지 않은 시장에서 여러모로 옆에서 든든하게 버팀목이 되어줄 믿을 만한 똑똑한 조언자는 필수불가결한 경영자원의 하나이다.

"현명한 사람과의 한 번 대화가 10년 공부보다 낫다."

-엘빈 토플러-

경영권은 꼭 확보해야 하나?

서울, 경기권을 중심으로 응급의료 체험 교육을 하는 젊은 연구원과 응급구조사와 간호사가 모여 만든 스타트업 'C 서바이벌', 이 업체는 오프라인에서만 해오던 서비스를 온라인으로도 제공하기 위해 투자를 받으려 한다. 비즈니스 모델을 만들고 개발 견적을 받아 투자자를 찾아다니는데 마땅한 투자자가 나타나지 않는다. 앱 개발 견적을 받았던 업체 중 한 곳인 M개발사가 'C 서바이벌'의 아이디어에 동참해 자신들이 앱을 만들고 운영해 주는 대신 30%의 지분을 공유하는 조건으로 사업에 동참한다. M사가 만든 앱으로 온라인 교육이 런칭된다. 애니메이션으로 만든 앱에 학생들 반응이 좋았고, 입소문으로 학부모 회원이 늘면서 간간이 지방 오프라인 행사 예약이 들어왔다. 시간이 흐를수록 학생들이 초등학교 운동장에서 체험할 수 있는 응급의료 시스템 시연은 폭발적인 호응을 얻는다. 응급구조사와 닥터헬기 기장, 의사와 간호사 역할로 원팀one team을 이뤄 긴급 환자를 살리기 위해 혼연일치가 되는 경험을 해본 학생들은 소명과 사명이라는 단어를 몸소 배울 수 있었다. 1개 팀을 더 늘리고도 전국에서 쇄도하는 시연 서비스 요청에 감당이 안 되던 'C 서바이벌'은 팀을 더 늘리고 시연 전용으로 개조할 버스를 구매하기 위해 자금이 필요했다. 이 시점에 앱 개발사인 M사의 대표는 자신이 10억을 추가로 투자할 테니 21%의 지분을 더 달라고 한다.

그럼 51%의 지분을 M사가 가지게 되는 건데, 경영권은?

투자사와 거래할 때, 투자를 받을 수 있을까 없을까와 함께 또 다른 걱정이 있다.

'우리보다 훨씬 사업 경험이 많거나 금융전문가인 사람들에게 투자를 받았다가 스멀스멀 회사를 빼앗기는 건 아닐까?'

회사를 빼앗긴다는 건 경영권이 넘어간다는 인식이다.

"경영권은 중요한가?"라는 질문의 답은, "엄청 중요하다. 양보할 수 없다. 아니 양보해서는 안 된다."이다. 창업자가 딜deal을 볼 마지막 카드가 '경영권'이기 때문이다.

하지만 모든 투자사가 경영권을 뺏으려고 한다는 발상의 시작은 드라마를 너무 본 탓이다. 결론부터 말하면 전문투자자는 경영권에 관심이 없다. 제대로 된 VC라면 자신들 분야가 아닌 업체를 떠 와서 '인수'의 금융 은어 힘겹게 운영하느니 그런 투자처를 하나 더 찾아내 투자 전문가로서 수익을 올리는 게 당연히 성공 확률도 높고 효율적이라는 걸 말해 무엇 하겠는가?

그래도 혹시나 모르는 일이다. 최종적인 사리판별은 리더의 몫이고, 경영은 돌다리를 두들기며 해야 하니, 이 또한 믿을 수 있는 전문가의 조언을 필요로 한다.

시리즈 A, B, C 전략

펀드가 기업에 대한 투자를 결정할 때에는 여러 전략을 염두에 둬서 의사를 결정한다. 그중에서 가장 많이 쓰이는 것이 기업 성장 단계별 분류다. 앞서 챕터에서 본 PLC Product Life Cycle 처럼 제품 탄생에 해당하는 회사의 설립부터 성장을 거치는 기업 수명 주기를 A, B, C 등으로 나눈 전략이다.

투자자가 지분을 취득하고 얼마의 시간이 지나면 일반적으로는 중간 엑시트를 한다. 엑시트는 투자금 회수를 위한 방법으로 투자받은 후에 회사가 성장하면서 후속으로 투자받을 때 초기 투자자가 지분을 후속 투자자에게 팔고 투자 원금과 지분가치 상승분을 회수하는 방식이다. 한마디로 지분의 가치가 올라 다른 투자자에게 지분을 넘기면서 차액을 남기는 것이다. 엑시트 방법으로는 매각, 상장 IPO, 인수합병, 기업 청산이 있다.

창업 이후 자금 조달 단계를, 시리즈를 기점으로 상황에 맞춰

Pre-IPO상장 전 지분투자 부터 시리즈 D까지로 나누기도 하는데, 여기서는 'pre-seed funding', 'seed fundinground'과 'Series A, B, C'를 거친 '기업공개IPO, Initial Public Offering' 수순을 따라 보았다.

일련의 스테이지들을 차곡차곡 밟다가 일단 시리즈 A를 무난히 지나면 다음의 B, C로 가는 길은 기업과 투자자의 조건 맞추기 차원에서 투자가 진행된다. 그래서 초창기 스타트업에게는 시리즈 A까지를 목표에 둔 매력적인 투자처로서의 1단계 발판 마련이 중요하다.

초기 스타트업인 'pre-seed funding' 단계는 대부분 신용이나 담보로 금융권 대출을 얻거나 정부 지원, 아니면 직접 모아 둔 '종잣돈' 또는 부모, 형제, 친척, 친구 등 지인으로부터 받는 투자일 경우가 많다. 창업자 본인을 포함해 혈연적이고 친분 중심적인 '패밀리'로부터 모은다고 해서 '패밀리 펀드'라고 불린다. 창업을 위한 비공식적인 '자금 모집'으로 '조달'이 아닌 '모집'이라고 한다. 이유는 기업 수명 주기상 baby갓난아기로 여겨져, 투자설명회를 아이디어 발표회 수준의 단계로 보기 때문이다. 이때 스타트업은 우리 아기BM, business model가 제일 예쁘고 제일 건강하며, 장차 하늘을 날 수 있을지도 모른다고 말한다. 대부분의 경우 설명회가 끝날 즈음 PPT 마지막 장에는 검증 안 된 러프rough한 예상 매출과 수익률 그래프가 난무할 뿐으로 구체적인 백업이 있을 리 없다.

'seed funding' 단계는 최초의 기관 단위 자금 조달로 시장조사와 시제품photo type 제작을 위한 펀딩이다. 10에서 20인 이내의 투자자를 모집하거나, 엔젤angel로 불리는 개인투자자가 등장하기도 한다. 공식적으로 조달을 의뢰하는 곳으로는, 수많은 금융투자업자 중에서 전문투자자 그룹으로 일컬어지는 '○○인베스트먼트', '○○○창투사' 같이 중기청에 등록된 기관투자사인 창업투자사나 PEprivate equity, 사모펀드, 간혹 은행 PBprivate bank 센터가 있다. 당장의 허름한 수익률에 마다치 않고 미래 가치를 보고 투자해 주는 대가로 투자자에게 전환사채, 주식, 스톡옵션의 보상 등을 약속한다.

다음으로 스타트업의 1단계 숙원이자 공식적인 조달 단계인 '시리즈 A'다. 여기에 이르렀다면 VC와 붙을 기초 체력을 갖추고 있어야 한다. 투자자에게 직접적으로 컨택을 하기도 하지만 와디즈www.Wadiz.kr 같은 크라우드 펀딩 업체에서 사전에 검증을 마치면 VC의 참여가 수월해진다. 이 스테이지에서는 상품화, 광고 집행, 유통 채널 확대 등 매출을 늘리고 기업을 성장시키기 위한 비용 지출이 급격히 증가하는데 아직 수익률을 얘기할 단계는 아니다. 원활한 펀딩을 위해선 상품화할 BM비즈니스 모델의 완성도가 중요하며, 이때부터 VC가 본격적으로 참여한다.

'seed funding'과 '시리즈 A' 단계에 자금 조달에 성공하면 펀드VC의 직간접적인 감독을 받는다. 경영관리인이나 관리이사 명목으로

CFO Chief Financial Officer, COO Chief Operating Officer 역할을 하는 사람이 피투자사에 파견되기도 한다. 이는 'seed funding'이나 '시리즈 A'에서의 경영 변수가 투자 대비 회수에 가장 큰 영향을 미치기 때문이다. 투자 계약서에 따라 사전에 상호 합의된 적정한 의무가 투자처에 부여되고, 투자사와의 협업과 체계적인 관리가 리드미컬하게 작동하기 시작한다.

시리즈 B에서는 주로 벤처캐피탈VC이, 시리즈 C에서는 VC를 포함해 헤지펀드, 투자은행 같은 거대 펀드들로부터 자금이 유치된다.

시리즈 B와 C는 수혈된 자금으로 가속도를 높여 공격적으로 점유율을 확보하는 단계다.

시리즈 B에서는 넉넉한 자금을 바탕으로 인프라를 확충, 정비해 공격적인 마케팅을 펼치면서 경쟁우위의 제품과 서비스를 시장에 밀어붙인다. 시리즈 C는 타사와의 시너지를 창출하기 위해 인수와 합병이 활발히 일어나는 시기로, 추가 자금을 모집해 스타트업이 다른 스타트업을 M&A 하기도 한다. 이후에 다음 단계인 시리즈 D나 E로 간다. 이쯤 되면 대개 IPO기업공개를 위해 증권사와 손을 잡는 경우가 많다. 드물긴 하지만 공유오피스 위워크WeWork는 시리즈 H까지 진행하였다.

단계별 시리즈 전략에서 알아두어야 할 것은, 투자금의 액수는 상황에 따라 천차만별이라는 것이다. 보통 시리즈 A에 들어서기 전에는 10억 원 이내를 기준으로 보지만, 일단 시리즈 A를 지나고부터는 30억, 50억, 100억, 200억 원의 투자금이 변격적으로 투입된다.

한 가지 더, VC, PE, GPgeneral partner, 펀드운용사, LPlimited partner, 유한책임출자자, COGP공동집행 조합원가 난립하는 투자 생태계에서 이러한 플레이어들은 가르마를 타 둔다고 해서 투자를 받기 전에 역할과 엑시트 구조에 따라 투자자를 크게 2종류로 구분해 둔다.

먼저 SIstrategic investor라고 해서 전략적 투자자다. 경영권 확보와 사업을 영위해 기업가치 극대화를 목적으로 하는 투자자로 투자 대상 기업과 업종이 같거나 시너지를 낼 수 있는 기업일 경우가 많다. 흔한 예로, 콘텐츠 스트리밍 서비스 기업이 영상을 제작하거나 후반 작업자막, CG, 음향 등하는 군소 업체를 인수하는 것이다.

다음으로 FIfinancial Investors라는 재무적 투자자가 있다. 이는 오로지 배당과 원리금 회수를 통한 수익 추구를 목적으로 한다. 한 마디로 싸게 사서 잘 가꿔, 비싸게 팔려는 투자자다. 거래 형태로 LBOLeveraged Buy－out, 차입매수라 불리는 투자전략의 경우, 경영권을 인수해 기업가치를 끌어올린 뒤 시세 차익을 얻고 지분을 매각한다.

PART 8

行, 행할 행
(실행, 리더십)

QR코드를 찍으면 저자
강의 동영상을 볼 수 있습니다

부하 직원이 대놓고 들이댈 때는 어떻게?

리더는 조직이 신바람에 춤을 추며 일하게도, 낙심과 우울증에 빠져 지는 싸움만 골라 찾아다니게도 할 수도 있는 존재다. 당연히 전자여야 하고 그러기 위해서는 공동체의 힘으로 단번에 'team up'을 이끌어낼 리더십이 필요하다.

강한 리더십은 멋진 사옥으로 출근하는 뿌듯함보다 강력한 마법 같은 결속력을 만들어 낸다. 리더십이 리더를 세우고, 우뚝 선 리더가 조직을 강화시키며, 강한 조직이 이룩한 유산은 지속가능한 조직의 기틀을 잡아간다.

"부하 직원이 대놓고 들이대면 그냥 피해야 할까요? 근데 유능한 직원이라…."

리더십 부재의 건이다.

'카리스마charisma'. 리더십 하면 가장 먼저 떠오르는 단어로, 리더의 탄생과 존재 그 자체만으로도 조직을 이끄는 동인動因, drive이 되는 리더십이다.

천사의 계시로 백년전쟁의 영웅이 된 프랑스 북동부 조그만 시골 소작농의 딸인 잔다르크Jeanne d'Arc가 대표적인 예다. 잔다르크에서 영감을 받은 영화 「헝거게임The Hunger Games」에서 만들어진 상징성 강한 여전사가 '카리스마 리더십'의 표본이다.

카리스마와 마키아벨리의 『군주론』이 혼동되기도 하는데, 단적으로 군주론은 리더의 목적을 위해 수단과 방법을 가리지 않는 것으로, 초자연적인 리더의 매력을 말하는 카리스마와는 구별된다.

둘째로 명확한 동기와 비전을 제시하는 '변혁적 리더십transformational leadership'이다.

'움직이다'라는 라틴어 'movere'에서 비롯된 '동기'란 뜻의 영어 'motive'에서 파생된 '동기 부여motivation'는, 동인 목표를 설정해 개인의 욕구를 의도적으로 충족시켜 줌으로써 목적 행동을 유발해 내고 유지하는 일련의 과정이다. '욕구→동기→목표 지향 행동→성과→보상→욕구….'라는 순환 흐름이다.

'Victory'를 의미하는 승리의 손가락 'V'자를 만든 영국 수상 윈스턴 처칠의 리더십이 변혁적 리더십의 대표적인 예다.

"그를 만나고 나오면 내 스스로 무엇이든 성취해 낼 수 있을 것 같다는 생각이 든다."

처칠의 비서가 회고한, 집무실에서 처칠을 만나고 나오는 사람들이 한 말이다.

어린 시절 가난에 찌든 켄터키 시골 마을의 신발 수선공 아버지 밑에서 자라 초등학교를 중퇴한 아브라함은 농부, 뱃사공, 장사꾼, 군인, 우체국 직원 등 수많은 일을 하지만 항상 가난을 면치 못했다.

주위로부터 원숭이, 마른 고릴라로 불리는 고약한 인상 때문이었던지, 사업은 하는 족족 실패만 했다. 그러다 갑자기 정치를 하겠다더니, 한 번만 실패해도 패가망신한다는 선거에서 다섯 번이나 낙선한다. 20대 나이에 아내까지 잃은 볼품없는 중년 남자는 시대가 낳은 대표적인 교육의 실패자였고, 결혼의 실패자며, 사업과 정치 실패자로 인생에 '패배, 탈락, 낙담'이란 세상의 눌림과 열패감에 젖어 있을 법도 했다.

15대 선거에서도 떨어진 다음 날 이른 아침, 남자는 단골 이발소에 첫 손님으로 들어가 머리를 손질하고 기름을 듬뿍 발라 달라고 했다.

이발사가 묻는다.

"약속 있으신가 보죠? 어제 낙선하셔서 우울하실 텐데 어디 외출하시게요?"

남자가 말한다.

"다음 선거 준비해야죠."

반듯한 걸음으로 선거 사무실에 제일 먼저 도착한 남자가 휑한 선거 운동원들의 빈 책상들이 놓인 자리마다 앉아 두 손을 모은다. 자신을 믿고 따라준 운동원들과 그들의 가족을 위해 기도한다.

축 처진 어깨로 사무실을 정리하려고 나온 선거 운동원들은 무릎을 꿇고 벽보용 전단지에 인쇄된 '15대 선거'의 숫자 '15'를 '16'으로 덧칠해 고쳐 쓰며 한 장 한 장 넘기는 아브라함을 본다.

무릎 꿇은 마른 고릴라가 출근하는 선거운동원들을 밝은 인사로 맞는다.

"굿모닝! 오늘부터 16대 선거를 준비해야 하니 나를 믿고 다시 한번 힘차게 해 보자고요."

운동원들은 어제 낙선한 자신들의 리더가 주는 힘 담긴 언사와, 손수 다음 선거 전단지 만드는 모습에 순간 멍하니 서 있을 뿐이다. 멋쩍게 서서 어쩔 줄 몰라 하던 남자 운동원 한 명이 전단지 한 뭉치와 잉크통을 챙겨 남자 옆에 무릎을 꿇고 앉아 전단지 잉크롤 작업을 하기 시작한다. 그 옆에 한 명, 그 옆에 또 한 명… 한 명 한 명이 모두가 된다. 오후에는 각 파트별로 회의가 열린다. 여느 때보다 분주하다. 사무실은 솟아난 의욕으로 더없이 활기찼고, 모두들 '그래 다시 한번 해보는 거야!'라며 서로의 결속을 다졌다.

마른 고릴라는 선거운동원들과 혼연 일치가 되어 다음 선거를 치렀고, 결국 이들의 도움으로 16대 선거에 당선된다.

"The government of the people, by the people, for the people will never disappear on this earth!"

'국민의, 국민에 의한, 국민을 위한 정부는 이 지구상에서 영원히 사라지지 않는다!'라는 인류사에 기록된 명연설을 남긴, 미합중국 역사상 가장 위대한 대통령이라고 불리는 제16대 대통령 아브라함 링컨. '열국列國의 아버지Abraham'란 그의 이름처럼 유럽열강으로부터 미국을 굳건히 지켜내고, 노예해방을 이뤄내어 '인권의 아버지'로 불린다.

우리가 굳이 구분해 쓰지 않는 '운명공동체'와 '공동운명체'. 혈육으로 맺어진 부모와 자식, 형제 관계는 선택할 수 없는 운명을 받아들여 함께 하는 '운명공동체'다. 반면 회사는 각자의 의사결정으로 조직화되어 공동의 운명을 헤쳐 나가는 '공동운명체'다.

앞서 '리더-부하 교환LMX 이론'의 조직정치지각 측면에서 다뤘듯, 조직공동체는 '책임감'과 '존중' 두 가지 주요 가치를 가진다. 운명적으로 결부된 운명공동체는 공동체를 받아들이고 유지해야 하는 '책임감'이 '존중'에 앞서고, 구성원 개개인의 선택으로 구성된 공동운명체는 '존중'이 '책임감'보다 우선시된다.

링컨이 보여 준 '서번트 리더십servant leadership'은 '하인'이란 뜻의 서번트servant에서 알 수 있듯이 '섬기는 리더십'으로 이타적인 소통의 미덕이다. 공동운명체의 우선가치인 상대를 향한 존중의 태도로 리더가 솔선수범함으로써 조직원들이 잠재력을 자발적으로 발휘하도록 이끄는 것이다.

마지막으로 '거래적 리더십transactional leadership'이다.

'교환적 리더십'이라고도 하며 리더와 조직원이 상호 교환을 통해 성과를 지향해 간다. 복리후생이나 성과급insentive, 승급 등을 통해 직무 몰입Job engagement을 유도하는 등이다.

이 외에도 수많은 리더십의 유형들이 경영학에서 다뤄지고 있으며, 지금까지도 리더의 덕목인 리더십은 다방면에서 계속적으로 연구되어 오는데, 그만큼 리더라는 자리가 어렵다는 방증이다.

리더는 각기 다른 재질과 기능을 가진 악기들로 아름답고 고저스한 앙상블Engsemble을 만드는 지휘자다. 각자 다른 삶의 궤적과 개성, 능력을 가진 구성원들을 조화롭게 아울러 하모니를 이루어내야 한다.

리더십은 구성원 개개인으로부터 내면의 조직시민행동을 밀킹milking, 젖을 짜다해 직무와 조직몰입에 빠트려 강력한 물살을 일으키며 조직 공동의 목표를 향해 거칠 것 없이 흘러가게 하는 리더의 유일무이한 절대력力이다.

두려움은 너를 죄수로 가두고 희망은 너를 자유롭게 하리라

1824년 쾨른튼나투어 극장에서 교향곡 9번 '합창'이 초연初演 되었다. 연주가 마쳐지고 한참이 지나서야 천재 악성樂聖의 음악에 마비되어 있던 관객들이 마법에서 풀려난다. 모두가 객석에서 일어나 존경과 감격의 찬사와 박수갈채를 맨 앞에서 무대를 보고 앉아 있는 작곡가를 향해 보낸다. 주인공이 몸을 돌려 답례하지 않자 옆에 있던 성악가 웅가르가 그의 소매를 잡아당겨 신호를 보내고 나서야 작곡가는 뒤로 돌아 격식을 갖춰 청중에게 정중히 인사한다. '합창' 교향곡을 완성했을 때 베토벤은 이미 그 어떤 소리도 들을 수 없는 청각 상태였다.

2020년은 '의지의 성인聖人' 베토벤Ludwig van Beethoven,1770~1827의 탄생 250주년이다.

베토벤은 6살 때부터 귀가 별로 안 좋았다가 20대에 급격히 나빠지기 시작해 32살에는 청력을 완전히 잃는다. 청각을 상실해 음악을 할 수 없다는 절망감에 베토벤은 한탄의 유서를 남기고 자살까지 시도한다. 하지만, 음악을 향한 그의 열정이 결국 고난의 벽을 밀쳐서 눕혀버린다. 아무 소리도 들을 수 없던 그는 마룻바닥에 귀를 대고 진동을 느껴가며 작곡을 하기 시작했고, 그렇게 나온 명곡이 '교향곡 제9번'과 '장엄미사곡'이다.

영국의 교육부 장관과 내무부 장관을 역임한 데이비드 블렁킷 David Blunkett은 태어날 때부터 앞을 보지 못하는 시각장애인이다. 그는 장관 임명을 결정하는 인사청문회에서 인사위원들의 융단폭격 같은 질의를 받는다. 강도 높은 업무를 수행하는 데 있어 눈이 보이지 않는 자신의 장애를 문제 삼는, 질문이라기보다는 취조에 가까운 질타였다.

하지만 청문회장의 고압적인 분위기에 굴하지 않은 그는, "내가 앞을 보지 못하는 것은 약간의 불편일 뿐이지 결코 장애가 아니다."라며, "행정부 각료로서 국정의 원활한 운영을 위해 수많은 연설로 설득하며 부처 간 조화를 이뤄가는 과정에서 밤에 불을 켜지 않고도 자료를 읽으며 연설문을 준비하고, 원고를 보지 않고도 청중을 바라보며 연설할 수 있는 건, 당신들이 갖지 못한 나만의 장점이다."라고 말했다.

"두려움은 너를 죄수로 가두고, 희망은 너를 자유롭게 하리라."

-오페라 피가로의 결혼 3막에서-

나아가고 있는 길이 틀렸다고 생각될 때

스타트업(START 業)은 막말로 '스타트 하는 일', 나아가기를 시작하는 '실행實行'이다.

전통적인 사업을 제안하면 벌써 남들이 다 하고 있다고 하고,
새로운 비즈니스 모델이라니까 다단계라고 한다.
빅 비즈니스를 얘기하면 돈이 없다고 하고,
기술 사업을 건네자 전문가가 하는 거란다.
그들에게 공통점이 있다.
대학교수보다 더 많이 생각하고,
희망이 없는 친구에게 의견 듣기를 좋아한다.
내 결론은 이거다.
별로 좋지도 않은 머리로 곰곰이 생각만 하지 말고,
일단 무언가를 그냥 해 버려라!

-알리바바 마윈 회장-

1980~90년대 대한민국의 출근하는 모든 아버지가 셔츠 안에 새하얀 내의를 입고, 군인들도 하얀 삼각팬티만 입던 시절, '국민 내의'를 만드는 속옷 회사 백양 메리야스.

백의민족白衣民族이라고 부르고 불리면서도, 국민 속옷 백양은 당시의 '명성'에 비해 획일화된 디자인과 컬러 때문에 젊은 층에서 외면받기 시작한다. 결국, 회사의 모든 역량이 집중되어 있는 주력 사업인 백색 속옷 생산이 난관에 부딪힌다. 회사의 무수히 많은 관계자들은 하얀 속옷의 시대는 끝났다며 절대절명의 상황을 무겁게 인식해야 한다고 설파했다. 당장 생산시설에 들어가는 고정비라도 줄이지 않으면 총체적 난국이 닥쳐올 것이라고 한다.

연이은 회의에서의 '다른 표적 시장'에 대해 논의를 할라치면 걱정과 불안에 사로잡힌 이들은 '시대가 바뀌었다', '하얀 속옷은 시장도 타깃도 더 이상 존재하지 않는다'를 반복할 뿐이었다.

사내외로 비관적인 의견이 만연한 때에 리더는 비행기에 올라타 더 이상 존재하지 않는다는 시장으로 뚜벅뚜벅 걸어간다.

'중동中東, middle east'이다.

자존심 강한 중동 사람들은 민족자부심의 상징이자, 사막의 뜨거운 햇살에 빛을 잘 반사하고 바람이 잘 드는 하얀 옷을 온몸 전체에 둘러 입는다. 통기성을 좋게 하기 위해 얇게 만든 백색의 '아바야'라는 이 옷 안에 아랍인들은 어떤 색의 속옷을 입을까 하는 심플한 질문을 백양의 리더가 던진다. 의구심으로 시작된 발상을 시장조사와 제품 개발로 결부시켰고, 도출된 수요 예측은 적중했다.

이후 백양은 우리가 잘 아는 BYC로 거듭났다. 인구 4억 명이 넘는 중동을 타깃으로 견고한 수출 실적을 보이며, 탄탄한 매출로 기술 개발과 사업다각화를 통해 우리나라를 대표하는 이너웨어 기업으로 자리를 잡는다. 지금은 기능성 속옷으로 특화되어 사우디아라비아, 아랍에미레이트, 쿠웨이트는 물론 미국, 일본 등 전 세계 23개국으로 수출하고 있다.

어두운 산속에서 나아가고자 하는 길 저만치, 안개에 가려 희미하게 사자 두 마리가 보인다. 사람 냄새를 맡았는지 사자들이 천둥 같은 포효를 해댄다. 조심스레 한 발을 내딛자 사자들의 울음소리가 산속에 더 크게 울려 퍼진다. 두려움, '저 길을 통과하지 않으면 갈 수 있는 방법이 없는데 포기해야 하나?' 공포, '잘못된 길로 들어선 건가?' 멈춰선 채로 멍하니 서 있다. 사자의 포효는 끊이질 않는다.

리더가 담대한 믿음으로 나아가야 할 길을 따라 사자들이 있는 쪽으로 뚜벅뚜벅 걸어간다. 다가가면 다가갈수록 두려움에 사로잡히게 했던 사자 울음의 메아리가 걷히면서 울림이 희미해진다. 안개에 가려져 커다랗고 뿌옇게 보였던 사자들의 모습이 서서히 윤곽을 나타낸다. 더 가까이 다가서자 메아리 효과 없는 사자들의 울음소리만 뜨문뜨문 있다가 이내 작아져 강아지 짖는 소리와 흡사하다. 사자들 바로 앞에 이르자 모습이 또렷이 시야에 들어온다. 안개 걷힌 사자의 실체는 귀여운 새끼 사자 두 마리다. 심지어 사자들의 목에 걸린 두꺼운 쇠사슬이 커다란 나무에 묶여 있다. 사자들은 가까이 다가온 리더의 위상에 땅바닥에 코를 박고 킁킁거리며 제자리에서 뱅글뱅글 돌기만 한다.

두려움은 부지런한 데다 협업도 잘한다. 행동대장 삼형제인 과거의 후회와 현실의 치욕, 미래에 대한 걱정과 불안을 데리고 다니며 팀플레이로 집요하게 우리에게 '포기'와 '좌절'을 종용해 노예로 만들려고 한다.

365일인 1년을 윤년까지 꼼꼼히 따져보면 366일이다. 성경에 "두려워 말라"는 구절이 총 366번 나올 정도로, 두려움은 윤년에 추가되는 1일도 안 놓치고 매일매일 공격해 온다.

두려움은 우리가 승부사±로서 부딪혀 나아가면 별거 아닐, '실체 없는 두려움'을 크게 보이게 하는 초능력을 지니고 있다. 그래서 포기하고 좌절하는 대부분 이유는 불가능해서가 아니라 불가능할 것 같아서다. 미리 흔들려 위축되어서는 안 된다. 두려움이 항상 불현듯 엄습하는 것은 스스로 나약한 존재라는 것을 알기에 갑자기 나타나 우리를 놀라게만 할 수 있기 때문이다. 최초에 문제를 인식했을 때 놀라서 방치만 하지 않으면 결박해 쫓아내기에 별 어려움이 없는 만만한 상대다.

떳떳지 못하다고 표현할 때 쓰는 '구차하다'의 '구차苟且'와 대충 가려 당장을 모면한다는 미봉책의 '미봉彌縫'을 합친 '구차미봉', 댐에 난 바늘 크기의 구멍을 발견하면 일단 놀라 달려들어 손가락을 가져다대서 막는 정신 상태다. 결국엔 시간이 흐를수록 수압은 높아지고 댐에 금이 가기 시작하면서 대형 사고로 이어진다.

초반에 별거 아닌 문제의 원인을 차근히 분석해 정면 돌파해야 할 타이밍에, 대충 처치했다가 위험 수위에 도달하면 손 쓸 방도조차 없어진다. '대충 대충'과 '방치'는 아무것도 하지 않는 것이 아니라 도태와 멸망의 작위作爲다.

사망의 음침한 골짜기로 다닐지라도 믿음의 담력으로 전진해 나아가야 한다. 우리 삶을 다스리고 정복하기 위해, 사자의 포효가 울리는 희미한 안개 속으로 과감히 뛰어들게 하는 것은 구질구질한 논리적 이유와 똑 부러진 설득이 아닌 축복의 전주곡을 볼 수 있는 믿음의 눈이다.

어둠의 권세에 현혹되지 말고 강하고 담대하라. 두려워하지 말며 놀라지 말라. 'Sola Scriptura, Sola Fide, Sola Gratia'

위기가 기회라고?
위태로움危 + 기회機 = 위기危機

리더는 구성원 모두가 지향하는 곳을 향해 지속가능하게 나아가게 해야 한다. 어떤 상황에서라도 템포를 유지해야 된다는 말인데, 그 와중에 라이벌과 조직을 삼켜 버리려는 세력과의 결전을 버텨내는 것은 일상이고, 심지어 정치 변수와 자연재해에도 대비해야 한다.

리더는 그냥, 견디는 게 일인 사람이다. 리더가 되는 순간 근성根性이 운명이 된다.

“저한테는 누구도 따라오지 못할 열정이 있어요!”

웃기는 소리 하지 마라. 열정? 처음 리더라는 완장을 차려는, 혹은 이미 두른 모두에게 차고 넘치는 게 열정이고 정열이다. 회사 차리겠다고 뛰쳐나온 사람 중에 열정 없는 이가 어디 있으랴?

리더는 위기가 닥쳤을 때 그 진가를 알 수 있다. 견뎌내는 전투력의 문제다. 심신이 걸레가 될 때까지 찢겨지더라도 괜찮다. 헤져서 사라지지만 않으면 된다.

위기가 화염으로 분扮해 다가온다면 맞불을 놓아 불을 막아야 한다. 맞불은 큰불을 막기 위해 역방향으로 피우는 불이다. 바람과 위치, 타이밍이 중요하다.

리더의 대표적인 맞불에 'GRIT'이 있다. 미국의 심리학자 앤젤라 더크워스Angela Duckworth가 말한 'GRIT'은 집념, 투지, 용기, 패기, 장기적인 열정 유지를 말한다. 우리말에도 비슷한 표현에 '좀 미련하게 불뚝 내는 힘'이란 뜻으로 쓰이는 '뚝심'이라는 말이 있다.

위기危機에는 위태로움危과 기회機가 공존한다. 난 결코 냉소적인 염세주의자가 아니지만, 위기의 글자 순서대로 위기는 기회이기 전에 위태로움이다. 위태로움을 넘어서야 태풍 뒤에 숨어 있던 기회가 고개를 내민다. 참고 견딘다는 것은 흔들리지 않고 기회를 기다린다는 것이다.

[그림 8-1] '기회의 신' 카이로스

그리스어로 '기회'를 의미하는 카이로스καιρός는 앞머리에 긴 머리카락이 있고, 뒤통수에는 머리카락이 없다. 왼손엔 저울, 오른손에는 칼을 들고 있으며, 어깻죽지와 발에 날개가 달려 있다.

카이로스란 기회는 날개를 이용해 빠른 속도로 우리 앞을 지나간다. 앞에만 있는 머리카락을 잡아채려면 미리 만반의 태세를 하고 카이로스를 기다리고 있어야 한다. 게다가 카이로스는 자신의 손에 든 저울의 정확한 판단과 칼의 단호한 결단을 가진 자에게만 잡힌다.

필자가 20대에 무슨 객기였던지 고급 인명구조원 자격을 따기 위해, 해군 특수부대 UDT, 특전사가 이수하는 대한적십자 부산지사의 훈련에 지원했었다. 혹독한 지상과 수상, 수심을 오가는 훈련의 마지막 날에는 실전 바다 훈련이 기다리고 있다. 배를 타고 바다로 나가, 아무 장비 없이 맨몸으로 바닷물에 빠뜨려져 파도와 싸워가며 막막한 육지에 도달해야 한다. 일단 바다 한가운데 수경, 오리발도 없이, 달랑 팬티 한장만 걸치고 풍덩 빠지면 입영立泳으로 허리를 꼿꼿이 세우고 물에 떠서 육지가 있을 법한 위치를 가늠하는 것이 첫 번째 일이다. 맨눈을 거침없이 쳐대는 격랑에 바로 한 치 앞도 안 보이지만, 실눈을 뜨고 그렇게 한참을 사주경계四周警戒 하다 보면 먼 발치에 희미하게 육지의 형태가 보이기 시작한다. 그럼 시작이다. 육지를 향해 전력으로 헤엄쳐 간다. 훈련받은 대로 파도와의 충돌을 계산해 목표 방향을 비스듬히 해서 수영을 한다. 호흡을 하려고 고개를 들 때 눈을 감아선 안 된다. 소금물이 닿아 따가운 눈에 아랑곳하지 않고 실눈을 뜨고 내가 가고 있는 방향이 맞는지 확인해야 한다. 그렇게 생존과 긴장의 끈을 잡고 한 순간도 방심하지 않고 육지를 향해 묵묵히 헤엄쳐 간다.

"살면서 편했던 유일한 날은 살아서 지나간 어제뿐이었네. The only easy day was yesterday."란 미 해군 특수부대 네이비실Navy SEALs의 모토처럼 리더는 매일이 전쟁이고 가는 곳마다 전장이다. 쳐오는 바닷물에 눈이 따갑다고 눈을 감고 당면한 문제들을 직시하지 않는 것은 조직 존폐에 직결하는 치명적인 직무유기다. 위험을 또렷이 바라볼 때 안전은 시작된다. 위기가 닥쳐올 때 무섭다고 눈을 감아선 안 된다. 영적 실눈을 뜨고 방향성을 유지해야 한다. 리더에게 닥쳐오는 고난은 제약이 아니라, 넘어설 도전이다. 눈앞의 벽을 밀쳐 버리면 문이 되고, 눕히면 건너갈 다리가 된다.

고난을 근근이 피하기만 하면 소모적인 시간이 낭비될 뿐이지만, 거친 길 구비 구비를 은혜의 눈으로 보며 묵상으로 숙성시키면 점차 귀한 값이 매겨진다. 어느 순간, 그 가치 덕에 보다 깊은 삶deeper life을 경험하고 있음을 느낀다.

누구에게나 피할 수 없는 쓰나미처럼 밀려오는 어려움과 역경, 곤경, 고난이 있다. 대부분의 사람들이 그 안에서 낙담하고 삶을 원망하며, 남을 비방, 모독하지만, 리더는 그 안에서 유익有益을 볼 수 있어야 한다. 가혹한 현실의 시련과 핍박, 고통 모두 뭐 하나 버릴 것도, 우연도 없다. 신실함을 붙잡고 바라보면 실패든 성공이든, 잘했든 잘못했든, 누구를 만났던 못 만났든 간에, 크고 작은 모든 일 하나하나에 나름의 의미가 있다.

영적 폐활량을 길러 고초와 역경에게 같이 가자며 포용할 수 있어야 한다.

행하는 자신을 믿지 말고 최선을 다해 성실히 대응해 내고 있는 지금의 시간을 믿자. 인내가 조심스럽게 우리의 주위를 바꿔 나가고 있는 것이 보이지 않는가? 그렇게 인내가 쌓여 다음 고난이 닥쳐올 때 지탱할 수 있게 된다. 어제와 오늘과 내일은 필요와 필연에 의해 있는 것이다.

링 위에 오를 선수는 시합 전 마우스피스와 바세린 로션을 챙겨야 한다. 링에 올라 마우스피스를 단단히 물고 바세린을 꼼꼼히 바른다. 어제의 상처 위에 바세린 로션을 듬뿍 바르는 세컨드에게 건드리면 아프다고 바세린을 안 바른 채 링에 오르면 상대 글러브에 스치기만 해도 얼굴이 찢겨져 출혈 과다로 시합을 못 하고 만다.

리더는 매일 링 위에 서야 하고, 매일이 바세린 로션을 바르는 날이다.

결전을 준비하면서 바세린을 아무리 덕지덕지 발라도 투혼을 불사른 혈전血戰에 살은 찢어지게 마련이다. 시합이 끝나 찢어진 살 사이로 서서히 피가 응고되어 굳어 버리면 주름진 거무튀튀한 핏덩어리가 징그럽게 딱지가 되어 앉지만, 그 딱지 안에서 새살이 돋아난다.

뻑뻑하고 건조한 건빵을 먹다 보면 침 나오는 달달한 별사탕이 나오고, 폭풍우가 지나야 적조赤潮가 해소되고 수심 깊은 곳에서 생선들 먹이가 골고루 섞여 거대 어장이 형성된다.

지금의 갈기갈기 찢겨진 상처는 밤길을 비춰줄 별빛이다. 아픈 상처들 끝에 뿔뿔이 흩어져 있는 점들을 잇다 보면, 결국 모든 것이 합력하여 선을 이룬다. 환난은 인내를, 인내는 연단을, 연단은 소망을 낳음이다. 마음속에 대세main stream를 새기고, 굳건히 서서 견고히 버티는 것stand up & stand firm, 그것이 리더의 일이다.

無題

휘몰아치는 태풍이 저만치 보인다.

일단 아랫배에 단단히 힘을 줘라.
주머니에 두 손을 박아 넣어라.
다음으로,

고개를 숙이고.

그리고,
견뎌라.

계속,

견뎌라.
견뎌라.

죽도록 힘들지만,
죽지는 않는다.

이 또한 곧 지나가리라.

-Park, 2010-

태풍이 오면 선원은 파도가 아니라 선장을 본다

-동원그룹 김재철 회장-

제1차 세계대전 후 프랑스의 앙드레 마지노Maginot, Andre 국방장관은 대對독일 최후 방어선을 정해 놓고 이 전선이 무너지면 유럽의 미래는 없다고 역설한다. 우리가 배수의 진이란 뜻으로 쓰는 "여기까지가 마지노선최후저지선이야!"라고 쓰는 말이 여기서 유래했다.

칠흑 같은 어둠이 깔린 망망대해에서 검은 파도가 뱃머리를 강렬하게 부딪친다. 두려움에 떨고 있는 선원들이 선장을 바라본다. 그런데 선장도 떨고 있다. 그냥 everybody 좌절, 'the end'다.

12월의 마지막 밤, 병원 중환자실 침대에서 아들의 연말 시상식 연예대상 트로피를 옆에 품고 눈을 감은 채 옅은 미소를 짓고 있는 아버지, 이를 지켜보며 아버지 손을 꽉 잡은 개그맨 아들이 흐느끼며 간신히 말을 잇는다.

"아버지 너무 슬퍼요. 이제야 제가 빛을 보게 되었는데… 저같이 타락한 탕자를 끝까지 믿어주신 아버지가 돌아가시면…."

병상의 아버지는 슬피 울며 자신의 임종을 지키는 아들에게 마지막 남은 힘을 짜서 말한다.

"사랑하는 아들아, 언제라도 기도할 수 있는데 뭐가 슬프다는 거냐? 네가 남들을 웃게 할 수 있는 능력 주신 자에게 항상 감사드려라. 이제 넌 공인으로 문화권력을 가진 사회의 리더다. 너에게 고단한 삶의 일부를 의지하는 팬들을 위해 최선을 다하고, 리더로서 고독을 견디며 책임을 다해야 한다."

이 유언을 끝으로 아버지는 소천召天하신다.

아들은 다음 날 신년 생방송에 출연해 20년 개그맨 생활 동안 자신의 가장 웃기는 모습을 새해를 맞는 팬들과, 하늘나라에서 보고 계실 아버지에게 보일 수 있었다.

리더는 조직 활력징후Vital Signs, 생명 유지를 알려주는 사인의 바로미터다. 곧 죽어도 표정과 목소리, 자세에 기개가 넘쳐야 하고, 언제나 당당하며 자신감으로 충만해 있어야 한다. 일촉즉발의 전투 상황에서 리더가 두려워 떨며 어두운 표정을 하고 있으면 조직 전체가 전의戰意를 상실한 채로 불안에 휩싸이게 되고, 리더가 또렷한 정신으로 두 눈을 번뜩이며 조직원들을 독려해 전의를 불태운다면 한 명이 능히 100명을 대항할 수 있는 강력한 조직으로 탈바꿈한다.

태풍 앞에서는 리더도 사람인지라 두렵기는 마찬가지다. 하지만 리더는 두려움이 성문을 열고 데려오는 걱정과 불안 끝에 서 있는 절망이란 거인을 향해, 선원들이 겁에 질리기 전에 깡 좋게 제일 먼저 달려가 대적해야 한다. 그것도 별거 아니라는 듯이, 티 내지 말고, 지극히 여유만만하게 위기를 맞아 안아야 한다.

험악한 태풍이 걷히면 선원들을 갑판에서 편히 쉬게 하고 마실 것과 먹을 것을 나눠준다. 여유로운 미소로 선원들의 눈을 쳐다보며 고생했다며, 이제부터는 순풍만 불어올 거라며 혼구혼을 담은 구라를 쳐서라도 토닥여야 한다. 아무리 환난 중에라도 위트와 유머, 매너를 잃지 말아야 함은 물론이다. 흙탕물 같은 험하고 추한 과거를 정화시키는 찬란한 광채를 지닌 섭리의 시각으로 영화로운 권능과 부유함을 보여줘야 한다. 태풍 피해로 많이 다친 배지만, 선장의 다스림에 배 위에 평강이 임한다.

리더가 있을 곳은 빈둥거리며 달콤한 꿀을 빠는 자리가 아니다. 선원들이 휴식을 취하는 동안 리더는 태풍을 견뎌준 돛을 점검하고, 다시 닥쳐 올 다음 태풍을 대비한다. 리더는 자신감, 긍정적인 마음, 진정한 노력으로 어렵고 힘든 곳에 들어가 주위를 환하게 밝히고 변화시키는 사람이다. 극한의 환경에서 도망가 벗어날 생각을 하는 사람이 아니다. 인내를 지나 얻게 될 것을 바라는 것이 아니라, 인내의 자리에서 얻어질 온전한 인내를 이루어 낸다. 고통을 인내로 이겨내는 리더의 모습에 조직 전체는 격려와 치유, 회복을 넘어 승리와 비상飛上의 역사力事를 경험한다.

갑판 일을 다 마치면 조용히 선장실로 들어가 결연한 눈빛으로 지도를 펴 목적지를 확인한다. 배의 피해 상황을 되새겨 얼마나 견딜 수 있을지 항해의 마지노선을 혼자 머릿속에 그려 넣으면서 스스로의 마지노선을 넘어서야 한다. 의사결정을 내리기 위해 1분마다 10번의 루비콘강을 건너갔다 왔다 한다.

지도자指導者는 가리킬 지指, 이끌 도導, 조직이 가야 할 곳을 가리켜가며 공감과 헌신, 열정으로 이끄는 자다. 빈들에 마른 풀과 가물어 메마른 땅에 단비가 내리듯 생명으로 인도하는 문은 길고 협착狹窄하여 찾는 자가 적음에, 리더는 존재 그 자체만으로도 실로 귀하디 귀한 존재인 거다.

박사의 영문 표기는 'Ph. D.'다. 예를 들어 경영학 박사는 Ph. D. in Business Administration이고, 기계공학 박사는 Ph. D. in Mechanical Engineering이라고 하는 식이다. 여기서 Ph. D.란 Philosophy of Doctor, Doctor of Philosophy로, 직역하면 '박사의 철학', '철학 박사'를 의미한다. 철학, Philosophy는 Philo Love + sophia 지식에 뿌리를 두고 지혜를 추구하는 행위를 말한다.

경영학 박사를 풀어쓰면, Philosophy of Doctor in Business Administration으로 '경영학 박사의 철학'이란 뜻으로 어느 학문이든 기본적으로 '철학'에 근간을 두고 있다.

고대 서양에서 리더라고 하는 이들은 회화, 해부학, 물리학, 수학, 건축, 철학 등 다방면에 능통한 사람들이었고, 철학자이면서 과학자, 웅변가이자 정치가이기도 했다. 레오나르도 다빈치와 아리스토

텔레스가 대표적인 예다.

동양에서 쓰이는 박사博士란 호칭은 넓을 '박博'에 선비 '사士'로, 한 분야에만 꽂혀 타협 않고 자신의 이론과 영역의 캐슬castle에 갇혀 아집과 고집만 파고드는 학자가 아닌, 특정 분야에 자신의 이론을 가지고 정통하되 여러 현상 및 이론과 통섭할 수 있는 전문적이고 젠틀한 신사를 뜻한다. 한 마디로 '멀티 스페셜리스트multi-specialist'다.

카공족카페에서 공부하는 사람이 늘고 있다. 카페에서 공부하면 방해받지 않을까하지만, 적당한 부산스러운 잡음이 집중에 더 효과적이다. 러시아의 대문호 톨스토이의 단편작을 보면 유난히 보드카가 많이 등장하는데, 그는 줄거리 전개의 아이디어가 막힐 때면 집 근처 번잡스럽고 시끄러운 바에 들어가서 독한 보드카를 홀짝이며 집필을 이어갔다고 한다. 이를 '백색소음white noise'이라고 해서 프리즘을 통과해 무지개 빛을 내는 백색광처럼, 다양한 소리가 합쳐지면 은근히 듣기 싫지 않으면서도 집중력을 높이는 넓은 음폭의 잡음을 만들어 내는 것이다.

리더는 자신이 속한 조직의 다양한 영역에서 멀티 스페셜리스트답게, 컬러color도 다르고 결근본과 추구 가치도 다른, 뜻을 달리하는 의견들을 의연히 취합해 조직의 집중력을 높이는 백색소음을 만들어 간다. 이 과정에서 내조직과 외조직의 직렬, 병렬의 연결 관계를 사역자 자신의 안으로 강력하게 끌어당겨 안아야 한다.

전장의 중심에 선 통섭의 철학자 '슈퍼 박사' 리더의 역할은 이러한 리스너listener와 조율자coordinator로 그치지 않는다. 삽과 곡괭이를 들고 조직을 솔선해 이끌어 과거 전쟁으로 무너져버린 성벽과 불타버린 성문을 재건하면서도, 다른 한 손에는 칼을 쥐고 언제 기습해 올지 모르는 적에 대비해야 하는 하이브리드형型 인간이다. 리더는 공동체의 아픔을 자신의 책임으로 돌리고 곧 다가올 회복을 믿고, 빅피처big picture와 디테일을 아우러 빛을 비추며 어둠속에서 견딜 수 있는 멘탈코드mental code를 갖춰야 한다. 최악을 최고로 만들기 위해 최선을 다하는 사람. 빛과 소금의 느헤미아Nehemiah 리더십이다.

지쳐 쓰러지기 일보직전이지만, 리더만 바라보고 따르는 무리를 향해 조석으로 승리를 선포해야 한다. 참으로 지난至難한 극한직업으로 정말이지 혹독하게 외로운 존재다. 너무 힘들어 "네가 가라, 리더의 길!"이라고 말하고 싶을 정도다. 그나마 다행인 건 죽을 만큼 힘들어도 그렇게 쉽게 죽지는 않는다는 건데, 나무는 잘려도 소망의 그루터기까지는 뽑히지 않는 이치다. 연단이 마쳐진 후에 정금pure gold같이 나아올 수 있다. 다만 죽는 것보다 무서운 게 딱 하나 있다면, 죽기 전에 리더 스스로 이미 희망은 저 멀리 물 건너갔다며 자신을 먼저 죽여 가는 것이다. 얕은 성공에 일희一喜하는 것도 위험하지만, 그보다는 예상치 못한 실패에 일비一悲하는 게 더 문제다. 낙심하면 해지고 비천해진다. 누구보다 자신 스스로에게 갈기갈기 찢기고 정신이 흩어지다가 절망의 포로만 남게 된다.

Passion열정의 어원은 라틴어 'patior'로 , Patience인내, 견딤와 같다. 열정의 원동력은 결국에 견디는 힘인 거다.

리더의 특권, 외로움

참으로 흔하디흔한 스타트업 CEO의 하루를 들여다보자.

"삐리리… 삐리리"

울리는 스마트폰 알람을 세 번 정도 껐던 것 같다. 마지막 알람 6시가 울리기 전인 5시 55분이라는 거다. 6시에 한 번 더 울릴 기회가 남아 있으니 5분간은 온전히 내 시간이다.

비몽사몽간에 사랑하는 가족, 회사… 다가올 희망을 그려본다.

미래의 기대에 과거를 복기復棋할 시간은 없지만, 그래도 잠깐 어제 만난 사람들을 생각한다.

어제 저녁 7시에 강남역 오징어 횟집에서 스타트업 3년차로 나랑 같은 처지인 거래처 T 대표와 소주를 한잔했다. T 대표는 다음 달 5월 가정의 달에 고생하는 직원들에게 상여금을 주고 싶은데 자금이 빡빡하다며 넋두리를 한다. 술이 좀 들어가자 왜 근로자의 날은 있는데 경영자의 날은 없냐는 하소연으로 바뀐다. 나는 지난주 면담

한 우리 회사 응급구조사 남자 스텝이 사귀던 같은 팀 간호사 여자 친구와 헤어지면서 퇴사를 하겠다고 한 걱정거리를 토로했다. T 대표는 나이 차이는 좀 나지만 생각이 젊으신 분이라 말이 잘 통한다.

자리를 마치고 교대역으로 걸어가 고터역에서 9호선으로 갈아타고 여의도로 향했다. 방송 기자인 여동생 친구를 만나기 위해서다. 그녀 일이 마치는 9시에 방송국 근처 골뱅이 집에서 만났다. 사회부 기자를 하고 있어 세상 돌아가는 얘기도 들을 수 있고, 동생이지만 가끔씩 하는 내 행동거지에 대한 따끔한 조언이 소중하다. 반마리 치킨에 골뱅이 무침으로 병맥주를 간단히 했다.

11시 30분 광장시장. 각계에서 고위직으로 은퇴하신, 예전에 한 가락하셨던 어른들이 빈대떡에 막걸리를 하고 계신 자리에 합류했다. 칭찬 릴레이같이 당신들의 무공훈장처럼 여기시는 소싯적 얘기가 멈출지 모른다. 이 자리에서 학장님으로 불리시는 분이 조언하고 추천해 준 덕에, 경영에 대해 전문적으로 공부도 하고 인맥도 쌓으려고 작년에 응시했다가 떨어졌던 Y대학 주말 MBA 파이넌스 과정을 1년 간 더 준비해 올해 입학할 수 있었다.

1시 좀 넘어 편의점 앞 테이블에 자리를 잡고 냉동 닭발과 마른안주, 참치캔, 국물 어묵에 소주, 맥주, 막걸리와 종이컵을 세팅한 후 인사를 드리고 먼저 일어났다. 하루의 마지막 차수도 무사히 마쳤다.

집에 돌아오니 3시다.

"삐리리… 삐리리…"

벌떡. 침대 위 천정에 대문짝만하게 붙여둔 신념어가 눈에 들어온다.

'아침이다. 눈을 떴는가? 오늘은 당신의 남은 인생이 시작되는 첫 날이다'

6시. 그래, 오늘이 시작되었다.

부리나케 샤워를 하고 주섬주섬 옷을 걸치고 출근한다. 지하철이 만원이다. 선릉역에 도착해 계단에 쭈그리고 앉으신 할머니가 파시는 2,000원짜리 샌드위치를 사들고 편의점에 들러 로스팅 커피를 뽑아 든다.

내가 있는 사무실은 공유오피스다. 3년 전 부모님과 함께 사는 집에 '홈오피스'를 차려 처음 스타트업을 시작했다. 왜 멀쩡한 직장 놔두고 나와서 고생하냐는 부모님 닦달에 못 이겨 선배 사무실에 책상 하나를 빌려 쓰다가 괜히 눈치가 보여 작년에 여기 선릉센터가 완공될 때 맞춰 들어왔다. '핫 데스크'라고 하는, 고정 자리는 아니지만 공용 부대시설을 이용할 수 있는 패키지를 이용하고 있다.

정말 유용한 공간이다. 무료로 제공되는 프리미엄 커피와 과일수水, 근무 시간에도 제공되는 생맥주까지. 특히 회식하는 날이면 피자와 치킨을 주문해 와서 무료 생맥주와 함께 즐길 수 있어 경비 절감에 효과적이다. 입주사 친목 파티나 스타트업 관련 교육 행사도

정기적으로 주최해 준다.

라운지에 연예인 같은 사람들이 돌아다녀서 매니저로 보이는 남자에게 물어보니, 이곳에 인플루언서 회사가 들어와 있다면서 거기 대표가 자기라고 했다. 그 후로 몇 번 지나치면서 그 대표와 인사를 하다 라운지 생맥주 덕에 급속히 친해졌다. 나와 동갑이었다.

사무실, 엄밀히 말하면 공유오피스 건물의 공용 스페이스에 출근해, 역 계단에서 사온 샌드위치와 커피를 마시며 스케줄과 이메일을 확인한다. 오늘 오전에는 구급차와 병원, 앰블런스의 다자간多者間 영상통화 시연을 위해 캠코더 업체에서 받은 자료를 정리해 애니매이션 제작업체에 보내줘야 한다.

아, 내 소개를 늦었다. 나는 'C 서바이벌'이라고 하는 응급의료 체험 교육 서비스를 제공하는 스타트업의 대표다. 회사 이름 'C 서바이벌'의 'C'는 내 성이 '최'씨라서이고 '서바이벌'은 미국에서 닥터헬기를 '서바이벌 프라잇survival flight, 생존비행'이라고 칭하는 것에 착안해 지었다. 나라에서 지원하는 청년창업 자금에, 일하면서 모아 두었던 돈을 탈탈 긁어 창업했다. 권역외상센터에서 연구원으로 근무하면서 알게 된 응급구조사, 간호사분들을 어렵게 설득해 시작했다. 아직은 서울, 경기권에 국한되어 오프라인으로 서비스를 드물게 제공하고 있지만, 얼마 전 온라인으로 사업을 확장하면서 지방에서 밀려오는 시연 요청에 매출이 오르기도 전에 필요한 돈이 많아졌다.

온라인 서비스를 제공하려는 계획에 처음으로 동참해 준 것은 앱을 만들기 위해 몇 번 만났던 M개발사의 S대표님이다. S대표님으로부터 투자자 한 번 만나보지 않겠냐는 연락을 받고 나간 자리에 S대표님 혼자 앉아 계셨고, 말씀하셨던 투자자가 본인 자신이라고 했다. 앱 개발과 운영해 주는 대가로 지분의 30%를 달라고 하셨다. 대기업 영상사업단 출신의 S대표님의 실력을 신뢰한 터라 나쁘지 않다고 생각했다.

온라인 프로모션을 위해 모집한 대학생 서포터즈 팀의 아이디어로 애니메이션으로 제작했다.

우리 앱은 잭팟을 터트린다. 초등학생 학부모님들의 호응으로 지방 초등학교로부터의 요청이 쇄도했다. 시연 차량과 직원을 더 늘려야 하는 상황에서 S대표님이 10억 원을 추가로 투자할 테니, 이번에는 21%의 지분을 달라신다. 오늘 그 얘기를 다시 나누기로 했다.

지분 같은 건 잘 몰라 공유오피스 12층에 있는 동갑내기 인프루언서 대표를 찾았다. 그는 경영학과 출신이라 주식에 대해 잘 알 것 같아서다.

"30%에 21%로 51%면 그냥 통으로 경영권을 넘기는 거 아냐?"

놀라는 그가 혹시 모르니 자신이 멘토로 모시는 형님과 자리를 한번 마련할 테니 의견을 들어보자고 한다. 고마운 동갑내기 친구다.

점심시간에 찾아오신 S대표님과 선릉 맛집인 '지구당'으로 갔다. 이곳 규동과 카레가 끝내준다. 티슈에 뭐라고 적혀 있다. 좋은 말이다. 식사를 마치고 사무실로 가 커피를 같이 한잔하며 얘기를 나눴다. 나는 투자 건에 대해서 다음 주까지 결정을 지어 말씀드리겠다고 하고 헤어졌다.

오후에는 다음 주 땅끝마을 해남의 초등학교에서의 시연 일정을 체크하고, 한강 둔치 주차장에 애지중지 모셔둔 시연 차량을 점검하러 현장에서 스텝들과 만나기로 했다. 점검 마치고서 오랜만에 한강에 돗자리 깔고 다음 주 같이 출장 갈 직원들과 치맥을 할까 한다.

한강으로 출발 전에 전화 돌릴 데가 많다.

해남의 초등학교에 전화를 걸어 다음 주 시연 대금 입금을 좀 빨리 해 주실 수 없겠냐고 부탁을 했다. 교감 선생님께 여쭤보고 알려주겠단다. 다음 주 목요일 25일이 월급날이고 그다음 주는 월세를 내는 날이고, 한 장으로 서로들 돌려쓰는 법인카드 값도 내야 한다. 잔여 한도가 오늘 회식하고 나면 바닥날 거라 다음 주 해남 출장 갈 때는 내 개인카드를 건네 줘야겠다.

이런저런 고민을 하는데 카톡이 왔다. 직원이 할 얘기가 있다고 한다. 이때가 제일 무섭다. 역시나, 응급실 간호사 출신의 L이 퇴사를 하겠단다. 회사 자금 돌아가는 게 빡빡해 보여 불안해, 다시 응급실로 돌아가고 싶다고 한다. 내가 봤을 땐 그 이유도 이유지만, 같은 팀에서 사귀던 응급구조사 남자 친구와 헤어지고 나서 같이 일하기가 멋쩍은 이유가 더 커 보이긴 하다. 지난주 남자 친구가 면담에서 나한테 그만두겠다고 먼저 말했던 터라 눈치를 채고 있었다. 한꺼번에 둘이나 빠지면 어쩌지? 한 명은 남아 있어 줘야 할 텐데.

버스를 타고 한강으로 향했다. 출장 체크리스트로 차량 점검을 마치고 준비해온 텐트를 강가에 쳤다. 치킨을 시키고 블루투스로 음악을 틀었다. 치맥을 맛있게 다 먹고 편의점에서 라면을 끓여 소주로 2차를 하겠단다. 나는 내일 개인적인 일정이 있다고 말하고, 2차가 끝나면 볼링이라도 치라며 법인카드를 내주었다. 아직 한도가 23만 원 정도 남아 있으니 괜찮을 것이다.

내일은 주말 MBA 수업이 있는 날이다. 중간고사 대체로 팀별 발표가 아침 9시부터 있다. 수업 마치고는 동기들끼리 회식이다. 2차로는 내가 태어나서 처음 가보는 하얏트호텔에 있는 'JJ'란 곳엘 간단다.

집에 돌아와 씻고 노트북을 폈다. 내일 아침 우리 팀 발표자는 나다. 응급의료 교육 서비스란 특수한 일을 하는 내게 PT는 어렵지 않다. 왜냐면 일반인이 잘 모르는 분야이기 때문이다. 하지만 내일 PT는 현역의 쟁쟁한 동기들과의 같은 수업 내용에 관해 발표하는 것이라 내 실력이 뽀록날 수 있다. 동기들은 PT에 달인 같은 포스를 지니고 있다. 회계법인에 근무하는 동기와 대기업 기획실과 심지어 대형 광고대행사에서 일하는 이들이다. 그래도 명색이 내가 대표이사인데 제대로 해야 한다.

아침 5시, 발표 준비를 마쳤다. 나쁘지 않다. 한두 시간이라도 눈을 좀 붙여야겠다. 잠자리 들기 전에 제일 좋은 옷과 신발을 꺼내 둔다. 동기들이 다들 멋쟁이들이라.

정말 이만 자자. 다음 주엔 파주 출판단지 가서 혼영혼자 영화이나 때리자. 거긴 영화관에 진짜 나 밖에 없을 테니…

스펙터클한 블록버스터 헐리웃 영화가 아닌 연극은 주연과 조연이 두 축으로 이끌어 간다. 인생극장에서의 주연은 리더인 '나'이고, '상황'은 조연일 뿐이다. 외로움이 두렵고 책임감이 무겁다고 해서 인생극장 주인공이 바뀌지 않는다. 조연이 주연을 하려고 하면 그냥 연극만 망가질 뿐이다.

지구를 사이에 두고 우리나라 반대편에는 우루과이 수도 몬테비데오Montevideo가 있다. 한국의 대척점對蹠點이다. 나는 어릴 적 내가 서 있는 지구 정반대편에 나랑 같은 조건에 비슷한 상황을 겪고 있는 '또 다른 박세정'이 있지 않을까라고 생각한 적이 있다. 서로 다른 시공간에 존재하지만 반복된 같은 운명을 타고난 평행이론Parallel Life.

리더는 모든 의사결정을 할 수 있는 특권을 가지고 있다. 하지만 이 특권의 대척의 지점에는 고립isolation이란 또 다른 특권이 평행이론처럼 존재한다.

'외로움'

리더가 가진 지식과 경험, 달란트와 인맥은 자신보다 남을 세우는 책임과 사명으로 부여된 것이다. 『내 얘기를 들어줄 단 한사람이 있다면』의 저자 조우성 변호사가 동아일보 시론에서 CEO를 '최고로 잘 참아내는 경영자Chief Endurant Officer'라고 했다. 덕德에 지식을, 지식에 절제를, 절제에 인내를, 인내에 경건을… 왕관을 썼으면 그 무게를 견뎌야 한다.

리더는 일상이 회사 업무의 연속인지, 근무를 하는데 휴가를 보내고 있는 건지 분간이 안 될 때가 많다. 호접지몽胡蝶之夢, 물아일체物我一體. 내가 꿈속의 나비인지, 나비가 꿈에서 나라는 인간을 보고 있는 건지 알 수 없는 것과 같다. 단 하나 확실한 건, 꿈과 현실의 나비든 사람이든 간에 둘이 서로 협조해 사업이란 걸 합작해 가고 있다는 거다.

리더는 무한 책임의 자리고, 책임은 궁극의 외로움에 이른다. 외로운 존재라는 걸 미리 알고 외로워지면 그나마 덜 외롭기에 리더에게 외로움은 아예 특권이라고 해 두는 게 나을지도 모르겠다.

리더의 직분은 행위, 행함, 행동의 'doing'이 아니라, 그 자체로 존재, 체득, 체화體化, 본질인 'being'이다. 리더의 'being'은 책임감, 사명감. 외로움, 근성, 도전정신, 소망, 중용이다. 그야말로 전신갑주를 두르고 믿음의 방패로 무장해 대오를 맞추고 전진하는 영적 정규군인 거다.

공자사상의 핵심인 동양의 '중용'을 영어로 하면 '중간치値' 란 뜻을 지닌 'medi'로, meditation묵상, 기도, medical의학의, medicine약물 단어에 쓰인다. meditation은 영적 전쟁을 이기는 정신적 행위로 조용한 시간Q.T, Quiet Time에 흠뻑 젖어서 눈을 감고 보는 것이고, medical, medicine은 사람을 살리는 물리화학적 수단이다.

리더가 지키는 중용은 자신과 조직의 영육을 살리는 일, 그 자체 being다.

태생 자체가 외로운 리더라는 자리는 직원들이 바라보고 있어 연약한 티를 내서도 안 되고, 퇴근해 동료들과의 생맥주 한잔에 안주로 씹을 상사도 없다. 회사에서 일을 하고 있어도, 집에서 쉬고 있어도 365일, 24시간이 풍랑 속 고요히 묵상에 의탁한 시간의 연속이다.

시련의 골짜기를 지날 때는 지긋하게 잠잠히 받아들이고 그날이 오길 참고 기다린다. 그래서 내 얘길 들어줄 단 한 사람, 외로이 홀로 남아 마음이 무너지고 눈물이 빗물처럼 흘러내릴 때, 나를 믿고 조용히 기도해 주는 누군가가 있어야 버텨낼 수 있다.

meditation : 하필 나야? 왜 나냔 말이야?

스페인에서 프로 축구선수의 지위란 스페인 축구 역사가 말해주듯 '국민 영웅'이 되는 가장 빠른 길 중 하나다.

19세에 이미 '레알 마드리드Real Madrid'팀의 골키퍼로 활약하던 잘생기고 건장한 청년이 있었다. 세상의 모든 선망과 부러움을 샀던 그는 젊은 나이에 현재와 미래의 성공 두 가지 모두를 가졌고 그의 얼굴에는 항상 섹시한 미소와 자신감 넘치는 눈빛이 반짝이고 있었다.

스무 살의 어느 날, 청년은 어이없이 교통사고를 당하고 만다. 척추가 완전히 손상되고 양다리가 마비되어 한순간에 현재와 미래의 부와 명예, 살인 미소와 강렬한 눈빛까지 모든 것을 싸그리 잃게 된다.

인생의 최고의 절정기를 병상에서 보내는 불운한 이 청년은 매일 아침 눈을 뜨면 자신의 믿기지 않는 현실에 병실 침대에 누워 허공에 악을 써댔다.

"왜 하필 나야? 왜 나냔 말이야?"

흐르는 시간들은 온전히 절망과 분노의 수렁 속으로 깊이 빠져 들어갈 뿐이었다.

청년을 구원하려고 했던 이는 그의 아버지였다. 아버지는 아들에게 지금의 고통이 너를 괴롭힌다 하더라도 '그래도 인생은 계속 된다'는 말을 곱씹으며 병상에서 움직이지도 못하고 욕창으로 고통받는 아들에게 소망의 산소를 불어 넣어 주었다. 청년은 아버지로부터 받는 희망으로 간신히 호흡하며 매일같이 고통스러운 재활 치료를 받았다. 하지만 그런 육체적인 통증보다도 도저히 견뎌내기 힘든 건 언제 끝날지 모를 지금의 이 싸움이 영원히 끝나지 않을 수 있다는 정신적 공포였다. 매일 밤마다 갈기갈기 찢겨지는 나날의 연속이다.

청년에게 유일하게 영육으로 오는 고통을 물리칠 수 있는 것은 '기타guitar'였다. 틈만 나면 침대에 기대어 기타를 퉁퉁 튕겨가며 노래를 불러댔다. 음도 읽지 못하는 음치인 그에게 유일한 선생님은 TV 속의 가수들이었다.

사고 이후 어떤 꿈에서조차도 그리기 두려운 나날을 보내며 그토록 뿌연 미래를 보며 살던 그가 5년이 지나서 기적처럼 걸을 수 있게 된다. 주위의 모두가 믿을 수 없는 일이 일어났다고 했지만, 그의 아버지만은 자신의 아들이 언젠가는 반드시 다시 일어날 것이라 확신하고 있었다. 목숨을 걸고 아들의 병상을 지킨 그였으니.

그를 병상에서 일으켜 준 가장 큰 힘은 교회를 다니는 아버지가 병상에서 항상 해주던 사랑의 말이었다.

"La Vida Sigue Igua. 그래도 인생은 계속 된다." 그는 이 찬란한 아버지의 말을 잊지 않기 위해 노래로 부른다.

20대의 반을 불구로 보낸 축구선수 출신으로, 세계적으로 3억 장 이상의 앨범 판매 기록을 보유한 '훌리오 이글레시아스Julio José Iglesias de la Cueva'.

세기世紀의 가수가 된 그는 노래「그래도 인생은 계속된다La Vida Sigue Igua」와「Hey」로 세상의 많은 사람에게 희망과 평온한 정서를 지금도 나눠주고 있다.

축구 경기에서 전반전 45분이 끝나면 15분간 하프타임에 들어간다. 대기실에서 지친 몸으로 숨을 고르는 선수들을 감독과 코치가 아버지와 큰 형의 토닥임으로 격려한다. 그 누구도 하프타임을 없애고 후반전을 바로 이어가자고 하지 않는다. 철저하게 쉬어도 되는 휴식의 시간이다.

야구장에는 역전力戰의 에너지를 보내는 치어리더가 있고, 마라톤 레이스에 완주를 위한 페이스 메이커가 있듯, 외로운 리더에게는 생명의 말씀이 든 구원救援의 확신이 절실하다.

아무리 곤고하고 외로운 인생이라도 더 치열하게 휘몰아칠 후반전을 위한 하프타임은 있다. 하지만 우리는 절박한 세상과 척박한 자신이 만든 소용돌이에 휘말려 온전한 휴식의 시간과, 감독님과 코치님이 대기실에서 기다리고 있는데도 하프타임과 말씀을 찾지 않고 곧바로 후반전을 뛰려고 한다.

운동선수들은 자기 나름의 루틴routine이 있다. 긴장을 완화시키고 평정심을 유지해 최상의 경기를 치르기 위함이다. 박태환 선수가 헤드폰으로 클래식을 들으며 수영 경기장에 입장하고, 타석에 선 타자가 야구 방망이로 바닥에 십자가를 그리고, 씨름 선수가 시합 당일 새벽 일찍 모래판 위에 올라가 두 발을 굴리며 결전을 시뮬레이션 한다.

롱런하는 리더는 전반의 고단함과 고역을 토닥이고 후반전을 위한 얘기를 나눌 중보의 동역자同役者가 기다리고 있는 케렌시아Querencia, 투우 중에 소가 잠시 쉴 수 있는 장소 같은 하프타임을 찾고, 자신만의 루틴으로 천천히 호흡을 가다듬는다.

리더의 동역자는 '멘토', 그들의 루틴은 '책'이다.

사람이 사람을 살린다. 지금 내 옆에 '용기'와 '영감insight'을 주는 중보의 공동체, 멘토가 있다면 현실의 고난을 넉넉히 내 앞에 무릎 꿇리기에 충분하다. 단, 목동이 목마른 양을 냇가까지 끌고 가더라도 물을 마실 수 있냐 마냐는 양 스스로에게 달려 있다.

일본어로 책은 '本ほん, 혼'이다. 한자의 '근본 본本' 자를 쓴다. 인간사事, 史 모든 해법이 책 속에 있다는 뜻이다. 아득한 문제에 봉착했을 때일수록 날쎈 기술서보다는 생각의 걸음을 무겁게 내딛게 해주는 옛 선인先人의 지혜가 담긴 책이 좋다. 그리스어에서 유래된 '비블리오 테라피bibliontherapy, 독서 치유', 고전苦戰, 힘든 싸움의 해답은 고전古典, 옛 서적에 있다.

대한민국에서 대통령을 하려면 정치 1번지 종로에서 국회의원을 해야 한다는 말이 있다. 이런 종로에서도 유동인구가 가장 많은 광화문에 큼지막한 글귀가 새겨진 커다란 바위 세 개가 위풍당당하게 나란히 놓여 있다. 비즈니스나 관광을 목적으로 근처를 오가는 외국 사람들은 사진을 찍어 한국인 친구에게 무슨 중요한 내용이 새겨져 있기에 서울 한복판에 떡 하니 바위 세 개가 서 있냐고 묻기 십상이다.

'사람은 책을 만들고 책은 사람을 만든다'

광화문 사거리를 지나다 혼자 풋풋하게 피식 거리고, 삼촌 미소를 발사하게 하는 '유발자'가 있다. 교보생명 건물 외벽의 가로 20m, 세로 8m의 광활한 글자판에 울림 있게 녹여진 글귀, 일명 '광화문 글판'이다.

필자가 군을 제대한 1997년, IMF가 한국을 덮쳤을 때, 광화문 거대 글판에 적힌 글귀가 당시의 잿빛 대한민국을 토닥였다.

'길이 없으면 길을 만들며 간다. 여기서부터 희망이다'

사업을 좀 안다는 외국인은 서울의 중심 중의 중심지에 걸린 이 거대 글판을 보고, 아무리 좋은 글이 적혀있다고 해도 "기업이나 제품 광고물을 걸어 두면 작은 건물 임대료는 너끈하게 나올 텐데…"라고 의아해하며 어느 국가 기관에서 비용을 지불한 거냐고 묻는다.

글판의 주인은 1년에 우리나라 인구에 맞먹는 5,000만 명이 찾는 '국대국가대표 책방' 교보문고다. 교보문고의 설립자이자 이 역逆가성비 글판의 창시자는 일제하에서 민족 교육의 중요성을 절감切感하고 세계 최초로 교육보험을 만들어 대한교육보험'교보생명'의 전신을 설립한, 1950년대의 혁신 스타트업 CEO 고故 신용호 명예회장이다.

민족의 선각자이자 리더로, 일제 강점기에 야학을 열어 민족자존을 일깨우다 일본 순사의 감시에 시달리면서도 사업을 일궈 자금을 마련해 독립군을 지원했던 신용호 회장이 세운 5가지 원칙은 교보문고가 지금도 운영방침으로 이어가고 있다.

1. 모든 고객에게 친절하고 초등학생에게도 존댓말을 쓸 것
2. 한 곳에 오래 서서 책을 읽어도 그냥 둘 것
3. 책을 이것저것 보고 사지 않더라도 눈총 주지 말 것
4. 책을 노트에 베끼더라도 그냥 둘 것
5. 책을 훔쳐가더라도 망신 주지 말고 눈에 띄지 않는 곳에서 좋은 말로 타이를 것

"사람은 책을 만들고 책은 사람을 만든다."

-대산(大山) 신용호-

"Who Am I"

Who am I, that the Lord of all the earth
Would care to know my name
Would care to feel my hurt
세상 위에 선 구원자, 그가 내 이름 알고서 상처 난 내 맘 돌보네.

Who am I, that the Bright and Morning Star
Would choose to light the way
For my ever wandering heart
어둠을 밝히는 새벽 별, 방황하는 내 맘에 길을 비추네.

Who Am I, that the eyes that see my sin
Would look on me with love and watch me rise again
나의 곤고困苦를 보고 사랑의 눈으로 날 일으키네.

Who Am I, that the voice that calmed the sea
Would call out through the rain
And calm the storm in me
바다를 잠잠케 하듯, 내 안의 폭풍을 고요케 하네.

Not because of who I am, But because of what You've done
Not because of what I've done, But because of who You're
나로 인함이 아닌, 나의 행함이 아닌,

I am a flower quickly fading
Here today and gone tomorrow
나는 오늘 피었다 지는 이름 없는 꽃.

A wave tossed in the ocean

A vapor in the wind

바다에 이는 파도나 잠깐 보이다가 없어지는 안개와 같지만,

Still You hear me when I'm calling

Lord, You catch me when I'm falling

And You've told me who I am

나를 붙들어 부르짖음 들으며, 날 귀하다 하네.

-Casting Crowns-

PART 9

創, 만들어낼 창
(창업, 기업가 정신)

QR코드를 찍으면 저자
강의 동영상을 볼 수 있습니다

레이크록Ray Kroc의 청년정신

종이컵과 믹서기 영업사원 레이크록Ray Kroc은 53세에 맥도날드를 창업한다. 그는 "Be daring! Be first! Be different!대차게! 제일 먼저! 뭔가 다르게!"를 외치며 전 세계로 사업을 확장하러 다니면서 자신을 청년사업가라고 소개했다.

재벌 회장으로서 손색이 없을 정도의 재력을 보유했으면서 매장 입지를 정할 때면 헬리콥터를 타고 하늘에서 지도와 비교해 가며 밑을 내려다보며 주변 상권과 교통상황을 보고 직접 위치를 정했다.

하루가 멀다 하고 우후죽순으로 매장은 늘어 가는데 맥도날드 고위 관리자들이 고액 연봉과 나태에 취해 안락한 원목 의자에 푹 기댄 채 매장을 돌아보지 않았다.

몇몇 지방 점포가 적자를 보게 되고 매장 하위급 직원들이 직장을 잃게 될 위기에 처한다. 레이크록 회장은 나태해진 본사 간부 임원들의 의자 등받이를 톱으로 자르며 "Get out! right now!"을 외치고선, 그 길로 헬리콥터를 타고 망해가는 시골 점포로 내려가 주방에서 직접 햄버거 패티를 구웠다. 사람들은 맥도날드 회장이 직접 조리한 햄버거를 먹어 보려고 먼 길을 마다않고 차를 몰고 달려가 매장 앞 장사진에 즐거운 마음으로 줄을 서서 기다렸다. 얼마 지나지 않아 이 매장은 지역에서 가장 많은 매출을 올리는 맥도날드점이 된다. 레이크록 회장 자신의 말처럼 그가 청년사업가라는 사실을 인정할 수밖에 없게 만드는 열정의 일화다.

지금의 시대정신인 기업가 정신은 청년정신이자 도전정신이다.

자치단체나 정치권에서 공고를 내거나 공약을 발표할 때 '청년'의 맥시멈 기준은 40대 까지를 말한다. 아마 100세 시대이다 보니 그 반보다는 적어서 청년으로 보는 모양이다.

하지만 시간의 나이만으로 청년을 규정할 수 있을까? 꿈이 있다면 청년이 아닐까?

1961년에 53세의 레이쿡을 당시의 평균수명으로 따지면 지금의 80세를 넘어선다. '그럼, 레이쿡의 그 열정은 청년정신이 아니란 거야?'란 반문이 튀어 나온다.

청년 레이쿡은 맥도날드하우스 자선재단을 세상에 남기고 76세의 나이로 세상을 떠난다.

생전에 그는 항상 말해왔다.

"우리에게 한계란 하늘도 뛰어 넘는다. 우주정거장의 우주 비행사들이 지구의 맛으로 빅맥을 떠올릴 수도 있지 않은가?"

꿈같던 이 말이 지금은 당연한 현실이 되어 우주 비행사들이 지구에 돌아와 가장 먼저 찾는 음식은 빅맥과 콜라이고, 유수의 글로벌 싱크탱크가 사용하고 있는 경제 용어 '빅맥 지수Big Mac index'는 빅맥 가격을 기준으로 세계의 통화 가치를 산정하고 있다.

피봇pivot, 'Reborn다시 태어나기'의 위대함

'google's cemetry 124. '124개의 구글 묘지'라고 해서 뭐든 스마트하게 잘할 것 같은 구글이 진행했다가 접은 사업의 숫자 124를 가리킨다. 사진 관리, 보험 가격 비교, 가상현실 게임, 개발자용 커뮤니티 서비스, 모두 흔적도 없이 깔끔하게 접었다.

발명가 토마스 에디슨이 만든 'Edison General Electric Company'가 전신인 GEGeneral Electric는 지속되는 경영난에 주력 사업이던 가전, 화학, 금융, 방송 분야의 매각과 분사를 단행했다.

가전 업계 1위였던 소니가 TV는 한국 기업에, PC는 중국에 밀리면서 2015년 소니의 대표 브랜드 워크맨을 낳은 오디오, 비디오 사업부문 분사를 결정하고 나서야, 2017년 결산에서 2000년대 들어 최고의 매출을 찍었다.

컴퓨터 산업의 상징 IBM은 PC 사업을 중국의 레노버에 매각 후, 하드웨어를 버리고 컨설팅과 소프트웨어, AI와 클라우드에 집중하며 2018년에 리눅스 개발 업체를 인수, 현재 컨설팅 사업부만 연 매출 20조 원에 이른다.

면도기를 만드는 필립스는 헬스케어 기업으로 리포지셔닝re-positioning 했고, 접착제를 만들던 접착 공장 3M은 항공기 접착제, 우주선 접착제, 치아 교정 접착제 등 접착 특허만 11만 개인 거대 글로벌 전문 특허 보유사가 되었다.

'버림과 집중'

인류 최초 병법서인 『손자병법』의 36가지 계책 중 마지막 전략은 '도망'으로 우리에게 '36계 줄행랑'이란 말로 알려져 있다. 일본의 노무라연구소 그리고 맥킨지와 더불어 현존 최고의 컨설팅사인 보스톤 컨설팅 그룹BCG의 점유율 매트릭스Growth-share Matrix와 Ford사가 개발한 국제 시장 매트릭스 모델에서는, 시장 전망이 어둡고 수익성이 낮은 사업과, 매력도가 떨어지고 경쟁력이 약한 사업에 대해 토네이도tornado의 쓸어버림에 준하는 거침없는 사업 철회 전략을 제시한다. 한 곳을 향하는 동양東과 서양西, 고대古와 현대今의 가르침이다.

답이 없다고 결론이 난 것을 답인지 모르고 사업을 유지하겠다는 객기를 부려서는 안 된다.

타고난 싸움꾼이 17대 1로 싸움을 하려면 어떻게 해야 하는가?

영화 「아저씨」의 원빈이 그렇듯 1대 다多로 결전을 벌일 때 머리를 짧게 민 주인공이 웃통을 벗고 맨몸으로 상대들을 넓은 곳으로 유인해 자동차든 계단이든 조금이라도 높은 곳에 올라가 다수에 맞서는 것을 볼 수 있다.

물리학적으로 수적 열세일 때 훅 가는 상황을 피하는 방법은 하나다. 많은 수의 상대들에게 잡혀 넘어지거나 코너로 밀려 린치를 당하지 않는 것이다. 그래서 잡힐 만한, 불필요하고 걸리적거리는 것을 제거하는 것이 첫째다. 머리카락이나 상의를 최소화하고 상대들의 움직임을 파악할 수 있는 넓은 공터 같은 곳에서 결전을 벌여야 한다. 위치 에너지가 운동 에너지로 전환되는, 10cm라도 높은 곳을 점유하고 있어야 함은 기본이다.

사업도 똑같다. 불리한 싸움이 시작되었다는 것을 직감하면 일단 불필요한 것을 제거해야 한다. 리더는 카멜레온처럼 다중성을 가지고 버림과 걸러짐, 버림과 선택의 냉혹한 이성적 판단으로 거추장스러움을 과감히 내칠 수 있어야 한다.

어릴 적 공군 전투비행단 대대장이신 이모부가 대만 출장을 다녀오셔서 화과자를 사다 주셨다. 양철로 된 원통형의 케이스 뚜껑을 빼내 열려는데 아무리 힘을 줘도 빠지질 않는다. 세 살짜리 조카가 아장아장 걸어와 과자통을 달라고 해서 줬더니, 너무 쉽게 열었다. 뚜껑은 빼는 것이 아니라 트위스트로 비트는 것이었다.

무언가를 얻기 위한 변화는 기성의 사고를 뿌리쳐 버리고 새로운 속성을 찬찬히 파악하고 비틀어 보는 것에서 시작한다.

"풍향에 따라 뱃머리를 꺾어야 한다."

-엘버트 하버드-

국내 MAU Monthly Active Users, 월 순수이용자가 4400만 명을 넘는 국민 소통도구로, 공기업 수준의 사회적 책임을 지고 있는 한국에서 가장 강력한 플랫폼 '카카오톡'의 창업 당시 메인 비즈니스 모델은 심플한 지인 추천 사이트였다.

아침에 일어나 처음으로 하는 인류의 행위가 된 '인스타그램'은 그 흔하디흔한 위치 공유 서비스가 시작이었고, 작은 새의 지저귐이란 'tweet'에서 따온 평범한 인터넷 라디오 '트위터'는 여의치 않은 재정 상태로 말도 안 되는 'twttr'란 코드네임으로 창업했다.

피봇pivot.

사전적 의미로는 어떠한 점을 중심으로 도는 행동인 피봇은 린스타트업 창시자 에릭 리스의 창업론에서 처음 거론되었다. 분석을 통해 전략적으로 사업 구조를 바꾸는 '방향 전환', 계면 반응interface reaction이 일어나는 이질 영역이 맞닿은 모멘텀momentum의 변환 공간, 변곡점이다. 정체성이 새롭게 태동하는 '조화와 개선'상에 터닝포인트의 의미를 동반한 '다시 태어남', '개조改組'라는 'reborn', 'reform'의 뜻을 가지고 있다. 라틴어 renovátĭo레노와띠오, 처음부터 다시 한다는 생각으로 원점에서 문제점을 파악하는 힘이다.

많은 선진 기업들이 차별화된 비즈니스 프로그래밍을 통해 디지털 트랜스포메이션DT, Digital Transformation, 디지털 전환으로 IT 역량을 비즈니스에 내재화해, 경영효율의 극대화를 추구하면서 보다 확충된 피봇 기회를 엿보고 있다.

세계에서 가장 큰 화장품 기업 로레알L'Oreal은 CDOChief Digital Officer, 최고디지털책임자를 그들의 핵심 어젠다의 선봉에 세워 자사가 보유한 빅데이터를 활용해 그룹 운영의 전 영역에 걸친 디지털 전환을 성공적으로 이루어 냈다. 글로벌 앱을 만들어 출시하고 중국에서 왕홍인터넷 스타를 뜻하는 '왕뤄홍런'의 약어, 网络红人을 통한 디지털 마케팅 예산을 늘리는 것은 물론, 크리에이티브 제작에서부터 광고 매체 구매에 적용하는 초기 단계 DT를 포함해, 전통 산업에서 중시된 공급망 데이터를 활용해 R&D 협업 계획과 브랜드 확장 전략에 반영하고, 고객 만족 서비스를 수치화해 재무관리와 연동시키는 전사적 자원관리ERP, Enterprise Resource Planning와 연계한 디지털 혁신을 성공시켰다.

2019년 12월 자국의 조기총선을 겨냥해 영국의 공영방송 BBC가 'Will British Broadband look like South Korea?영국 광대역망도 한국처럼 될 수 있나?'라는 제목의 기사로 문제를 제기하는 가운데, 유럽에서 로레알과 함께 코스메틱 양대 산맥 중 하나인 에스티로더ESTEE LAUDER는 DT로의 진화와 아시아 마켓 교두보 확보라는 두 마리 토끼를 잡으러 아시아 화장품 브랜드로는 최초로 한국 화장품 벤처기업 닥터자르트Dr.Jart+의 기업가치를 2조원으로 평가해 인수했다.

KB금융 윤종규 회장은 언론 인터뷰에서 미래 경쟁자를 알리바바와 구글 같은 IT기업으로 지목했다. 윤 회장은 90년대 초 일부 통신업계 산업역군들이 휴대폰의 미래를 보지 못하고 삐삐무선호출기에 집착한 예를 들면서, 패러다임 전환을 받아들여 미래를 돌파할 것을 주문했다.

"금융그룹의 경쟁자가 IT회사라고?"

투머치too much 아닐까?

세계는 캐쉬리스cashless 열풍에 테크핀Tech Fin 춘추전국시대를 맞고 있다.

알리바바 마윈 회장이 처음 제시한 '테크핀'은 금융 주도의 '핀테크'와 달리, Technology의 'Tech'을 Finance의 'Fin' 앞에 배치해 기술 주도 금융시스템 융복합, 재건을 가리키는 합성어다.

중국 정부는 2030년까지 테크핀의 원천 기술인 AI의 세계 최고 국가 도약을 선언했고, 네이버가 테크핀을 주도하는 알리바바의 '앤트 파이낸셜'을 벤치마킹해 '네이버 파이낸셜'을 분사했으며, 미국에서는 구글이 수표를 발행하는 은행업무, 페이스북은 가상화폐 발행, 아마존은 글로벌 IBInvestment Bank투자은행 JP모건과의 금융계좌 서비스 전개를 추진한다.

ICT로 무장한 글로벌 기업들이 미래 먹거리로 금융으로의 '피봇'을 꾀하고 있는 것이다.

"무의식으로 과거를 답습하는 오만과 편견이 실패의 주범이다.
익숙한 것과의 결별을 통한 성과야말로 진정한 성과다."

뉴욕자이언츠_빌 파셀스

피봇은 IT 중심으로만 국한하지 않는다. 전 산업 영역에 걸쳐 전개되는 주력 사업과 제품군의 전환을 꾀하는 모든 것이 여기에 해당한다.

1920년대를 풍미한 미국의 유명 여배우 매머레이Mae Murray는 뉴욕의 한 매장에서 실수로 커피에 도넛을 떨어뜨렸다가 아까운 생각에 커피에 젖어 눅눅해진 도넛을 재빨리 꺼내서 다시 먹었다. 그런데 그 맛이 기가 막혔다.

1948년 매사추세츠의 사업가 윌리엄 로젠버그William Rosenberg가 이 아이디어를 차용했다. '던킨도너츠Dunkin' Donuts', 농구 경기에서의 덩크슛의 '빠뜨리다Dunking'에 '도넛Donut'을 붙여 브랜드를 네이밍한다.

그로부터 70년 간 전 세계인들의 사랑을 한 몸에 받던 '던킨도너츠Dunkin Donuts'가 브랜드에서 '도너츠'를 빼고 '던킨Dunkin'으로 바꾼다. 간판에 커피를 그려 넣으면서 커피 전문점 포지셔닝으로의 직진출을 노린 것이다. 주요 타깃인 1980년대 초반부터 2000년대 초반에 출생한 밀레니얼 세대 공략을 위해 맥도날드와 스타벅스를 벤치마킹 한다.

기름에 튀겨 설탕과 초콜릿을 묻힌 도넛은 다이어트에 민감한 밀레니얼 세대에게 외면 받아 매출에 지장이 미치지 않을 수 없다. 그렇게 보자면 정크푸드junk food 햄버거를 파는 맥도날드도 입장이 딱히 좋지 않아야 할 텐데 맥도날드는 패스트푸드 산업 선두로서의 자리를 꿋꿋이 지키고 있었다. 던킨의 전략TF가 그 이유를 분석했다. 바로 맥도날드의 알짜 부동산업과 코카콜라 판매였다.

텅 비어 있던 삭막한 건물 1층에 맥도날드가 들어서면 2층과 3층에 병원과 사무실이 들어오고 근처 빌딩의 지대地代도 덩달아 오른다. 이름하여 '맥도날드 효과'. 맥도날드는 이런 건물들을 헐값에 매입하거나 장기 임대해 알짜 수입을 발생시킬 수 있던 것이다.

'맥도날드를 망하게 하려면 햄버거 단품만 시켜라'는 말이 있다. 세트 메뉴를 주문할 때 딸려 오는 음료의 마진 수입이 맥도날드의 매출에 막대한 공헌을 하기 때문이다.

던킨은 팀을 꾸려 '맥도날드 효과'처럼 '던킨 효과' 구현에 부단히 노력하면서, 수익을 늘리기 위해 간판에 커피를 그려 넣고 브랜드에서 도너츠 이름을 빼 음료수의 매출 신장을 노린다. 또한 주문할 때 대면을 꺼리고 픽업에 로스타임을 아까워하는 젊은 층을 고려해 언택트untact, 'un+contact', 비접촉 기술로 주문과 결제를 미리하고 준비된 제품을 받는 '그랩 앤 고Grab N Go'를 실시하고, 드라이브스루drive – through를 도입했다. 뿐만 아니라 스타벅스를 연구해 매장 조명과 인테리어를 카페풍으로 바꾸는 등 생존을 위한 운영 시스템 전반에 대대적인 변환을 꾀한다.

이러한 피봇의 '방향 전환'을 다음의 내들러와 터시만Nadler & Tushman의 조직 변화 유형에서 확인할 수 있다.

분석툴	점진적 (incremental)	혁신적 (transformational)
예측 (anticipatory)	조율(tuning)	방향 전환 (reorientation)
반응 (reactive)	적응(adaptation)	재창조(re-creation)

[표 9-1]

[표 9-1]에서 보여주듯 피봇은 미래 예측을 통한 혁신적인 방향 전환, 대변화다.

샤인Schein, 1999 교수는 "무언가를 변화시킨다는 것은 단지 새로운 것에 대한 학습뿐 아니라, 이미 존재하고 있고 변화를 방해하는 것에 대한 폐기 학습unlearning을 내포한다."고 했다. 변화 관리change management, 옛사람의 Aftermath과거로부터의 선입견, 후유증를 뒤로하고 산지山地를 이미 받았다는 Beforemath미래 완료 수동태인 결과의 전조를 바라봐야 한다.

샤인 교수 말처럼 변화와 혁신은 갑작스런 갈아엎기가 아닌 과거라는 목줄을 푸는 데서 시작된다. 변화는 빈 곳을 만들어 새로운 이념과 가치, 새 조직과 비즈니스를 채워 넣는 일이다. 그러다 보니 당연이 저항이 따른다. 기존 사업을 접고 새 일을 시작하든, 조직을 축소해 구조조정을 하든, 관문착적關門捉賊, 문을 닫고 도적을 잡는다으로 잔적殘賊인 옛사람기존의 틀을 버리는 과정에서 일부 구성원의 안위安慰에 대한 불안이 탈학습unlearning을 넘어선 폐기 학습에 부적응을 표출하거나, 인식 전환과 수정을 수용하는 인지적 재구조화cognitive reconstruction

를 거친다. 관성에 안착해 있는 구성원들은 기존 따뜻한 물 안에서 만족하며 서서히 익어 죽어가는 개구리의 안락한 생존을 파괴하는 변화와 혁신에 대한 불안감으로 조직 부조화를 조장, 선동하며 거칠게 반발한다.

옛날이 오늘보다 나은 것이 어찜이냐 하지 말라. 이렇게 묻는 것은 지혜가 아니다.

"변화에서 가장 힘든 것은 새로운 것을 생각해 내는 것이 아니라, 이전에 갖고 있던 틀에서 벗어나는 것이다."

-케인스-

만화 『신의 물방울』을 보면 소중하게 새로 꺼낸 와인을 마시기 전에 디캔터decanter라고 하는 화학 수업 시간 플라스크같이 생긴 투명한 병에, 명주실을 뽑는 섬세함으로 담아 두었다가 마신다. 100만 원, 200만 원 넘는 고가의 와인일수록 이런 디켄팅decanting이란 과정을 거쳐 침전물도 가라앉히고 공기와 섞이게 해 산화를 시킨다.

와인의 산성은 가죽을 산화시키는데, 오래된 가죽으로 된 술부대는 내추럴 와인의 산도를 이기지 못해 여차하면 터져 버린다. 의사 누가Luke가 얘기했다. 새 옷에서 한 조각을 찢어 낡은 옷에 붙이는 자가 없듯, 만일 그렇게 하면 새 옷을 찢을 뿐이고 또 새 옷에서 찢은 조각이 낡은 것에 안 어울린다. 마찬가지로 새 와인을 낡은 가죽 부대에 넣는 자가 없듯, 만일 그렇게 하면 새 포도주가 부대를 터뜨려 포도주가 쏟아지고 부대도 못 쓰게 되니 새 포도주는 새 부대에 넣어야 한다고.

리더가 나태함과 퇴행을 넘어 방향 전환을 위해 절체절명의 의사결정으로 대전환을 꾀하며 새로운 의지와 전략을 조직에 담으리라 결심했다면, 단단한 각오로 내부로부터 휘몰아칠 소프트웨어, 하드웨어의 반발은 물론이거니와 외부의 하릴없는 박쥐들로부터 구겨질 준비를 견고히 해야만 한다.

*"잡고 있는 헌 밧줄을 놓아야 새 밧줄을 잡을 수 있다.
똑같은 일을 비슷한 방법으로 계속하면서
나아질 것을 기대하는 것만큼 어리석은 일은 없다."*

-알베르트 아인슈타인-

삶이 구겨질 각오가 없다면 리더가 될 생각조차 마라

전 세계에 영감을 일깨우고 있는 중국 최고의 부자 마윈 회장이 "996오전 9시부터 오후 9시까지, 주 6일 근무으로 일할 수 있는 건 커다란 복"이라고 설파했다. 알리바바의 0순위 타깃인 워라밸을 칭송하는 젊은 층에서 반발이 일었다. 마윈의 비밀스런 과거를 잘 안다는 한 네티즌은 마윈 회장이 줏대 없이 여기저기 붙어 떠돌던 추한 과거를 벌써 잊고 영화배우 이연걸과 CF를 찍으면서 재벌 놀이를 하더니 어떻게 된거 아니냐며 지탄했다. 탄력근무제 같은 대중 타협적인 호응 유발형의 훌륭한 대안이 있는데도 불구하고, 어느 나라 잣대에 갖다 대도 노동법의 기본 정신에 위배되니 질타가 쏟아지는 건 당연하다.

마윈 회장은 3수 만에 간신히 3류 지방대학에 들어가 근근이 졸업하고, 첫 번째 취업문이었던 경찰 시험 낙방을 시작으로 30번이 넘는 취업 실패도 모자라 심지어 맥도날드 알바도 못생기고 작은 키를 이유로 거절당했다. 그런 무無수저 모멸을 겪고 죽어라 고생을 해 세계적인 스타트업 알리바바를 창조해 키운 마윈 회장이라면 근로자의 고충을 누구보다 잘 알아 워라밸 신봉자가 될 법도 한데, 주 60시간 노동을 복이라 말해 전 세계 젊은이들의 비난을 받는 이유가 도대체 뭘까? 마윈 회장이 이런 반발을 예상 못 했을까?

마윈 회장은 자신의 생각을 가감 없이 말했을 뿐이다. 실제로 알라바바의 많은 젊은 직원들이 극심할 정도로 느끼는 노동의 가치를 담보로 억대 연봉을 받고 있다.

스타트업 전문 미디어 '벤처스퀘어'가 발표한 '2018년 스타트업 생태계 10대 뉴스'로 'CEO 리스크'가 선정됐다. 뉴스에서는 미투와 갑질, 허위 사실 유포, 명예 훼손과 불법 로비 등 요즘 불거지고 있는 내용을 다루었다. 시대 흐름에 안전과 리스크의 의미가 달라졌고 사회적 약자의 범주는 확대되었음을 확인시켜 주는 내용이다.

한국경제신문의 '교도소 담장 걷는 CEO들' 꼭지의 기사다.

"제가 피고인 형사재판과 고소 · 고발 건수를 합치면 10건 정도 됩니다. 수만 명 직원을 둔 CEO에게 '왜 이건 안 챙겼냐'며 관리, 감독 책임을 물으니 어쩌겠습니까? 대한민국 대기업 CEO는 '이미 전과자'거나 '잠재적 범법자' 둘 중 하나예요."

배임죄 등 '걸면 걸리는' 모호한 법 규정에 대해서는 "경영 판단에 형사책임을 물으면서 적극적인 투자를 기대하는 건 앞뒤가 맞지 않는다."라는 주장이 소개되었다.

'CEO Risk'. 대개 기업 오너나 조직 수장급의 핵심 의사결정권자로 인해 해당 회사에 나쁜 영향이 끼쳐지는 것을 말한다.

일례로 기업인이 기관의 조사를 받거나 경영에 집중하지 못한 채 다가오는 판결만 기다리다 보면, 진행하던 사업들이 지지부진해지면서 협력 업체들이 타격을 입고 여론은 악화되어 해당 회사 주가가 급락함은 물론 신입사원 채용 등의 인사정책 주요 현안이 일시에 멈추게 된다.

고만고만한 크기의 태풍이 여타의 자연현상을 만나 어마무시한 파괴력의 태풍이 되어버리는 퍼펙트스톰perfect storm처럼, 여러 악재가 스멀스멀 고개를 들며 동시다발로 발생하다가 그 영향이 배가倍加되어 조직에 치명적인 악영향을 끼쳐지는 다중 침체multi dip 현상으로 번져간다. 윗선의 의사결정이 제대로 이루어지지 않아 경영 전반이 삐걱이는 상황에서 리더십 부재는 악순환이 반복되다가 하강의 조직 침체기를 맞게 된다

일각에선 조직은 시스템이 움직이니 별반 영향이 없어야 하지 않느냐는 얘기를 하지만, 일촉즉발의 돌발 상황을 응전하면서도, 지속가능한 경영이 영위되기 위한 시스템을 만드는 것도 사람이고 돌리는 것도 사람이다.

기업의 중요 의사결정은 데이터를 참모들이 분석해 정보화시켜 리더임원가 뇌리와 뼈, 근육에 사무쳐 있는 암묵지로 직감적이고 즉각적인 판단을 내린다. 이 메커니즘은 사업의 추진과 조직 존속 이슈와 관련해 동일하게 적용된다.

동일 회사 복수의 임원들이 같이 해외에 나갈 일이 있을 때, 만약의 항공 사고나 하이잭hijack, 비행기 납치을 염두 해 같은 비행기를 타지 않고 나눠서 타게 할 정도로 리더의 거버넌스governance 영향력과 통찰력은 한 뼘 계산기로 산출할 수 있는 단촐한 것이 아니다.

맥도날드 창업자 레이크록Ray Kroc은 신규 매장 입지를 정할 때면 직원들이 취합한 기초 조사 자료를 숙지하고는 헬리콥터를 타고 날아가다가 "저기가 좋겠어!"라며 하늘 위에서 손가락으로 가리켜 새로운 매장 예정지를 낙점했고, 그렇게 오픈된 매장은 승승장구한다.

고르디우스의 매듭Górdĭus knot, 대담하게 거시적으로 파악해 해결할 문제은 대개 리더의 동물적인 직관에 스르르 풀리게 마련이다.

2009년 여름. 필자가 숙명여자대학교 언론정보학부에서 홍보와 광고를 가르칠 때 참여한 포럼의 메인 테마는 당시의 히트상품 '둥지냉면'이었다. 동그랗게 맛깔스럽게 말려 있는 면발이 마치 새가 알을 낳아 깃들이는 둥지 같다고 해서 지어진 너무나 이쁜 한글의 네이밍이 칭송되었다. 광고인이 평생 한 번 내놓을까 말까 한 이런 제품명을 생각해 낸다는 것은 로또 복권과도 같은 확률이지만, 그래도 광고인이라면 최대한 근접하게라도 생각할 수 있는 크리에이티브를 가져야 한다는 게 주제 발표의 요지였다.

새우깡, 너구리, 신라면, 둥지냉면.

너무도 친숙한 대한민국을 대표하는 식품명이다. 놀라운 것은 이 모든 네이밍의 주인공이 한 사람이라는 거다. 바로 '농부의 마음'이라는 뜻인 '농심農心'을 이름 지은 농심그룹 신춘호 회장이다. 신 회장님은 그룹의 인하우스 광고대행사 농심기획에 업계 최고의 전문 프로들이 포진하고 있음에도 현장의 CF 콘티를 직접 챙기는 열정으로 광고업계에서 정평이 나있다.

농심과 동종 업계의 오뚜기그룹 함영준 회장의 카톡 내용이 화제가 된 적이 있다. 딸이 보낸 참기름, 들기름 압착방식에 대한 견해에 함 회장이 식품화학 전문가 이상의 즉답을 한 것이다.

오너의 직관은 운運이나 굿판의 신기神氣로 얻어지는 것이 아니라서 고즈넉하고는 거리가 멀다. 24시간, 365일 동안에 가장 밑바닥, 바틈bottom에 자리 잡혀 있는 보이지 않는 고독과 고뇌가 만들어 낸 직감의 일부분이다.

필자의 MBA 재학 시절 벤처 창업론과 전략을 가르치셨던 교수님께서는 '벤처기업이란 가늘고 긴 담벼락 위를 걷는 것'이라고 하셨다. 담 한편으로는 격려와 용서, 재기再起를 응원하는 '소망'이란 꽃밭을 두고, 다른편에는 쇠창살로 된 방을 만들어 놓고 오해와 비방, 반목과 이간질, 분열과 조장으로 사회적 갈등 비용을 갉아 파먹는 낙오자들이 위협하며 리더가 담벼락에서 떨어지기만을 기다리고 있다고 했다.

조직 수장으로 항시적 대표성을 가지고 노출되어 있는 리더는 모든 인간에게 있는 주홍글씨의 자국이 더 깊숙이 새겨져 있기 쉽다.

개념 없이 처리한 가지급금이 배임, 횡령이 되고, 성급하게 내린 의사결정은 직권남용이었고, 계약 사후 해석의 쌍방 간 상이相異는 무지無知의 죄로 변질돼 법적 문제가 될 수 있다. 익명으로 올려진 SNS에 대표이사와 회사를 향한 악성 댓글이 실려 자살하기도 하고, 가짜 뉴스 기자가 불현듯 회사로 찾아와 공갈과 협박을 하기도 한다.

물론 잘못에는 이유가 없고 반드시 과거에 대한 책임을 끌어안고, 반성의 시간과 함께 강도 높은 고뇌를 감수해야 하는 것은 당연한 몫이다.

2017년 신규 창업 음식점 폐업률은 91.9%다.국세청 그중에는 미성년자 학생의 가짜 신분증에 속아 조사를 받고 영업정지를 당해 망한 우리나라 일자리의 4분의 1을 차지하는 600만 명에 달하는 자영업하시는 사장님들을 포함해, '털어서 먼지 안 나고 걸어서 안 걸리는 사람 없다'는 말처럼 대한민국에서 이름 대면 알 만한 CEO 중에 이런 문제들로부터 자유로운 이가 과연 몇 명이나 될까?

일반의 사람이 자신의 주장을 얘기하면 그냥 넘어갈 수 있는 얘기도, 마윈 회장 같은 리더가 말하면 주위의 지탄과 공격을 받을 수 있다. 리더는 공인이기에 당연히 가씹gossip과 악성루머, 스캔들 노이즈가 따라다니는 지극히 만만한 상대일 수밖에 없다. 심지어 옛 과거를 끌어와 현재와 미래를 비난하며 피를 빨려는, 리더의 약점을 들추고 내외부를 교란시키는 저열한 박쥐들에게까지 노출되어 있다. 쓴 뿌리가 심장에 박힌 박쥐는 차마 입에 담기조차 수치스러운 욕설로 원한 가득 찬 시기와 미움을 토해낸다. 리더는 박쥐가 음해와 참소讒訴, 비열한 반칙으로 기만하고 업신여기며 비천해하는 멸시와 천대, 굴욕과 짓밟음의 공격을 견디고 서야한다. 궁핍과 환난과 학대의 길고 긴 핍박은 박쥐 스스로 부끄러워하며 슬며시 쪼그라들어 사라질 때야 끝이 난다.

그런데 리더도 사람이기에 구겨지고 싶지 않고, 안 하면 그만이니 그냥 피하고만 싶어진다. 때마침 수많은 베스트셀러 책들이 '원래 아픈 거다. 괜찮다. 고생했다. 쉬어도 된다'며 삶의 번뇌와 무게를 내려놓으라고 자애로운 미소로 토닥이듯 말해 준다. 그러면 평강이 임하고, 고요하고 영원한 평안과 포근한 안식이 온단다.

리더는 보이지 않는 전쟁을 치르기 위해 전인적 훈련을 하는 군사이지, 홀연히 산속에 들어가 세상을 등지고 안분지족하는 도인이 아니다. 주어진 은사와 달란트로 자신이 세운 공의公儀에 청종하며 치열한 숙고와 사회적 책임을 다하려는 진정성과 사명감으로 버텨야 한다. 공의는 루틴한 준행이다. 목숨을 건 소명calling과 신념으로 세상 눈치 보지 말고 박쥐와 타협 없이 전력으로 질주해야 한다.

태양의 새까만 흑점이 빛의 강렬함으로 가려지듯, 그게 주홍색으로 얼룩진 곰팡이 같은 인생을 은혜로운 삶으로 바꿔준 빚을 갚는 길이다.

"사람이 선을 행할 줄 알고도 행치 아니하면 죄니라"

야고보 4:17

역사를 뒤흔든 발명품을 만든 천재 중에 살아생전 '죽음의 상인'이라 불린 발명가가 있다. 지구라는 행성 어딘가에서 전쟁이 일어날 때마다 천문학적 수익을 내는 발명품 덕에 세상의 부요를 가진 그였지만, 공의를 바라본 1895년 11월 27일 자신의 유언장에 인류의 미래를 위해 헌신한 인물을 시상하는데 전 재산을 기부하겠다고 천명한다.

물리학, 화학, 생리학, 의학, 문학, 평화, 경제학 분야 최고 영예인 노벨상은 다이너마이트를 발명한 그의 이름 알프레드 노벨Alfred Bernhard Nobel의 이름을 따서 지어졌다. 100년이 훨씬 지난 지금 노벨상 후보자가 발표될 때마다 인류는 그를 기리며 역사상 가장 명예로운 상의 주인공이 누가 될지에 초미의 관심을 보이고 있다.

"남들보다 많이 가졌다는 것은 축복이 아닌 사명이다.
남들보다 더 아픈 것은 고통이 아닌 사명이다.
남들보다 설렘이 크다는 것은 망상이 아닌 사명이다."

-오프라 윈프리-

삼인성호三人成虎, 세 사람이 모여 말을 맞추면 없던 호랑이도 만들어 내고, 그 호랑이가 찻잔 속에 태풍을 일으킨다. 찻잔 안은 난리라는데 이 조그만 찻잔 밖은 하찮은 태풍에 신경을 쓰지도, 알고 싶어하지도 않아 어떤 미세한 요동도 있을 리 없다.

카툰 「광수 생각」에서 '자신의 아버지는 넓디넓은 망망대해를 향해 흘러가는 한강'이라고 광수는 말한다.

"우리 아버지는 한강인데, 한 번씩 몰래 숨어서 한강에 오줌을 싸는 놈들이 있어."

날짐승의 오물과 담배꽁초, 아무렇게나 버려진 농약병을 품었던 오염된 구정물 도랑 시절을 거쳐서야 넓고 깊게 흐르는 한강은 최종 목적지인 바다를 향한다. 밤이 되어 어둠이 깔리면 강 주변을 기웃거리며 주홍글씨를 찾는 박쥐들이 기어다닌다. 어귀 한 구석에서 찾아낸 주홍색 글자를 후벼 파 살을 도려내, 피를 내어 빨고는 뼈를 바른다. 포식한 박쥐가 빵빵해진 배를 두드리며 과거에 나빴었던 놈을 자신이 찾아내 고통을 주고 있다며 피 묻은 입으로 자랑을 한다. 아무도 쳐다봐 주지 않고, 한강은 여전히 바다로 유유히 흘러가고 있다. 박쥐는 세상이 알아봐 줘야 하는데 신경을 쓰지 않자 화가 나서 한강에 오줌을 싸 갈긴다. 한강은 넓고 깊어 찔끔 싼 오줌을 누가 쌌는지 알 수 없을 뿐더러 알려고 하지 않는다. 박쥐 새끼 오줌 같은 건 강물의 흐름에 정화되어 잊혀질 뿐이다. 비겁한 박쥐는 평생 그렇게 숨어 질투하고 비난하고 불평하는 자신이 피폐해지고 망가지고 있다는 것을 자각 못하고, 한강이 대꾸를 안 해 주면 피 묻은 입을 쭉 내밀어 투덜거리며 또 다른 강의 어둡고 음침한 곳을 찾아 몰래 오줌을 싸댈 뿐이다.

눈사람을 만들려고 눈을 굴리기 시작하는데 주먹돌이 앞에 있으면 걸릴까 봐 피하려고 방향을 바꾼다. 한참을 굴려 눈덩이가 허리 높이까지 커지면 아까 피해 가던 주먹돌을 눌러버리고 지나가면 된다. 바다를 향해 흐르는 한강에 주먹돌 같은 하찮은 박쥐 오줌은 스노우볼snow ball 효과로 한강에 유의미한 해침을 가할 수 없다.

언제까지 남의 실수와 잘못을 꼬투리로 영원히 기회를 박탈하려고 축축한 강어귀에 이합집산離合集散 해 어기적거리며 비난을 퍼트릴 수 있을까? 성숙한 사회는 단물 쪽 빠져 이미 너덜해진 껌을 쓰레기통에서 다시 꺼내 몇 번이고 우려 씹으며 분열과 갈등을 조장하는 박쥐 새끼를 용인하지 않는다.

세상의 많고 많은 잡JOB 중에 왜 굳이 '스타트업'을?

이 책을 읽고 있는 우리는 세상의 많고 많은 업業 중에 왜 굳이 '스타트업'을 하려고 하는가?

"돈? 명예? 경험? 자유? 번뜩이는 아이디어? 취업이 힘들어서?"

스타트업은 무턱대고 하다가 아니면 말고, 어쩌다 운이 좋아 대박 나면 알아서 돈을 벌어주는 황금알을 낳는 오리가 아니다. 유튜브나 책으로 접한 "나는 이렇게 저렇게 생고생을 하다가, 어쩌다 저쩌다 사업 선점과 펀딩 타이밍까지 좋아서 스타트업으로 돈을 많이 벌게 되었다."라는 형이상학이 나열된 '성공 간증'을 믿고 스타트업을 해서는 안 된다. 막중한 책임을 져야 하는 스타트업을 하지 않더라도 안분지족하며 편하게 사는 길은 많다.

스타트업이 사회 부적응자의 도피처도 아니고, 예쁜 쓰레기를 만드는 관종들이 SNS에 허세를 부리기 위한 소스를 제공하는 플랫폼도 아니다. 남들보다 고통을 감내할 영육의 강건함 없이는 시작starting well과 마무리finishing well 어느 것 하나 녹록지 않다.

운이 좋아 돈키호테식으로 약속에 땅에 들어간다 하더라도 그 안에 무섭게 꽈리를 틀고 있는 교만과 방심, 방만이란 적을 감시하는 파수꾼의 나팔소리가 없다면 단박에 쓰러져 나락으로 떨어진다.

삶의 원칙이나 제대로 스탠스가 서 있지 않으면 세상 물결에 표류해 버리고 만다. 주위의 바람과 파도에 하염없이 이리저리 떠밀리는 배나, 오랫동안 항구에 묶여 녹이 쓸 대로 쓸어 출항해야 할 타이밍에 꿈쩍도 않는 배와 진배없다.

스타트업을 하려는 이유를 명확하게 해 두지 않으면 앞으로 닥칠 전방위 공격을 뚫고 나갈 수 없다. 흑암의 환난이 닥쳐왔을 때 견딜 수 있는 이유가 명확히 서 있어야 그 신념과 초심이 소생으로 이끈다.

스타트업을 하고자 하는 이유를 성장 욕구와 사유역학적思惟力學的 타입type 크게 2가지로 나누어 보자.

먼저, 성장 욕구다.

매슬로우Abraham H. Maslow의 인간의 욕구 5단계설Maslow's hierarchy of needs을 들여다보면, 인간이 가진 5가지 욕구는 첫째 생리적인 욕구Physiological, 둘째 안전의 욕구Safety, 셋째 소속 욕구Belonging/Love, 넷째 존경 욕구Esteem, 다섯째 자아를 실현하려는 욕구Self-actualization의 단계가 있다. 첫 번째와 두 번째의 생리적이며 안전을 추구하는 욕구는 수렵과 채집 생활을 하던 인류가 생존에 직결하는 존재 욕구Existence Needs이고, 세 번째 소속 욕구는 군집 생활에서 형성되는 관계에 대한 욕구Relatedness Needs다. 그다음의 상위 단계인 네 번째 존경 욕구와 다섯 번째 자아실현의 욕구는 '성장 욕구Growth Needs'의 차원이다.

성장 욕구 중 하위 개념의 존경 욕구를 살펴보면, 주위로부터 존경받기 위한 행동이나 요건, 예를 들면 취업에 성공해 버젓한 직장에 소속된 것을 남에게 보임으로써 인정을 받으려고 의도적으로 퇴근을 해서도 사원증을 목에 걸고 다니듯 안정감, 부와 권력, 명예 혹은 이러한 것들을 확인시키기 위한 명함, 시계, 자동차, 집, 멋진 연인을 추구하는 심리이다. 다음으로 인간 욕구의 최정점에 있는 자아실현의 욕구이다. 생득적으로 타고난 잠재력을 자발적으로 현실화하려는 욕구로 윤리와 도덕성을 바탕으로 자기 만족에 도달한다. 창의, 문제 해결, 편견의 배제, 사실을 수용하는 것으로, 스타트업에서는 고정관념에서 탈피해 자신이 속한 공동체에 공헌하고자 하는 욕구를 포함한다.

다음으로 사유역학적 타입이다. 두 가지로 나눌 수 있다.

첫째, 구심력형이다.

구심력의 사전적 의미는 원운동 하는 물체에서 원의 중심 방향으로 작용하는 일정한 크기의 힘으로, 현실을 살아가는 '나'라는 중심 방향으로 작용하는 암묵적 요구이자 압력이다. 사회적 제약 요소로 신체의 한계나 남다른 정신세계, 혹은 사회적 분위기가 원인이 된다. 스펙, 가풍, 성별, 장애, 기호 같은 선입견이 여기에 해당하며, 과거 학자 집안에서 연예인이 나오면 안 된다느니, 비행기 승무원은 남자는 될 수 없다는 시대착오적인 사회 통념에 영향을 받기도 한다. 애니매이션 캐릭터 매니아, 속칭 오타쿠가 이에 해당할 수 있다. 자신만의 획일성으로 조직 사회와 융화가 어려워 스타트업을 미필적으로 선택하는 경우다.

둘째, 원심력형이다.

원운동을 하고 있는 물체에 나타나는 관성으로 쇠구슬에 끈을 달아 돌리면 구슬이 중심에서 멀어져 밖으로 튀어나가려고 하는 힘이다. 구심력과 크기가 같고 방향은 반대다. 외향적인 혁신과 변혁으로 공동체 조직과 사회를 바꾸고 싶어 한다. 열정과 도전에 익숙하고 능동적이다. 걸림돌을 디딤돌 삼아 장애를 헤쳐나가는 타입이다.

위에서 열거한 두 개의 성장 욕구인 존경과 자아실현, 그리고 사유역학적 타입인 구심력과 원심력형을 매트릭스로 나타내면 다음과 같다.

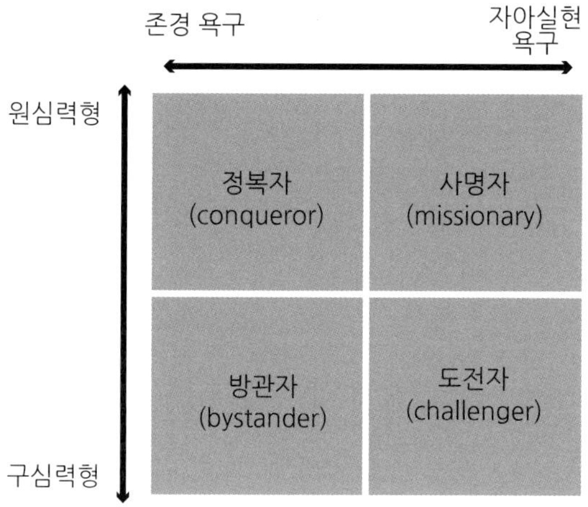

[그림 9-1] 스타트업 기업가 매트릭스(Park, 2019)

[그림 9-1]에서 1사분면의 사명자는 소명의식calling으로 똘똘 뭉쳐 자신의 철학을 남과 함께 나누고 싶어 하는 적극적인 리더다. 사회에 공헌하는 것이 존재의 이유로 정의롭고 이타적인 타입이다.

2사분면의 정복자는 자기중심적 야심가다. 콤플렉스와 불만을 연동해 지니고 있다. 자신만 생각하기 때문에 가시적인 성공의 확률이 매우 높다. 티를 내지 않으려 하지만 열등감이 있어 심성이 교만하다. 적당한 사회공헌을 방패로 여론의 질타를 가까스로 방어하거나, 공헌을 하더라도 개인적 영달의 포석용이다.

3사분면의 방관자는 사회적 약자 행세를 해 기업을 연명한다. 자신에게 피해가 없으면 관심도 없다.

4사분면의 도전자는 열악한 상황에서도 신념을 가지고 무던히도 답답하리만치 자신의 길을 걸으며 척박한 광야를 묵묵히 헤쳐 간다.

소극적 사명자라고 할 수 있고, 간혹 사회의 귀감이 되기도 한다.

"나는 4분면 중 어떤 분면에 속하는가?"

"지금은 어디 분면이지만, 궁극엔 어느 분면으로 이동해야 하는가?"

경영의 정체성에 대한 깊은 고민이 필요하다. 대개는 경영력歷이 흐르는 와중에 4가지 분면이 복잡다단하게 엮여져 스타트업의 동인이 된다.

자신이 어느 분면에 포지셔닝 하고 있는지, 어디를 바라보고 있는지를 명확히 해야 한다. 그래야 스타트업에 뛰어든 지금을 올곧이 가슴에 새겨 닥쳐올 고난과 위기에 흔들리지 않고 버틸 수 있다.

맞닥뜨린 현실의 모든 것은 방치하지만 않으면 반드시 회복되게 되어 있다. 벅찬 희망과 무한한 도전이 있을 뿐이다. 중요한 것은 스타트업을 하려는 이유가 온전히 세상과 나를 향하고 있는가이다. 인생의 어떠한 위기가 오더라도 당황하지 말고 사명자로서 그려둔 내면의 자화상을 기억하자. 세상은 극소수 사명자의 책임과 배려로 다수의 방조자가 멍 때리고 있음에도 불구하고 소망으로 굴러간다. '사명을 다하리라' 마음먹는 순간 두려움은 없다. 가장 위대하고 강한 인종은 어머니라는 말이 있는 이유는, 그들은 자식에 대한 사명감으로 세상 그 무엇도 두렵지 않기 때문이다. 사명을 다하다가 쓰러져도 실패자가 아니다.

사명으로의 도전에는 강력한 관성의 법칙이 작용한다. 끊임없는 도전 속에서 정체성이 확고히 서 있다면, 시작은 미비했으나 끝은 창대하리라.

"죽는 날, 관 속에 가지고 갈 것은 그동안 치료한 환자의 명부다."

-이국종 교수-

기업가 정신의 진화, CSR → CSV → TSI Total Societal Impact

기업 명성의 중위치median, 집단을 대표하는 특성치 측정 요소로 진정성, 차별성, 투명성, 가시성, 일관성을 꼽는다. 기업 경영진은 이 다섯 가지 측면을 고려해 지속가능 경영과 브랜드 자산에 직결되는 명성과 평판을 확보, 유지하기 위해 그에 걸맞은 기업가 정신과 사회적 책임을 직시해야 한다.

홍보, 광고 챕터에서 다루었던 연말 광고에 대기업 직원들이 벽지僻地에 연탄을 나르는 행위는 기업의 사회적 책임, CSRcorporate social responsibility 활동이다. 여기서 책임, Responsibility는 'Response응답 + ability능력'으로 CSR은 사회가 기업에게 던지는 질문에 기업시민으로서 자의적, 타의적으로 대응하는 능력을 말한다.

전통적인 기업의 사회적 책임이 이윤을 내서 세금을 내고 고용을 창출하는 등의 경제적 책임과 노동, 환경 등의 법을 준수하는 법적 책임에 치우쳐 있었다면, 현대의 기업은 윤리와 자선적 책임, 조직 신뢰와 같은 보다 수준이 높고 범주가 넓은 사회적 책임을 안고 있다.

독립적인 사회적 책무인 CSR과 달리, 최초 전략 설정부터 경제적 가치와 사회적 가치를 동시에 추구하고자 하는 개념이 '공유가치 창출csv, creating shared value'이다. 하버드대학 마이클 포터 교수가 하버드 비즈니스 리뷰에서 제시한 CSV공유가치 창출는 기업이 주력 사업의 지속가능성을 높이기 위해 마케팅 전략을 결부시킨 일련의 사회 활동으로, 이익 실현과 동시에 소비자와의 동반 성장, 환경, 빈곤, 보건, 공정거래 등의 가치 창출이 가능하도록 설계된다.

CSV 전략의 대표적인 접근법인 코즈 마케팅Cause Marketing, 대의명분 마케팅의 예로, 생수 한 병을 구매하면 병당 적립된 러브 포인트를 기금화해 아프리카 오지에서 우물을 파는 자원봉사 단체를 지원하는 것이다.

CSR과 CSV는 기업 경영 활동과 사회 이슈를 연결시키는 마케팅의 속성을 지니고 있어, 공익을 추구하면서 기업 평판 관리, 브랜드 자산 구축의 효용을 증가시켜 기업 경쟁력 향상의 기회를 제공한다. 반면 기업의 리스크 관리 차원에서 '거래 비용transaction cost'으로 인식하는 측면도 있다. 경영 활동 중에 일어나는 중대 위기를 염두에 두고, 날아온 축구공이 땅바닥에 부딪혀 튀어 속도가 줄어들며 만드는 입사각과 반사각처럼, 기업과 사회의 소통에서 오는 리스크를 최대한 희석시킬 수 있는 반응, 방어 수단의 모양새로 쓰이는 것이다. 예를 들어 회사가 커지면서 불거지기 쉬운 오너 리스크, 내부거래, 일감 몰아주기 등이 사회적 이슈로 대두될 때 알리바이나 면죄부를 만드는 사전, 사후 행위의 차원이다.

BCG가 제시하는 TSI Total Societal Impact, 총사회적 영향는 공기公器로서의 기업이 제품과 서비스, 비즈니스 모델을 통해 사회에 미치는 모든 영향을 적극적으로 고려하는 사고방식으로, 기업가 정신이 사회 무대의 중앙center stage에서 선도하는 것을 말한다.

이 챕터 처음에 언급한 기업 명성 측정의 첫 번째 핵심요소인 '진정성' 위에 선 '상생'은, 서로를 돌보며 살아가며 효율적이고 효과적인 사회적 결과를 만들어 가는 과정이다. 그렇기에 기업가 정신은 공동선共同善. common good과 공의를 향한 사회적 공헌을 권면한다.

2019년으로 5년째를 맞는, 전 세계 198개 팀이 참가한 1500만 달러약 180억 원가 걸린 글로벌 러닝 엑스프라이즈 대회 시상식에서 공동우승 두 팀 중 한 팀은 한국인 부부 대표가 이끄는 교육 스타트업 '에누마'였다. 이들은 엔씨소프트 개발자 출신으로, 게임을 하면서 아이들 스스로 글을 깨우치고 셈을 할 수 있는 '게임화 기법gamification' 학습 소프트웨어 '킷킷스쿨'을 개발했다. 이 프로그램으로 아프리카 현지 맞춤 UI 사용자 인터페이스를 특화해, 10킬로미터를 맨발로 왕복해 물 길러 다니다 학교는 꿈에도 못 꾸는 탄자니아 주변국 아이들이 태블릿 PC 한 대만 있으면 글을 읽고 쓸 수 있게 된다. 아프리카 아동 문맹 퇴치에 기여한 이 대회의 모든 후원은 남아공 출신의 전기차 메이커 테슬라Tesla 창업자 일론 머스크다.

2000년대 초반은 거대 IT 기업들이 세계 최대, 최고의 백과사전

소프트웨어를 만들어 천문학적인 수익이 예상되는 지식 시장을 선점해 영원히 독점하려 했던 아마겟돈armageddon의 시대였다.

같은 시기 미국 캘리포니아의 작은 창고에는 여러 분야의 경험을 가진 자원봉사자들이 모여 무료로 지식을 배포하는 시스템 개발에 열중하고 있었다. 은퇴한 은행원, 퇴역 군의관, 박사 과정을 준비하는 공대생, 길거리 농구선수, 웨이트리스 등, 그들은 점유된 지식은 돈을 주고 산 사람만이 소유주가 아니라는 생각에 '지식의 나눔과 보완, 봉사'를 콘셉트로 온라인 백과사전 '누피디아'를 기획한다. 하지만 자신들의 경험과 주위의 조언을 반영한 방대한 내용을 일일이 입력하느라 작업 속도는 느려 터질 수밖에 없었다. 봉사 그룹의 리더인 지미 웨일스Jimmy Donal Wales는 발상을 전환한다. 인류 모두를 저술자이자 편집자로 두자는 것이었다. 이를 위해 협업적 '집단지성'에서 이론적 배경을 가져온다. 이 콘셉트로 2001년 1월 15일 자체 검열로 진화해 가는 온라인 백과사전 '누피디아'를 만들었다. 이후 마이크로 소프트웨어를 비롯한 IT 기업들이 백과사전 소프트웨어 개발을 전면 중단한다.

현재 위키디피아로 명명된 이 서비스는 전 세계 국가 수 229개국 세계은행 발표기준보다 많은 285개 언어로 서비스를 제공하는 세상에서 가장 대중적인 백과사전이다.

비슷한 시기 인기를 누리던 '알릴 가치가 있는 아이디어Ideas worth spreading'를 모토로 한 TEDTechnology, Entertainment, Design의 비영리 기부 강연 또한, 제임스 서로위키James Surowiecki의 말처럼 지식이 '천재의 통찰'에서 '대중의 지혜'라는 지적知的 난민을 구호하려는 메가웨이브mega wave를 타고 인터넷에 올리기 시작한 2006년부터 세계적으로 명성을 얻는다.

CJ그룹의 수장 이재현 회장은 '기업은 젊은이의 꿈지기가 되어야 한다!'는 경영철학을 힘주어 말하고, 신한금융그룹은 스타트업이 상품과 서비스를 알릴 수 있도록 그룹의 광고시간을 무상으로 제공해 스타트업과 고객의 매개 역할을 하고 있다.

대한민국 정부와 기업이 앞다투어 이론과 실전을 겸비한 멘토를 영입해 스타트업 캠퍼스를 설립하고 스타트업 전문투자법인을 만들어 스타트업을 발굴, 육성, 지원한다.

기업 간 관계 형성의 필요성이 날로 대두되고 있는 가운데 대기업, 중견, 공기업은 물론, 중앙정부와 지자체가 인프라가 부족한 스타트업의 완성 제품이 최종 소비자end user에게 전달되는 것을 도와 빅컴퍼니와 스몰컴퍼니가 조화를 이뤄가며 경제의 선순환을 주도해 나가는 OSROrganization Startup Responsibility, 기성 조직의 스타트업에 대한 책임을 추진해 나간다. 대표적인 OSR의 일환으로 기성 기업이 스타트업 생태계를 통한 오픈 이노베이션을 목적으로 출자하는 펀드나 투자사인 CVCCorporate Venture Capital와, 민간 투자주도형 기술창업 정부지원 프로그램 TIPSTech Incubator Program for Startup가 있다.

OSR의 필요성을 절감한 필자 또한 연구학회 내에 SACStartup Alliance

Chain를 두어 스타트업과 기성 조직의 만남을 적극 주선하고 있다.

TSI의 등장으로 현대 기업들은 시민사회와 소통하는 새로운 돌파구breakthrough로써, 고객과의 두터운 가치 관계를 통해 소비자 스스로가 기업에 사회자산으로서의 '신뢰'를 쌓을 수 있게 되었다.

"구제救濟를 좋아하는 자는 풍족하여질 것이요
남을 윤택하게 하는 자는 유택하여지리라"

-Proverbs 19:23-

엔딩력ending力, 타자가 역전 홈런을 치려면 어깨에 힘부터 빼야한다

9회 말 0대 2로 지고 있는 팀이 투 아웃, 1루에 주자를 두고 있다. 감독의 새침한 번트 사인을 확인한 타자가 번트를 하려고 배트를 짧게 잡고 허리를 낮게 숙인다. 긴장 속에 앞으로 바짝 내민 어깨가 한껏 움추려 있다. 투수가 투구를 한다. 스트라이크 존 외각으로 공을 던지지만, 타자가 어정쩡한 자세로 쭉 내밀어 뻗은 배트에 맞은 공이 안전지대에 아슬아슬하게 들어가 통통통 굴러 튄다.

다음은 4번 타자의 등장, 당당히 타석에 들어서서 한 방 날려 보낼 기세로 멀찌감치에 있는 관중석을 쳐다본다. 6회 말에 자신에게 삼진 아웃을 먹였던 투수의 눈을 직시한다. 투 아웃, 1루와 2루에 주자, 타자는 홈런을 쳐야만 한다.

시합 승패의 부담을 어깨에 얹고 비장한 각오로 타석에 선 4번 타자가 해야 할 것은 무엇일까?

전 타석에서 움츠리고 어깨를 내밀었던 번트 타자와 달리, 차분히 마음을 가다듬고 호흡을 고르게 내쉬며 어깨를 들썩인다. 평정심을 유지하기 위해서다. 아까의 삼진 아웃 기억을 싸그리 지운다. 이전의 것은 지나갔으니 보라. 새것이 되었도다. 타석에 선 타자가 '홈런'을 쳐서 볼을 관중석으로 시원하게 날리려면 어깨에 힘부터 빼야 한다. 일단 힘을 빼야 물에 뜨고 수영이 시작되듯, 멋진 엔딩을 치려면 우선 힘을 빼고서 과거의 목줄을 풀어 던지고 현실에 맞닥뜨려 서는 것에서부터 시작해야 한다.

‘컨트롤 + S’ 를 누르며

QR코드를 찍으면 저자
강의 동영상을 볼 수 있습니다

스타트업 다니세요?

기르는 꽃에 물을 줄 때마다 "우리 사랑이, 오늘도 너무 이쁘네. 항상 건강하고 아름다운 모습 보여줘 고마워."라며 화분에 이름을 붙이고 칭찬하며 가꾸면 수명이 늘어난다는 피그말리온 효과Pygmalion effect는 긍정적인 기대와 관심이 좋은 영향력을 발휘한다는 이론이다.

긍정 인식의 틀positive cognitive frame과 부정 인식의 틀negative cognitive frame은 '무엇을 보는 것이 중요한 것이 아닌, 어떻게 보는 것이 중요하다'는 명제에서 시작해 같은 상황이라도 달리 해석해 전혀 다른 결과에 이르게 한다. 인식의 왜곡cognitive bias이다.

노벨경제학상을 수상한 행동심리경제학자 대니엘 카너먼과 아모스 트버스키Amos Tversky가 1981년 공동으로 발표한 논문 「The Framing of Decisions and the Psychology of Choice」에서 '구조화 효과' 또는 '액자 효과'라 불리는 '틀 짜기 효과Framing effect'를 언급

했다.

이를 스타트업에 가져와 보자.

동굴을 탐험하던 여행객들이 악천후로 입구 지반이 내려앉아 고립된다. 3일이 지났다. 오지奧地라 휴대폰은 무용지물이고 가이드가 가지고 있는 무전기가 유일한 통신 수단인데 배터리의 마지막 칸이 깜빡인다. 모두가 불안에 사로잡혀 있다.

무전기에 수신 신호가 울린다.

"들립니까? 들리세요? 구조대원들이 근처에 도착했습니다."

동굴에 갇혀 있던 관광객들이 환호한다.

전원이 없어 통신이 언제 끊길 줄 모르는 가이드가 다급하게 무전기에 외친다.

"예, 들려요. 저희는 나갈 수 있을까요? 무전기 전원이 곧 끊길 것 같아요."

무전기 저편에서 말한다.

case A

"예, 확률이 50대 50이긴 하지만, 여러분은 저희가 반드시 구해내곧 동굴 밖으로 나오게 할 겁니다. 여러분은 동굴 밖으로 나올 수 있습니다. 단지 진흙으로 된 동굴 지반이 약하니 산소와 물을 아껴가며 침착하게 대기해 주십시오. 활동이 많으면 산소가 급격히 줄어

들고 지반이 붕괴될 위험이 있어요. 힘드시겠지만 믿음을 가지고 기다려 주십시오."

"예, 감사합니다. 그럼 믿고 기다리도록 하겠습니다. 곧 무전기가 꺼질 겁니다. 꼭 부탁드립니다."

구조를 기다리던 관광객들을 그로부터 이틀 뒤에야 구조대가 찾아냈다. 다행히 탈수 증상이 있는 몇몇을 제외하고는 모두 무사히 구조된다. 어두운 동굴 속에서 관광객들은 구조대원의 말에 서로를 믿음과 희망으로 붙들어 가며 견뎌냈다.

case B

"흠… 확률은 50대 50입니다만, 최악의 상황에 마음의 준비를 하셔야 합니다. 저희야 최선을 다하지만 워낙 지반이 약해 언제 붕괴될지 모르는 데다, 거기 동굴 안에는 산소도 희박하니까요."

"뭐라고요? 그럼 우린 이대로 죽게 되는 거요?"

"죄송합니다. 뭐라 드릴 말이 없네요."

"당신들 구조대는 지금 어디죠? 우리가 반대쪽에서 파고 가면 중간에서 만날 확률이 있진 않나요?"

"여러분이 전문가도 아니고, 그러다 더 빨리 죽습니다."

"다 필요 없어요. 어차피 죽을 거라면 발버둥은 쳐 봐야죠."

어쩔 수 없이 구조대는 관광객들에게 동굴의 좌표를 공유해 주었다. 관광객들은 불안하고 두려운 마음에 닥치는 대로 굴을 파나갔지만 틀린 방향인 데다가 단단한 바위를 만나 절망에 봉착하고 과도한 체력 소비로 산소가 급격히 떨어졌다. 구조대가 그들을 발견했을 때, 반은 호흡 곤란으로 질식사하였고 나머지는 흙 속에 매몰되어 있었다.

case A의 구조대원은 긍정의 틀을 제시해 조난자들을 어둡고 축축한 동굴에서 모두 살아나오게 할 수 있었지만, 부정의 틀을 씌운 채 상황을 전달한 case B의 구조대원은 조난자들의 희망을 짓눌렀고, 생사의 기로에 놓인 위급한 상황에서 두려움에 사로잡힌 사람들이 치명적인 판단 착오를 일으키게 한다. 믿음은 바라는 것들의 실상이요. 보지 못하는 것들의 증거다.

틀 짜기인 '프레이밍 효과framing effect'를 규명한 실험에서, 사람은 동일한 한계 상황에서 회복과 획득이 가능할 거라고 기대하면 모험Risk을 회피하고, 반대로 희망이 없어질지 모른다는 손해, 손실로 인지하면 모험을 감수한다는 결과가 도출된다. 하나의 사실을 가지고 논리적 모순이 있는 듯 보이지만, 사건의 본질보다는 실제를 어떻게 바라보고 표현하느냐에 따라 사람의 인식과 선택이 바뀔 수 있다는 것이다.

'스타트업답다'는 것을 이미지 하면 힘든 시기일수록 리더와 구성원 서로가 긍정의 틀로 자부심과 자기효능감을 불러일으켜 가며 응원하는 모습이다. 동료는 반려伴旅자, 여행의 동반자로 격려와 위로, 기회와 소망의 본체이자 동역자다. 서로의 상황을 긍정의 틀로 바라보고 인도할 수 있는, 기다리는 힘을 길러야 한다. 우리가 있어 내가 있고, 내가 있기에 우리가 있는 것이다. 리더든 구성원이든, 구성원 간이든 긍정의 눈을 가지면 기대와 희망이 보이고, 기다림의 시간은 상대를 이해하는 데 도움이 되고 서로의 모자란 부분을 채워간다. 비단 스타트업에 한정되는 얘기라기보다, 어쩌면 사람이 사람에 대한 기본 태도인지도 모르겠다.

새벽별이 유난히 빛나는 건 어둠을 껴안고 있는 동료란 까만 하늘이 배경이 되어 주기 때문이다. 그렇게 어둔 밤이 지나고 나면 환한 빛의 동이 터 올라 세상을 밝게 비춰준다.

'작은 것'에 '거대하게' 살기

1997년, 억만장자 찰스 피니는 자신이 경영하는 면세점 매각 문제로 사법당국의 조사를 받던 중 비밀장부가 발각된다. 그 장부에는 당시 돈으로 4억 달러한화 4조 5천억 원라는 천문학적 자금이 15년간이나 'Newyork Consulting Company'라는 회사를 통해 조세 피난처로 정평이 나 있는 영국령 버뮤다의 이름 모를 재단으로 송금한 수상한 내역이 있었다. 세상은 억만장자의 자작극이라 단정했고, 예상대로 돈이 보내진 버뮤다의 재단은 1982년 찰스 피니 자신이 비밀리에 설립한 '아틀랜틱 기부재단'으로 들통났다.

희대의 탈세와 불법 국외 송금 의혹으로 사회의 지탄을 받는 찰스 피니의 과거와 주위의 평판이 여론의 도마 위에 올랐다.

그는 미국 뉴지지 시골의 넉넉지 않은 가정에서 태어났다. 어린 시절부터 연말에는 크리스마스 카드를 만들어 팔았고, 대학 다닐 때는 샌드위치 장사를 해 억척같이 돈을 모았다.

약관의 나이인 20대에 대학 동기들과 시작한 면세점 사업으로 많은 돈을 번다.

끈질기고 독한 성격으로 40대에 이미 억만장자가 된 그였지만, 소소한 회사 경비 지출에 깐깐하게 간섭하는 건 물론이고, 거물급 지역 경제인 모임에 참석해서는 참가비를 내지 않으려고 자리를 먼저 뜨는 쫌생이 구두쇠로 소문이 파다하다는 사실이 알려진다. 사회의 시선은 더욱 따가워져만 갔고, 시민단체들은 찰스 피니에게 답변을 요구했지만 그는 매스컴의 질타에 아랑곳하지 않고 어떠한 대응도 하지 않은 채 침묵만 일관할 뿐이었다.

드디어 장기간 검찰의 철저한 조사를 받은 찰스 피니의 '아틀랜틱 기부재단'이 세간에 밝혀졌다. 헌데, 이 재단의 회계 처리와 활동이 너무도 투명했다. 게다가 사업 내용은 낙후한 베트남, 필리핀, 쿠바, 남아프리카공화국의 의료와 교육을 위해 기부하는 것이다. 세상은 이 사실을 당연히 믿지 않았고, 의아했던 조사단은 버뮤다와 아프리카 현지에 대규모 합동 감찰단을 직접 파견했다.

재단의 실체가 밝혀지면 밝혀질수록 재단의 불우한 이웃 섬김이 낱낱이 공개된다. 찰스 피니는 아무도 모르게 노블리스 오블리주 noblesse oblige를 수십 년 동안 몸소 실천해 오고 있었던 것이다.

그는 어머니가 항상 말씀하시던, 오른손이 하는 일을 왼손이 모르게 하라는 가르침에, 재단이 기부하는 곳에 만약 자신이 기부한다는 것이 알려지면 기부를 끊겠다는 협박조의 조건을 내걸면서까지 자신의 선행을 숨겨 왔다.

사건이 일단락되고, 이후 척 피니라는 애칭으로 불리는 그는 2000년대 들어서도 하루도 빠짐없이 매일 100만 달러한화 11억 4천만 원를 기부하고 있으며, 현재까지 한화 10조 원에 달하는 기부를 해오고 있다. 본인 재산의 99%를 기부하고 있는 그는, 29%를 기부하는 워런 버핏과 37%를 기부하고 있는 빌 게이츠가 가장 존경한다고 공언한 인물이기도 하다.

현재 척 피니는 자신 소유의 아파트나 자동차를 가지고 있지 않고, 임대 아파트에서 노년을 보내면서 걷거나 버스와 지하철을 타고 다닌다. 2020년까지 자신의 모든 것이 기부될 것이라고 발표한 그는 지금도 15달러짜리 시계를 차고, 해외 출장이 있으면 남들보다 큰 덩치를 비행기 이코노미클래스 좁은 좌석에 꾸겨 넣어 자리를 잡는다.

"나는 내게 필요한 것보다 많은 돈을 벌었다.
재산이 많아지면 많아질수록 나는 내 돈을 사랑했다.
하지만 돈이 내 삶을 움직이지는 못한다."

-척 피니-

'둔각'에서 '예각'의 삶으로, 스타트업의 가감승제加減乘除

1974년생 헬로키티hello kitty, 반세기 가까운 세계적인 스테디셀러로 사랑받는 이유를 유럽의 인간과학연구소가 인지심리 실험을 통해 규명했다.

"사람의 이목구비인 눈, 코, 입, 귀 중에서 헬로키티에게 없는 것은?"

정답은, '입'이다.

필자가 멘토링 해 주고 있는 캐릭터 스타트업 대표에게 들은 얘기다. 캐릭터를 개발할 때, 최초 데생 단계에서 서양과 동양이 극명한 차이를 보인다고 한다. 서양에서는 캐릭터의 감정이나 성향을 입으로 표현하는데, 동양에서는 눈으로 나타내려고 한다는 것이다. 설득과 항변의 역사 속에서 서양은 입의 모양을 중시하고, 내면을 바라보고 이해와 용서, 화합에 가치 근간을 두는 동양에서는 용을 그릴 때 마지막에 눈동자를 찍음으로써 생명을 불어 넣어 완성한다는 화룡점정畵龍點睛처럼 눈에 방점을 둔 것이리라.

출장길에 헬로키티를 제작한 산리오SANRIO 개발팀에 다니는 후배를 만나서 '키티'가 왜 입이 없는지를 물었다. 크게 두 가지 이유라고 했다. 입을 그려 놓으면 표정이 한정되어 버려서 보고 있는 사람 기분에 따라 키티의 표정이 상상되는 자유도df, degree of freedom를 방해한다는 것이고, 둘째로는 또렷이 상대를 쳐다보는 눈과 얘기를 들으려고 준비된 큰 귀를 강조하기 위해서라는 것이었다. 다시 말해 키티를 보고 있는 사람이 즐거우면 키티짱도 웃고 있는 것이고, 우울한 기분이면 키티짱이 공감 어린 눈으로 귀를 쫑끗해 얘기를 들어주려 한다는 것이다. 키티는 항상 자신을 바라다봐 주고 있는 상대 중심으로 모든 걸 맞춰 주는 영원한 골수팬인 것이다.

프랑스어로 백작의 작위를 뜻하는 'comte'에서 비롯되었다는 등의 해석이 난무하는 '꼰대', 원래 꼰대는 영남지방에서 번데기를 일컫는 사투리 '꼰데기'에서 유래되었다. 번데기의 주름이 나이 많은 사람 얼굴 같다고 해서다. 이 '꼰대'라는 표현은 이제 나이를 떠나 상식과 논리에 배리背理된, 보편타당한 경험칙에 반하는 사회적 매너가 결여된 사람을 칭하거나, 낄 때 끼고 빠질 때 빠질 줄 알아야 하는 '낄끼빠빠' 감感을 잃은 사람을 칭할 때 쓰인다.

대화에는 '상대'와 '지분'이 있다. 교수님의 강의나 종교 지도자의 설교가 아니라면 대화의 지분은 5대 5다. 그런데 꼰대는 '내가 알려 주마'라며 끝없이 얘기를 이어가고, 그걸 듣고 있어야 하는 상대는 고역스럽다. 2019년 포스코 인재창조원의 '밀레니얼 세대 코칭법'에 '1번 말하고 2번 경청하고 3번 공감하라'는 '123 법칙'이 이를 뒷받침해 준다.

우리 회사 국제통상 고문으로 있는 미국 변호사 마이클은 신촌의 대학교 어학당에서 한국어를 배운다. 한 학기 수업이 다 마쳐지고 학교 근처에서 술을 한잔하고 싶어 하길래 세계맥주집으로 안내했다.

"마이클, 뭐 마시고 싶어?"

"응, 난 양주."

어눌한 한국말로 대답한다.

"짐빔?, 잭다니엘?"

메뉴판을 보여 주며 물었다.

"양주 먹고 싶다니까, 여기 '좋은데이' 없어?"

"양주 먹고 싶다며? 왜 소주를… 아!"

마이클에게 양주洋酒는, 우리가 얘기하는 서양주西洋酒인 위스키나 브랜디가 아닌, 동양東洋 술인 소주나 막걸리였던 것이다.

리더는 입술과 사고에 파수꾼을 세워야 한다. 경청하기보다 말을 많이 하고 내 입장에서 생각의 사고가 달리면 우매자의 울림이 퍼지기 시작한다. 설교, 훈계, 훈육은 권위를 만들어 주지 않고, 자신 위주로 관념이 고정되어 상대의 의사를 섣부른 판단으로 내달리게 한다. 존중받고 싶으면 먼저 존중해야 하고, 누군가를 존중한다는 건, 나와의 다름과 경계의 지점을 존중한다는 것이다.

외국 영화에서 소파와 침대를 반씩 섞어 놓은 것 같은, 길고 편해 보이는 의자에 비스듬히 기댄 환자가 몸과 마음을 릴렉스한 채 정신과 의사와 상담하는 장면을 봤을 것이다. 이 긴 의자는 정신분석학의 창시자 프로이트 박사S. Freud, 1856~1939가 환자의 자유 연상을 돕기 위해 고안한 카우치couch다. 환자가 몸과 마음을 흠뻑 담가 편히 기대어 의사와 소소한 얘기를 나누듯, 리더가 자기 조직의 구성원을 무장해제 시킬 수 있는 신뢰와 존중의 카우치의 울림이 있다면 자신의 마음을 리더에게 훨훨 털어버리게 된다.

스테디셀러가 될 리더는 헬로키티처럼 입을 지우고 자애로운 눈으로 상대를 바라보며 귀를 크게 열어 경청할 수 있어야 한다.

둔각은 90도와 180도 사이를 말한다. 얘기할 때 팔짱을 끼고 다리를 꼰 채로, 의자에 등을 기댄 채 앉아 옆에서 본 각이 둔각으로 대화의 지분을 과도하게 점유해서는 안 된다. 인격이 성숙하고 지위가 높은 리더일수록 대화 각도는 둔각이 아닌 예각이어야 하고, 태도는 갑도 을도 아닌 갑 〉을 〉병 〉정甲>乙>丙>丁, 무 〉기 〉경 〉신 〉임 〉계戊>己>庚>辛>壬>癸의 맨 마지막 '계'를 취해야 하는 사람이 리더다.

교만은 패망의 선봉이요, 거만한 마음은 넘어짐의 앞잡이라! 믿음의 선진들은 말한다. 사방으로 환난을 당하여 밖으로는 다툼이요, 안으로는 두려움이었노라고. 사업을 하다 보면 끊임없이 크고 작은 사건과 사고들이 일어나고 수많은 아픔들이 가슴을 찌른다. 그렇게 휘청일 때 겸손한 자는 붙들려 인도되고 교만한 자는 땅에 엎드려

뜨려 진다.

사고와 행동에 겸손이 스민 성결은 어떤 권위보다도 경건하다. 겸손은 주위로부터 칭찬과 존경을 받는 성품과 행동이지만, 리더의 겸손은 세상에서 높아지기 위해 낮아지거나, 내 맘 편하자고 의도한 낮춤이 아니라, 한없이 낮은 곳을 향하는 리더의 DNA 그 자체다. 겸손이 리더의 삶을 변증하는 것이다.

예각의 리더에게는 가감승제가 있다. 덧셈, 뺄셈, 곱셈, 나눗셈의 얘기다.

첫 번째는 덧셈의 강건함이다. 늑대가 공격하는 양은 잡아먹기 쉬운 걸음이 느리거나 움직임이 둔한 어린 양이 아니다. 양떼의 무리에서 혼자 멀리 떨어져 있는 양을 최고의 공격 대상으로 고른다. 다른 양들의 방해 없이 멍청한 한 놈만 물고 뜯어 늘어지면 되기 때문이다. 리더는 믿음의 공동체 안에 있어야 중보의 보호망 속에서 자신을 지켜낼 수 있다. 하나보다는 둘이, 둘보다는 셋이 나음으로, 이러한 덧셈의 법칙은 리더뿐만 아니라 리더가 속한 조직까지 살린다.

둘째로 뺄셈의 기쁨이다. 성공의 가장 큰 미혹의 올가미는 독점과 인색함의 유혹이다. 소유의 유혹은 이기는 것이 아니고 피하는 것이다. 세상 권세 '힘'은 탐욕, '욕慾'이다. 욕심이 죄를, 죄가 사망을 낳는다. 탐욕이 지혜자를 우매하게 하고 뇌물이 사람의 명철을 망하게 하지만, 지혜는 지혜자를 성읍 가운데에 있는 열 명의 권력자들보다 더 능력 있게 한다. 지혜의 그늘 아래에 있음은 돈의 그늘 아래에 있음과 같지만, 지혜에 관한 지식이 더 유익함은 지혜가 그 지혜 있는 자를 살리기 때문이다.

지혜의 왕 솔로몬도 얘기했다. 헛되고 헛되며 헛되고 헛되니 모든 것이 헛되도다. "Vanitas vanitatum omnia vanitas."

거래처 만나기가 수월한 강남 선릉에 사무실을 열었을 때다. 늦은 점심을 먹으러 3시 가까이에나 근처 하동관이란 곰탕 맛집을 찾아갔다. SNS 댓글대로 정말 맛있었다. 안내문을 보니 영업시간이 오후 4시에 끝난다. 나오는 길에 인상 좋으신 동그란 안경 끼신 분이 정문 앞에 뒷짐을 지고 서 계신다. 촉으로 미루어 여기 사장님이시다. 아재의 오지랖으로 여쭸다.

"사장님, 잘 먹었어요. 근데 왜 4시에 마감하세요? 저녁 장사로 수육에다가 술까지 파시면 아침, 점심 곰탕 매출 다 합친 것보다 나을 텐데요."

사장님의 대답.

"그러다 보면, 욕심 날까 봐서…"

금융 용어 'stewardship code집사의 지침'의 'steward'는 '청지기 정신'에서 유래했다. 청지기 정신과 무소유는 세상을 위한 사업을 일궈 기업과 투자자는 물론 근로자를 비롯한 동시대를 사는 전체 계층을 이롭게 한다. 이와 반대로 단순히 돈 벌자고 경영론기업가 정신 등과 기초 이론경제, 금융을 뒷전으로 한 채, 실전 케이스와 업계 네트워킹만 강조하는 스타트업 모사꾼들과 펀딩 관련 정보를 습득에 안테나만 곧추세운 돈만 아는 붕붕 들떠 있는 CEO, 겉멋만 잔뜩 든 투자자가 양산되면 투자 생태계는 사상누각이 되어 버릴 뿐 아니라 관련된 사회체제 구석구석에 분열이 발생하고 사회 갈등이 확산된다.

아침 이슬을 길가의 흩어져 핀 이름 모를 꽃이 머금으면 지나가는 사람들을 이유 없이 미소 짓게 하는 예쁜 꽃잎이 만발하지만, 욕망 가득 찬 독사가 받아 마시면 자신과 남의 생명을 위협하는 강한 독이 된다. 심령이 가난한 자는 복이 있나니, 창공을 향해 힘껏 날려 던진 내림과 겸허는 저 멀리 세상을 돌고 돌아 감사와 존경을 담아 나에게로 다시 향해온다. 게다가 '버림'으로써 집중이란 삶의 가치까지 덤으로 만끽하게 된다.

"두 주먹을 꽉 쥐면 아무것도 잡히지 않지만,
두 손을 활짝 펴면 천하가 내 손에 들어온다."

- 영화 '와호장룡' -

마지막으로 곱셈과 나눗셈의 기적이다. 30배, 60배, 100배의 곱셈의 기적은 나눗셈의 도구가 만들어 낸다. 다섯 개의 떡과 두 마리의 물고기로 5천 명이 먹는 오병이어五餠二魚처럼, 겨자씨만 한 믿음은 태산을 옮긴다. 지금 내게 주어진 작은 것에 거대하게 살 줄 알아야 한다. 밀알이 썩어 없어지면서 그 안에 다시 생명을 피우는 역사가 있듯, 일상의 소소하고 작은 헌신은 축복의 통로가 되어 선한 영향력을 지닌 믿음의 명문가를 만든다. 심은 대로 거두게 되고, 주면 곧 후히 되어 누르고 흔들어 넘치도록 받게 된다.

'starting well'만이 아닌 'finishing well'이 되기 위해서는 삶의 강한 저항에 비굴하지 않고, 순탄함에 교만치 않는 리더의 가감승제를 명심해야 한다.

VOYAGE

몰아치는 태풍 대적
강건히
맞게 하소서

햇볕 따사로운 날
풍랑 뜻
묵상케 하소서

큰 파도 쳐오기 전에
닻 내리는
현명함 주소서

저 멀리 저 섬 향해
말없이
노 젓게 하소서

잔 옮기실 그때
하염없이
기다리게 하소서

–Park, 2010–

에필로그

QR코드를 찍으면 저자 강의 동영상을 볼 수 있습니다

왜, 스타트업 한 번 해 보시게요?

해외자산 수탁은행인 글로벌 1, 2위의 뉴욕 멜론은행 The Bank of New York Mellon과, 우리나라 국방예산에 해당하는 수탁규모 33조 달러 한화 약 39조 원의 스테이트 스트리트 은행 State Street Bank이 분석과 조사를 마치고 장고長考 끝에 한국에 사무소를 런칭했다. 두 은행이 입점을 결정한 곳은 전북혁신도시의 '스페이스코웍'.

스페이스코웍의 이종찬 대표이사는 10년 전 그가 건설사에 있을 당시 필자의 '미친 꿈은 없다'라는 에세이의 저자와 독자로 북콘서트에서 알게 된 이후로 형, 동생으로 지낸다.

이 대표는 건축학과를 나와 중견 건설사에 입사해 그룹사 부동산 개발회사에 신규 사업 팀장에 발탁되어 근무했다.

한 여름, 홀연히 미국으로 긴 여행을 마치고 돌아와 만난 그는 실리콘벨리 쇼크에 감염되어 있었다. 그때부터 나와 많은 얘기를 나눈다. 진중한 성격의 이 대표는 건설 회사를 나와 창업을 준비한다. 자신이 몸담았던 세계만으로는 스타트업다운 사고 thinking에 갈증을 느낀 그가 광고회사 전략파트 사회이사로 스카우트되어 뉴미디어 산업 현장을 몸소 체험한다.

이후, 자신의 건설과 미디어 부문 커리어와 스타트업 시대의 도래를 담보로 공유오피스 사업을 시작했고, 천신만고 끝에 지금은 글로벌 뱅크들이 입주해 있는 빌딩을 포함한 세 곳에 공유오피스를 운영 중이다.

건설사 팀장 당시에 내가 본 이 대표, 아니 이 팀장은 자신의 커리어와 미래의 기회를 연결해 찬찬히 호흡을 가누며 스타트업을 위한 워밍업을 제대로 준비하고 있었다. 그렇기에 그 험난한 골짜기를 지나, 지금은 미디어를 활용한 교육, 문화 산업까지 확장해 가며 연쇄창업가Serial Entrepreneur로서 조심스레 또 다른 한 발을 내딛을 수 있게 된 것이리라.

비즈니스의 근육은 학습과 훈련을 통해 촘촘해지고, 외부 자극과 내부의 꿈틀대는 욕구가 충돌될 때, 치열한 준비운동과 연단鍊鍛을 견뎌내고서야 비로소 실전에서 그 진가를 발할 수 있다.

"미래가 미래에서 오는 것이 아니라 과거에서 온다고 믿습니다.
과거의 선택과 행동 덕에 지금이 있듯이,
오늘의 노력은 절대 배신치 않으리라 생각합니다."

-스페이스코웍 대표 이종찬-

It's show time!

지난 여름에 빅데이터 국제학술회의 컨퍼런스로 부산에 갔었다. 행사 마지막 날 오후, 주최 측에서 마련해준 해운대 백사장 한 쪽에 미국, 영국, 호주, 인도의 학자들과 자리를 잡았다. 그날 인터넷 뉴스 '해운대 50만 피서객 몰려'라는 기사대로 해변은 인산인해였다. 너무 많은 사람에 쭈뼛해 하는 외국 교수들에게 성수기라 피서객들이 전국에서 몰려왔다고 설명해 주었다. 괜스레 머쓱해진 나는 백사장에서는 매콤한 치킨에 생맥주가 환상적이라며 치맥을 추천했고, 모두가 좋다고 했다. 별생각 없이 앱으로 주문을 하고 당연히 30분이 채 안 되어 우리 앞에는 매콤한 양념치킨과 생맥주가 거나하게 깔린다.

"Oh, my god!"

미국에서 온 스미스 교수 입이 쫙 벌어졌다. 옆에 있던 다른 국가에서 온 박사들의 표정이 경직된다. 그들은 믿기지 않는다며 어떻게 발 들일 틈 없이 사람들로 빽빽이 밀집해 있는 백사장에서 30분도 안 돼서 우리를 찾아내 배달할 수 있느냐며 자신들의 나라에서는 상상도 할 수 없는 일이라고 했다.

인터넷을 신청하면 1시간도 안 되어 깔리고, 산꼭대기든 해안가에서든 전국 어디라도 와이파이가 빵빵 터져서 앱 하나로 언제 어디서나 생필품을 조달할 수 있는 IT 초강대국 대한민국을 세계는 흠모한다.

화장실 물을 그대로 마셔도 되는 전 세계 몇 안 되는 나라. 한여름 밤 여학생 혼자 편한 반바지 차림으로 편의점에 라면을 사러 갈 수 있는 사회 안전망, 앰블런스가 지나가면 홍해의 기적이 일어나고, 아무리 피곤해도 지하철의 노약자석을 주인을 위해 비워 두는 시민의식, 외국인들이 한국에 와서 경이로움을 표하는 모습들이다. 게다가 우리에겐 비틀즈의 나라 영국 엠블리 스타디움을 들썩이는 세계의 문화대통령 'BTS'가 있고, 관광객이 영어로 물으면 알아들으면서도 불어로 대답하는 강력한 자민족 중심주의 국가 프랑스가 제2외국어로 채택한, 세계에서 가장 과학적인 모국어를 가진 '문화 강대국'이다.

그뿐인가? 인류 역사상 최단 기간에 산업화와 민주화를 이루었을 뿐 아니라, 유래 없는 '금 모으기'란 국민 운동을 기점으로 허리띠를 졸라매고 밤을 새워가며 일해 IMF 금융위기를 인류 역사상 가장 빨리 졸업한 나라이기도 하다.

대한민국에게 '인류 역사상'이란 말은 낯설지 않다.

우월한 한국의 IT, 치안, 시민의식, 문화, 역사에 매혹된 글로벌 기업의 아시아 헤드쿼터가 과거 일본, 홍콩, 싱가포르에서 한국으로 급속히 옮겨지고 있다.

THE GREAT KOREA!

스타트업 시대는 초일류 인프라와 자랑스런 경제, 사회, 문화, 역사와 불굴의 강인한 정신력을 지닌 대한민국의 청년들에게 넝쿨째

굴러온 기회인 것이다.

STARTUP KOREA!

'STARTUP NATION창업 국가', 이제 우리의 쇼타임이다.

"'지금의 나'는 과거의 무수한 선택의 결과물이다.
내가 선택한 길을 정답이라 믿고 견고히 살아가는 것,
그게 인생이다."

-드라마 '응답하라 1994' 중에서-

스타트업 걸작의 탄생과 '청춘 시계'

명절에 초등학교 선생님인 친척 동생이 생선전을 오물거리며 말한다. 수업 중, 'Dream Tree'라고 하는 학생들의 꿈을 적어 내는 수업 얘기다. 나무의 열매로 표현된, 미래에 가지고 싶은 직업을 적는 난에 어린 학생들의 현실적인 날카로움이 묻어나 있었다고 한다. 대기업의 이름이 구체적으로 나열돼 있고, 공공기관의 소속 부처와 몇 급 공무원을 할 거라는 것 까지…. 모두가 국가와 사회를 위하는 좋은 직업임이 틀림없다. 그중에 눈에 띄는 직업이 있었으니, 그 이름도 창대한 '건물주'. 우리의 꿈나무가 자신의 꿈나무에 꿈을 적었으니 이상하지 않아야 하는데… 영민해진 세상에 예전 같이 조금은 허무맹랑하고 지극히 추상적이었던, 대통령, 로봇 과학자, 헬기를 타고 인명을 구해내는 소방관, 장애를 겪고 있는 학생을 가르치는 특수교사 등은 찾아볼 수 없다.

2018년 개최된 국제 캐피탈학회에 소개된 설문 결과가 있다.

미국, 아니 전 세계 공대 중 최고라 해도 과언이 아닌 MIT매사추세츠공과대학, Stanford, UC Berkely 대학생들에게 질문을 던졌다.

"What do you want to do after graduation?"

282명의 응답자 중 80%에 조금 못 미치는 221명의 응답 추이,

"I'd like to build up my skills and start a startup."

학생들에게 '사회에 나가 어떤 직업을 갖고 싶은가?'라는 설문에, '졸업을 할 수 있든 없든 간에 나만의 아이템이 있고 기회만 된다면

당장이라도 지하 창고도 좋고, 차고 쪽방도 좋으니 창업을 해서 실리콘밸리로 달려가고 싶다'에 과반수 이상의 학생이 찬성을 던졌다고 한다.

중소벤처기업부는 2018년 3조 4,000억 원의 벤처투자자금이 풀려 역대 최다를 기록했다고 발표했다. 민간 스타트업 투자 데이터 컴퍼니도 우리나라 스타트업의 연간 누적 투자 총액이 매년 괄목하리만치 증가 일로에 있는 그래프를 실시간으로 띄어 주고 있다. 정부와 민간, VC venture capital 들이 단결과 합심으로 기존의 투자 생태계를 파고들어 부단히 노력한 결과다. 하지만 대한민국에서 이루어진 스타트업에 투자액은 MIT를 필두로 한 미국 주요 6개 대학 MIT, Stanford, Harvard, UC Berkeley, NYU, U Penn 중, 스탠퍼드 한 대학 출신이 종사하는 스타트업 기업이 1년간 투자받은 금액에 비견된다. 유니콘 스타트업 수에 있어 세계 1위인 미국의 실정과 비교하는 것이 무리가 있고, 실리콘밸리와 지리적으로 가까운 대학이 스탠퍼드라 학생들의 스타트업으로의 유입이 단연 독보적이라는 특성에 기인하는 것을 감안하더라도, OECD 교육지표 PISA Programme for International Student Assessment 최상위권 대한민국의 스타트업 연간 누적 투자액이 미국의 한 개 대학 출신들이 받은 투자액에 턱걸이한다는 것은 어쨌거나 새겨볼 일이다.

돈의 물리량이 중요하지는 않다. 단지 우리나라 최고의 공대라는 서울대, 카이스트, 포스텍 포항공대 의 학생들에게 "졸업 후 무슨 일을 하고 싶은가요?"라는 질문을 던졌다면 어땠을까 하는 고찰이 필요한 시기인 것만은 분명하다.

한 중앙지가 미국의 유명 경제 매체 블룸버그의 '세계 500대 자산가' 축적 방식을 분석한 결과에서 우리나라 '자수성가형' 비중이 세계 최저 수준이라는 것은 출발선부터 달랐던 환경이 결승선까지 이어지고 있다는 걸 단적으로 보여 준다.

사회주의로부터의 체제 전환 과정에서 다수의 신흥 부호가 출현한 러시아는 100%, 중국은 97.1% 이상이 자수성가형이다. 구미 자본주의의 축인 영국과 미국도 70% 내외로 자수성가형 비중이 상속형보다 훨씬 높아 유리천장 없는 열린 사회임을 보여 준다. 아시아의 강국 일본과 신흥국 태국은 100%에 육박했고, 말레이시아는 66.7%, 아직도 카스트 제도의 차별이 남아 있는 인도조차도 65.0%에 달해 자신의 힘으로 부를 일궈 세계 최고 자산가 반열에 오른 인물이 재계에 포진돼 있다.

반면 우리나라는 16.7%에 그쳤다. 미국의 경우 마이크로소프트의 빌 게이츠와 아마존의 제프 베저스, 워런 버핏, 페이스북의 마크 저커버그, 오라클의 래리 엘리슨, 구글의 래리 페이지 등 상위 자산가 9명이 모두 자수성가형이다. 그 뒤를 상속형 중 가장 재산이 많은 샘 월튼 월마트 회장이 가까스로 10위에 자리했다. 중국도 온라인 유통업체 알리바바의 마윈 회장과 미디어 기업 완다의 왕젠린 회장, 위챗을 운영하는 텐센트의 마화텅 회장 등'맨손 신화'가 즐비하다. 일본은 손정의 소프트뱅크 회장, 유니클로의 야나이 타다시 회장, 라쿠텐의 미키타니 히로시 회장, 세븐일레븐의 이토 마사토시 회장, 일본전산의 나가모리 시게노부 회장이 자수성가형이다. 자신의 힘으로 부를 일궈냈다는 자긍심 충만한 자수성가 부호들은 그간의 노력과 고통, 견딤과 디딤을 세상을 향해 외쳐대며 지구촌 청년들의 가슴을 두근두근 뛰게 한다.

한국에도 스스로 일어나 자신과 세상에 도전장을 던지라며 말해 줄 수 있는 사람이 절실하다. 1960년 이후 출생한 신흥 부호 중 '개천에서 용 났다'고 표현할 만한 인물은 김범수 카카오 의장, 김택진 엔씨소프트 대표, 김범석 쿠팡 대표 등이 꼽힐 정도다.

최빈국에서 세계 10위권의 경제 대국으로 발돋움한 대한민국의 기업 생태계는 개천에서 용 나는 사회 분위기가 조성되어야 한다. 무언가를 바꿔보겠다는 발상으로 뒷걸음이라도 열심히 치다 보면 쥐라도 잡을 수 있고, 호박에 줄어라고 줄을 그어대면 고생했다며 수박같이 보인다고 말해 주는 여건 말이다.

1인당 벤처창업률 1위 스타트업의 천국 이스라엘에서는 투자를 심사할 때 실패한 경험을 스펙으로 쳐서 가산점을 부여한다. 리더의 회복탄력성을 믿고 감내지수, 시련지수를 인정하는 것이다. 시련지수hardship index란 hard힘들고 곤란한 + ship선박, 파도가 범람하는 어려운 상황에 처한 배 위에서의 고난을 주어진 상급으로 여기며 견뎌낸 것을 지표화indexation한 것을 말하는데, 그야말로 유의미한 실패를 수집해 성공을 만들어 내는 startup nation 이스라엘다운 스펙 지수다.

세계 4위 스타트업 대국 인도에서는 스타트업에게 특허 수수료의 80%와 상표 출원 수수료 50% 환급과 함께, 정부와 계약을 맺은 1,000명의 특허, 상표 전문가를 통해 스타트업을 대상으로 무료 상담을 제공한다. 또한, 인도 스타트업은 9개에 달하는 노동 · 환경법 준수 사항을 자체 신고만으로 대신할 수 있고, 파산 절차를 밟게 되면 청산법상 'Fast Track Firms'로 분류돼 통상 걸리는 기간의 절반인 90일 이내에 완료할 수 있다.

핀란드는 우리나라 경기도의 절반에도 못 미치는 인구를 가졌지만, 유럽 전역 스타트업의 4분의 1을 탄생시키고 있다. 2000년대까지 13년 넘게 휴대전화 세계 시장 점유율 40%로 세계 1위 휴대폰 업체로 군림하며 국민총생산의 25%를 책임지던 노키아NOKIA가 아이폰 등장 이후 휘청거리다 휴대전화 사업부를 마이크로소프트에 매각한다. 하지만 2015년부터 노키아의 몰락과 함께 암울했던 핀란드가 보란 듯이 전 세계를 향해 스타트업을 무기로 리벤지revenge에 나섰다. '스타트업 비자visa'를 만들어 자국으로 유입된 외국인 인재가 이 비자를 취득하면 2년간 핀란드인과 동등한 조건의 창업 기회와 복지를 누리며 스타트업을 일굴 수 있게 한 것이다.

1865년 영국 빅토리아 여왕 시절. 자동차의 등장에 전통적인 마차 산업을 보호하고 마부들의 일자리를 지켜주려는 '붉은 깃발법'

이 발효된다. 이 법으로 도심에서 자동차가 운행하려면 빨간색 깃발을 꽂고 말이 끌고 가는 마차 뒤를 따라가야 했고, 그러다보니 자동차는 시속 3km 이상 속도를 낼 수 없게 된다. 자동차 종주국 영국은 이 어불성설의 시대착오적인 규제법으로 독일과 미국, 프랑스에 자동차 산업의 주도권을 내주게 되고, 산업혁명을 겪으며 예상 밖의 고전을 면치 못한다.

우리의 경우는 어떤가? 해외에서 합법적인 메이저 O2O 스타트업이 한국에 들어오면 반 이상이 규제에 걸려 불법이 된다. 국회에 계류 중인 약 1000개 법령 중 30%만이 '진흥'에 관한 법이고 70%가 '규제' 관련법이다.

맹목적이고 작위적인 정책 드라이브는 멈춰져야 한다. 대한상공회의소 박용만 회장은 20대 국회에서 14번이나 국회를 방문해 스타트업벤처 회사 규제 완화를 호소했다.

규제 푸는데 정당한 이유가 있어 시간이 걸린다면 그건 그렇다 치자. 한국경제신문에 따르면 기업 경영에 영향을 미치는 10개 경제 · 노동 · 환경법에 규정된 357개 벌칙 조항 가운데 90%에 육박하는 315개가 사업주를 형사처벌할 수 있는 것으로 조사됐다. 재계에 따르면 CEO 형사처벌 조항이 2,000개에 육박할 가능성도 있다고 한다. 청년들에게 '위험을 무릅쓰고 도전하라'고 외쳐도 모자랄 판에, 현행법은 기업가 정신을 위축시키고 '사고나 치지 마세요'라며 '수비형 CEO'를 양산한다는 기사 내용이다.

2019년 취업포털 잡코리아와 알바몬이 성인남녀 4091명에게 꿈의 직업을 물었다. 응답자 10명 중 9명 이상인 97.8%가 "가지고 있다."고 말했고, "그 꿈이 뭐냐?"는 질문에 자기가 하고 싶은 일을 직업으로 삼고 싶다는 '덕업일치덕業一致'를 이유로 20대, 30대, 40대 통틀어 '창업 성공자'가 1위에 꼽혔다.

서울 라마다 호텔에서 행사가 있었다. 스타트업 관계자들과 현대차그룹, SK그룹, 롯데그룹, 세아그룹철강, 종근당그룹제약/바이오, 세정그룹패션, 인터파크, 11번가, 시티은행 등 300명 넘게 참석한 스타트업 네트워킹 파티 '이짝워떠?'.

하이라이트는 30초간 자사自社와 사업을 소개하는 시간으로, 무대 앞에서부터 후문까지 길게 늘어선 발표 예정자들 행렬에 정작 원탁 테이블의 좌석들이 휑하게 보일 정도다.

열정적인 발표자들의 활기에 연회장 전체가 뜨겁다. 학교를 다니면서 스타트업을 하고 있다는 앳되어 보이는 여성 참석자는 30초 스피치 중간에 즉석에서 자신이 개발한 건강 베이커리를 경품으로 내건다.

주어진 30초로 모자라 들고 있는 마이크를 빼앗기지 않으려고 사회자를 요리조리 피해 무대 위를 뛰어다니며 1초라도 더 자신들의 사업을 어필하려는 발표자들, 톰과 제리 같은 장면이 연출돼 행사장에는 시종일관 웃음이 끊이질 않았다. 발표하는 이들에게는 너무나 짧은 30초 스피치가 마쳐지자, 짓궂은 사회자가 무대 바닥에 마이크를 내려놓더니 마이크를 쟁탈하는 순서대로 발표 시간을 더 주겠다고 제안한다. 말이 떨어지기가 무섭게 행사장 맨 끝의 테이블에서부터 우루루 무대 위로 달려드는 스타트업 관계자들의 모습에 모두가 박장대소한다.

쉬는 시간이 주어지자 누구 하나 할 거 없이 스프링처럼 자리를 박차고 두툼하게 준비해둔 개성 넘치는 명함을 돌리며 자신과 회사의 비즈니스 모델 알리기에 여념이 없다. 이 순간만큼은 우리나라가 앞에 나서기 수줍어하는 유교 문화권이란 사실이 믿기지 않는다. 코스닥 금융투자사 총괄투자심사역으로 스피치를 한 내가 앉은 테이블 앞에는 길게 줄을 서다 못해 꼬불꼬불 해진 줄이 삽시간에 세워졌고, 20분 동안 내가 받은 명함은 200장에 달했다.

뜨거운 여름과 시린 겨울 밥벌이의 수고와 고단함에 세상이 무너져 내리고… 이러다 한순간에 다 끝날 거 같다는 생각이 드는 현실의 짠내폭발 스타트업을 몸으로 부딪혀가면서도, 없을 때 비굴하지 않고 당당해야, 있을 때 겸손할 수 있다는 세상 가치를 알고 있는 우리 대한의 청년들.

어른들은 얘기한다. "우리 때는 그나마 지금처럼 풍요롭지 않았다", "결핍이야말로 젊음을 역동적으로 움직이게 하는 힘이다", "난이도가 있어야 해결의 묘미가 있다"고.

그래 속는 셈 치고 믿어준다. 아니 믿는 셈 치고 속아주마. 그런데 전지적 청춘시점에서 보면, 옛날 일 강해講解도 좋지만 어차피 방금 숨을 들이쉬고 내쉰 순간에 현재는 과거가 된다. 찰나를 감싼 허공을 맴도는 다독임도, 성장통成長痛 팔이도 이젠 그만, 정말이지 됐다.

기성세대들이여! 우리 청춘들의 이런 열정을 보고는 있는가? 통렬한 책임감이 느껴지지는 않는가?

지금 이 시간에도 우리의 경쟁자인 맞은편 대륙세력Continental Power과 바다 건너 해양세력Maritime Power이 한번 시작했다하면 끝을 보고야 마는 민족성을 가진 라이징 스타Rising Star 대한민국의 스타트업 동태를 조마조마해 하며 예의주시하고 있다.

기성세대가 나서야 할 때다. 뛰는 가슴에 설레는 젊음 하나로 만만치 않은 세상에 내가 왔노라며 대차게 도전장을 내밀 수 있는 평범한 청춘들이 주인공이 되는 사회가 만들어져야 한다. 청년만큼 강인하고 확고한 신념의 존재는 없다. 그들의 존재만으로도 우리 문명과 시대가 격려를 받고 있다. 산학연관정産學研官政이 혼연일치해 규제를 개혁하고, 국력과 국격의 제고와 치밀한 경제 논리, 현실감 있는 실리와 타당도validity로 무장한다면, 우리의 젊은 리더는 충분히 스타트업 걸작masterpiece을 세계 속에 심을 수 있다.

매일을 고군분투하며 살아가는 청년들이 국가를 믿고 당차게 젊음을 걸을 수 있게 해 줘야 하는 건, 기성세대가 주어진 기회에 감사해야 할 기득권이자 막중한 책임이고 엄중한 시대 명령이다. 이로써 우리의 청년들에게 글로벌 최전선으로 대차게 치고 나아갈 수 있는 당위를 제공할 수 있는 것이다.

'당신'이라면 충분히 하고도 남는다

메이저리그 유니폼을 꼭 입겠노라고 꿈꿨던 한적한 미국 코네티컷주 대서양에 인접한 시골 고등학교 야구부 스타 남학생이 메이저리그로부터 스카우트 제의를 받는다.

꿈만 같았다. 입단을 고대하던 들뜬 마음에 미성년자임을 망각하고 동네 공터에서 단짝 친구와 맥주를 몰래 마시다가 술 취한 무리와 시비가 붙어 싸움이 일어난다. 무릎 인대가 심하게 파열되고 프로야구 선수의 꿈이 산산이 깨져버린다. 한없이 깊고 깊은 절망의 나락으로 떨어진다.

낙심과 원망의 영적 침체기도 잠깐. 알콜중독자 홀아버지와 동생들을 부양해야 하는 그는 친구를 따라 정부 지원 교육을 받을 수 있는 기술학교에 들어가 정보기술사 시험을 준비한다. 가족 생계가 걸린 자격증을 따기 위해 열심히 공부하면서 지역상공회의소에서 무료로 운영하는 마케팅 강좌도 듣는다. 과거의 아픔을 뒤로하고 주어진 비전을 향해 꿋꿋이 걷는다. 초등학교 때부터 야구만 알던 운동선수 출신답지 않게 최우수성적 장학생으로 졸업한다. 사회에 내던져져 낮에는 작은 보안업체 SE system engineer의 보조원으로, 밤에는 경비회사 야간조로 일하면서 동생들 뒷바라지를 위해 악착같이 돈을 모은다. 3년 후 친구와 경비정보 시스템 스타트업을 창업한다. 모든 에너지를 '출입자 보행 패턴 인식 알고리즘'을 활용한 시큐리티 프로그램 개발에 쏟아붓는다. 그로부터 2년 후, 독보적인 기술에 관심을 보인 투자사 대표의 도움으로 드디어 IPO 시장에 등판해 실리콘밸리의 유망 스타트업으로 부상한다.

시간이 흘러 유니콘 기업의 총수가 된 그는, 출근길 뉴스에서 자신이 고등학교 때 입단하려다 좌절했던 메이저리그 구단이 장기간에 걸친 경영 악순환으로 선수들 연봉도 제대로 못 준 채로 매각하려 한다는 내용을 접한다. 바로 회사 재무 임원에게 전화를 건다. 구단과 MOUmemorandum of und가 맺어지고 시세보다 높은 매입가를 제시한 그의 회사는 어렵지 않게 우선협상대상자로 선정된다. 그렇게 구단주가 된다. 그토록 입고 싶었던 자신의 이름이 등판에 새겨진 메이저리그 유니폼을 입을 수 있게 된 것이다.

알바 시간에 늦지 않으려고 헥헥거리며 달려 나온 버스 정거장. 여름의 지리한 무더위와 겨울의 혹독한 추위에 지친 뚜벅이는 사시사철 내내 정거장에서 기다리는 동안 버스가 빨리 오기만을 바란다. 가끔은 승차 시간을 맞추려 뛰다가 넘어지기도 하고, 간발의 차이로 놓치기도 한다.

그렇게 무심히 흐르는 시간인 듯하면서도, 어느 날 갑자기 비전을 향해 뚜벅뚜벅 걸어온 뚜벅이에게 '카이로스 모먼트Kairos Moment'가 슬며시 손을 내민다.

비전을 향해 가다 보면 비전 킬러, 대적對敵들이 협공을 감행해 오는 건 당연한 일이다. 그래서 액션 영화에서처럼 사랑하는 이를 구해서, 혹은 구하러 가다가 총알 몇 방 맞고 피를 흘리는 주인공 마냥 어떤 상황 속에서도 강한 영성과 담대함으로 주어진 비전을 향해 내달려야 한다. 아픔이 있는 사람이 아름답고, 이를 내디딘 사람이 한계를 밟고 등용되어 들어 쓰인다.

비전은 쉽고 좋은 길이 아니라 누군가가 부르며 보여주는 길이다. 순종해 묵묵히 따르면 현실 상황을 뛰어넘어 다른 차원의 길로 들어서게 된다. 정녕히 네 장래가 있겠고 네 소망이 끊어지지 아니하리라.

그게 바로 '당신'이고, '당신'이라면 충분히 하고도 남는다.

나또한 그랬다. 어릴 적 친척들은 공부보다는 나가 뛰어놀고, 학교에 가기보다는 체육관과 수영장을 좋아했던 말썽꾸러기인 내가 운동선수가 될 거라 생각했다. 고학년이 되어서는 의외로 공부를 곧잘 한다고 생각했던지 군을 갓 제대한 나에게 외무고시 볼 생각은 없냐며 살짝 떠 보기도 했지만, 학창시절 스타트업 경진대회에서 입선한 이후로 멀쩡한 회사를 다니면서도 머릿속에는 왠지 모를 '경영'이란 단어가 박혀 있었다. 결국 동기들과 창업을 하고, 천신만고 끝에 회사가 안정기에 들고부터 대학에서 가르칠 기회를 얻고 투자자로 세계를 누비게 되었다.

딱 10년 전 2009년에 썼던 『미친 꿈은 없다』라는 에세이에 적었던 글이 생각난다.

100세 인생의 시대에 삶 전체가 24시간이라면 지금 2,30대의 청춘 시계는 아침 6시나 7시쯤 되었을 때다. 이제 스스로에게 시동을 걸고 세상에 나아가 부딪힐 딱 좋은 시기다.

나는 좀 있으면 오후를 맞는다. 그래서 먼저 해 본 아재가 오지랖을 활짝 펴고, 절룩거리며 걸어온 비포장길을 효율적으로 걷는 법을 알려줄 요량으로 KAIST 연구위원으로 발족한 'Startup Knoledge-tech Lab.'을 모태로 스타트업 연구회KSS, Korean Society for Startup를 꾸리고 생각을 정리해 책을 쓰기 시작했다.

대한의 청년들을 응원하고 지지하는 글을 쓰면서 사실은 내가 더 많은 은혜를 받았다. 하찮은 인간이 위대한 당신의 비전에 동역할 수도 있겠다는 기대에서다. 부족한 나를 통해 기회를 주신 뜻을 새기며, 근근이나마 들숨과 날숨 있는 글로 은혜 가득한 모두에게 조금이나마 일조가 되길 바란다.

또 다른 나를 만나게 해 주어 감사하다.
대신 이 책을 다 읽은 그대도 지금 한 사람을 얻었다.
혼신의 힘을 다해 당신을 응원할 것이다.

2019년 생일날, 여의도 사무실에서

스타트업 노트

초판 1쇄 인쇄 2020년 1월 10일
초판 1쇄 발행 2020년 1월 15일

저자 박세정

펴낸이 박정태
편집이사 이명수 출판기획 정하경
편집부 김동서, 위가연
마케팅 조화묵, 박명준, 한성주 온라인마케팅 박용대
경영지원 최윤숙

펴낸곳 북스타
출판등록 2006. 9. 8 제313-2006-000198호
주소 파주시 파주출판문화도시 광인사길 161 광문각 B/D
전화 031-955-8787 팩스 031-955-3730
E-mail kwangmk7@hanmail.net
홈페이지 www.kwangmoonkag.co.kr
ISBN 979-11-88768-22-6 03320
가격 19,000원